나는 오지랖으로 돈을 번다

The World's Best Known Marketing Secret:
Building Your Business by Referral
by Ivan R. Misner, Macedonio, John Yoon
ⓒ2019 Printed in Korea

이책의 한국어판 저작권은 저자와 독점계약한 코칭타운에 있습니다.
저작권법에 의하여 한국 내에서 보호를 받는 저작물이므로
무단전제와 복제를 금합니다.

이 책에 소개된 사례는 실제 사례이나 경우에 따라
이름, 회사 등을 바꾸었음을 밝힙니다.

주는 사람이 더 잘되는 천국의 마케팅

나는
오지랖으로
돈을 번다

아이번 마이즈너 · 마이크 마세도니오 · 존윤 지음
민지홍 옮김

서문

돈 버는 오지랖으로 사업을 키우자!
세상을 바꾸자!

"도대체 오지랖이 돈 버는 것과 무슨 상관이에요?" 당신은 말할지 모릅니다. 당신은 오지랖이 넓은 사람일 수도 있고, 반대로 남 일에는 엮이기 싫어하는 사람일 수도 있습니다.

아무래도 상관없습니다. 하지만 만일 당신의 업이 보험이나 자동차 같은 상품을 파는 영업직이라면, 변호사나 의사처럼 전문직이라면, 고객 확보가 제일 중요한 책임인 중소기업 대표라면, 아니면 자신의 노동을 팔기 위해 일자리를 찾고 있는 사람이라면, 당신은 "돈 버는 오지랖"에 대해 꼭 알아야 합니다. "판매" 또는 "마케팅"이 당신의 중요한 업무라면 이 지식을 얻고 활용하는 것에 따라 당신의 사업이, 당신의 인생이 크게 변할 것이기 때문입니다.

먼저, 당신은 "오지랖 떤다"는 말을 들으면 어떤 사람이 떠오릅니까? 밝고 긍정적이고 능력 있는 사람이 떠오르나요? 아니면 다른 사람은 원하지도 않는데 참견하고 다니며 자기 실속도 못 차리는 허술한 사람이 떠오르나요? 이 책의 제목을 정하기 위해 SNS에 몇 가지 제목 후보를 올린 적이 있습니다. 그 때 "오지랖"이란 단어에 대해 유독 많은 분들이 격렬하게 반응하였습니다. "오지랖"은 부정적인 의미가 있으니 책 제목으로 부적절하다"는 의견이 많았습니다.

보통 "오지랖이 넓다" "오지랖 떤다" 같이 얘기하는데 네이버 지식백과를 보면 "오지랖"은 웃옷이나 윗도리에 입는 겉옷의 앞자락을 말합니다. 옷의 앞자락이 넓으면 몸이나 다른 옷을 넓게 감싸게 되는데 간섭할 필요도 없는 일에 주제 넘게 간섭하는 사람을 비꼬는 말입니다. 그래서 보통 "오지랖 떨지 마라" 같이 부정적으로 쓰는 말입니다.

내 일이 아닌 다른 사람의 일에 나서는 것에 대해 여러분은 어떤 얘기를 듣고 크셨나요? "중매는 잘 하면 술이 석 잔, 못 하면 뺨이 석 대"라는 말이 있습니다. 나서서 누구 연결해 봐야 좋은 일보다 원망 들을 위험이 크니 하지 말라는 얘기입니다. "머리 검은 짐승 남의 은혜를 모른다"라는 말도 있습니다. 사람이란 짐승은 도와줘 봐야 그 고마움을 모르니 도와주지 말라는 얘기입니다. 오지랖에 대한 이런 부정적인 교육 때문에 우리는 '이거 괜한 오지랖 아닐까' 하고 나서지 않는 경우가 많습니다.

그럼 오지랖이 "판매"와 무슨 상관이 있을까요? 이와 관련된 중요한 숫자가 있습니다. 98과 3. 전세계 사업가들을 대상으로 한 어떤 조사에서 98%의 사람들이 판매나 고객 확보, 협력사 확보 등 자기 일에 "소개"가 중요하다고 답했습니다. 반면 단 3%의 사람들만 소개를 만들어 내는 시스템을 갖추고 있다고 말했습니다. 그러니까 소개가 자기 사업에 중요하다고 말한 대부분의 사람들은 사업의 중요한 부분을 운에 맡기고 있는 셈입니다. "몇 년만에 고등학교 동창이 연락 와서 고객을 소개해 주다니. 오늘은 참 운이 좋은데!" 하지만 이런 사람들은 다음 소개가 어디서 어떻게 나올지 모릅니다. 여러분은 어떻습니까? 여러분에게 소개는 중요합니까? 그렇다면 그런 소개를 만들어 내는 시스템을 의도적으로 만들고 운영하고 있습니까?

만약 대부분의 사람과 달리 소개를 만들어 내는 시스템이 있다면, 그래서 불황에도 꾸준히 고객을 늘릴 수 있다면, 여러분의 사업이, 여러분의 인생이 어떻게 변할지 상상해 보십시오. 이 책에 소개된 젊은 한의사님은 다른 한의사들이 큰 빚을 지고 병원 문을 닫고 있는 요즘, 연고도 없는 도시를 여러 차례 옮겨 다니며 병원을 운영하고 있습니다. 어디를 가든 소개 덕분에 예상보다 빨리 환자가 늘어서 곤란하다고 행복한 고민을 합니다.

이 한의사님이 소개를 많이 받는 비결은 오지랖을 이용해 소개를 받는 시스템을 갖고 있기 때문입니다. 잘 생각해 보면 소개는 누군가의 오지랖의 결과입니다. 상대방이 자기 일도 아닌데 나서서 제3자를 나에게 고객으로, 협력사로 연결해 주는 것입니다. 상대방이 오지랖을 떨어야 나에게 소개가 들어옵니다.

이 한의사님은 돈 버는 오지랖을 떠는 전문 오지라퍼입니다. 주변에 비슷한 돈 버는 오지라퍼들을 양성해서 "잘 준비된 고객 소개"를 만들어 내는 시스템을 운영하고 있습니다. 그런 잘 준비된 고객 소개를 "리퍼럴"이라 부릅니다. 이 한의사님은 그냥 오지랖을 떠는 게 아니라 오지랖으로 더 많은 리퍼럴을 더 자주, 더 큰 금액으로 받습니다. 이렇게 리퍼럴을 만들어 내는 오지랖, 돈 버는 오지랖을 "리퍼럴 마케팅"이라 부릅니다. 여러분이 일하는 동안에도, 자고 있는 동안에도, 놀고 있는 동안에도, 누군가가 열심히 오지랖을 떨어서 여러분을 위해 고객을 찾아줄 수 있게 한다면, 그래서 고객 소개가 제 발로 걸어 들어오는 것처럼 할 수 있다면, 여러분의 인생은 어떻게 변하겠습니까? 계약을 줄 사람이 죽으라면 죽는 시늉을 해야 하는 을로서 사업을 하는 것이 아니라 파트너로서 존중받으며, 내가 제공하는 가치에 대해 정당한 대가를 받으며 일할 수 있다면, 여러분의 인생은 어떻게 변하겠습니까?

"지금처럼 나 혼자라도 살아 남으려고 발버둥치는 경쟁사회에서 다른 사람이 돈도 안 받고 내 고객을 찾아 주려고 움직이도록 만든다는 그런 비현실적인 일이 가능할 리 없잖아요!"라고 여러분은 말할지 모릅니다. 우리 공저자 세 명은 총 70여년의 리퍼럴 마케팅 경험이 있는 세계 최고의 리퍼럴 마케팅 전문가들입니다. 아이번 마이즈너 박사님은 30년이 넘는 세월 동안 전세계 수십만 명에게 리퍼럴 마케팅을 훈련시킨 현대 리퍼럴 마케팅의 창시자입니다.

저는 2005년부터 임원 코칭을 시작한 인재육성 전문가입니다. 비즈니스 파트너이자 멘토이신 마이즈너 박사님과 함께 일하면서 10년 이상 미국, 일본, 중국, 스페인, 인도, 베트남, 말레이시아 등 전세계에서 리퍼럴 마케팅을 배우고 가르쳐 왔습니다. 2012년부터는 한국에서도 이미 수백 차례의 강연과 워크샵을 통해 리퍼럴 마케팅에 대해 수천 명을 훈련했습니다. 저와 저의 팀은 소기업을 중심으로 비즈니스 협업 공동체를 구축하여 현재 1,200여 명의 사업가가 협업하는 한국 최대의 소기업 비즈니스 협업 공동체 구축을 이끌어 왔습니다.

우리 공저자들은 우리가 가르친 모든 국가에서 수많은 사람들이 리퍼럴 마케팅을 이용하여 놀랄 정도로 매출을 올리고 사업을 키우는 것을 보았습니다. 리퍼럴 마케팅을 배운 사업가들은 적게는 수십 퍼센트에서 수백 퍼센트까지 매출을 늘리고, 협업을 하여 새로운 제품을 만들고 새로운 사업에 뛰어들어 성공했습니다. 어떤 사업가는 사업이 망해서 지하 단칸방에 다섯식구가 살다가 리퍼럴 마케팅을 통해 2년 만에 좋은 아파트를 사서 이사 간 첫 날 부인을 부둥켜 안고 울었습니다. 20년이 넘게 영업을 바닥부터 했던 한 사업가는 리퍼럴 마케팅이야말로 자기 영업인생동안 꿈꿔왔던 꿈의 마케팅이라고 말합니다. 가장 낮은 비용으로 가장 높은 성과를 낼 수 있기 때문입니다.

그럼에도 불구하고 아직도 리퍼럴 마케팅을 모르는 사람들이 많다는 것이 저는 너무나 놀랍습니다. 만일 여러분이 리퍼럴 마케팅을 몰랐다면 어쩌면 몰래몰래 이 정보가 공유되고 있어 여러분에게까지 알려지지 않았을 수도 있습니다. 이 책을 통해 우리는 소수만 알던 리퍼럴 마케팅의 비밀을 많은 사람들에게 알려 드리려 합니다.

하지만 오해하지 마십시오. 리퍼럴 마케팅은 아무 노력도 없이 단기간에 일확천금을 버는 방법이 아닙니다. 그런 방법을 찾는 사람은 결국 사기꾼들에게 걸려 인생을 망칩니다. 리퍼럴 마케팅은 사람들과 장기적인 신뢰관계를 구축해서 내 팬을 만들어 내는 방법을 가르칩니다. 단 몇 개월 반짝 잔기술을 부려서 하는 일이 아닙니다.

리퍼럴 마케팅은 훈련을 통해 습득하는 기술입니다. 50대 이상의 분들 중에 스마트폰 사용을 가르쳐 주는 강좌가 인기라고 합니다. 전화 거는 기능만 쓰던 분들이 이런저런 기능을 배우면 카톡도 하고 기차표도 예매할 수 있습니다. 마찬가지로 오지랖을 통해 잘 준비된 소개를 받는 훈련을 꾸준히 하면 오지랖을 통해 돈 버는 능력이 놀랄 정도로 향상됩니다.

"저는 내성적이라 오지랖 떠는 것은 못 해요"라고 말하는 분이 계실지 모릅니다. 이 책의 공저자이고 저의 멘토이자 세계 최고의 리퍼럴 마케팅 전문가인 아이번 마이즈너 박사님은 내성적인 성격의 소유자입니다. 저도 사람들과 어울리고 나면 진이 빠져 혼자만의 시간을 갖고 재충전을 해야 하는 사람입니다. 여러분이 아는 실속 없는 오지라퍼들을 보고 나는 저렇게 못하겠다고 섣불리 단념하지 마십시오.

돈 버는 오지랖의 핵심은 상대에 대한 애정과 관심입니다. 당신은 다른 사람을 도와주는 것을 좋아합니까? 다른 사람을 도와주면 나도 돈 많이 벌고 잘 될 수 있는 돈 버는 오지랖의 방법을 알려 주면 기꺼이 다른 사람을 도울 용의가 있습니까? 저는 여러분 대부분이 그런 사람이라 생각합니다. 그런 사람이라면 누구나 리퍼럴 마케팅을 할 수 있습니다.

저는 리퍼럴 마케팅이 사업을 키우는 놀라운 방법일 뿐 아니라 세상의 비즈니스 방법을 바꾸고, 사람들의 의식과 삶의 방식을 근본적으로 바꾸는 사회운동이라고 생각합니다. 리퍼럴 마케팅에서는 사람을 돈을 벌기 위한 수단쯤으로 보고 얄팍한 속임수로 돈을 벌려는 사람들은 도태됩니다. 반면 자신의 분야에서 차근차근 내공을 쌓으며 사람들과 장기적인 신뢰관계를 쌓고, 다른 사람을 적극적으로 돕는 사람이 결국 돈도 벌고, 존경과 감사를 받으며 잘됩니다. 리퍼럴 마케팅을 하는 사람들이 많아질수록 더 많은 사람들이 더욱 훌륭한 서비스를 제공할 것이며 다른 사람들을 돕는 일에 나설 것입니다. 그렇게 되면 우리 사회가 지금보다 훨씬 더 살기 좋고 행복하게 변할 것입니다.

그러니 여러분이 더 잘 되기 위해서, 여러분 주변 사람들을 더 행복하게 하기 위해서, 그리고 우리 아이들에게 더 멋진 세상을 물려주기 위해서, 지금부터 시작하는 리퍼럴 마케팅에 대한 이야기를 꼭 읽고 실행에 옮기시기 바랍니다. 마음 맞는 오지라퍼들과 팀을 이루어 마음껏 돈 버는 오지랖을 떠시기 바랍니다.

세상을 행복하게 만드는 돈 버는 오지라퍼들에게

공저자를 대표하여
존윤 드림

차례

서문
돈 버는 오지랖으로 사업을 키우자! 세상을 바꾸자! • 004

1
왜 리퍼럴 마케팅일까? • 017

1장 매출을 높이는 가장 효과적인 마케팅은? • 021
2장 헷갈리는 마케팅 용어를 정복하자 • 032
3장 불황에도 돈을 버는 마케팅이 있다 • 036

2

네트워킹, 누구나 알지만 누구도 잘 모르는   · 045

4장 네트워킹 전 워밍업하기   · 049
5장 네트워킹과 영업은 무엇이 다를까?   · 062
6장 네트워킹은 사냥이 아닌 농사   · 067
7장 내 네트워킹은 어느 단계일까?   · 071
8장 네트워킹에도 십계명이 있다   · 081

3

네트워킹 이렇게 구축하라   · 101

9장   잊을 수 없는 자기소개를 만들어라   · 106
10장 나만의 브랜드를 전달하라   · 121
11장 3가지 핵심 네트워크를 구축하라 - 1) 정보 수집을 위한 네트워크   · 144
12장 3가지 핵심 네트워크를 구축하라 - 2) 정서적 지지를 위한 네트워크   · 149
13장 3가지 핵심 네트워크를 구축하라 - 3) 비즈니스 성공을 위한 네트워크 · 154

4
네트워킹 능력 이렇게 업그레이드하라 · 163

14장 나의 네트워크를 더 파워풀하게 하라 · 168
15장 내 회사를 협력사들의 '허브 기업'으로 만들어라 · 173
16장 비즈니스 네트워킹 그룹에 가입하라 · 179
17장 나 대신 홍보하게 하라 · 208
18장 네트워킹 동료를 깊게 이해하라 · 217
19장 네트워킹 동료에게 동기를 부여하라 · 238

5
리퍼럴 화수분 이렇게 만들어라 · 269

20장 나에게 리퍼럴을 제공할 후보자를 찾아라 · 274
21장 리퍼럴 제공자를 훈련시켜라 · 286
22장 리퍼럴 제공자를 실전에서 코칭하라 · 301
23장 내 도움이 필요한 잠재 고객에게 연락하라 · 306
24장 리퍼럴 제공자에게 감사와 보답을 표현하라 · 315

6

끊임없이 리퍼럴이 나오는 리퍼럴 프로세스 이렇게 세워라 · 321

- 25장 리퍼럴 마케팅 활동에 필요한 예산과 스케줄을 짜라 · 325
- 26장 리퍼럴로 생길 매출을 예측하라 · 338
- 27장 결과를 추적하고 평가하라 · 346
- 28장 리퍼럴 제공자에게 인센티브를 제공하라 · 357
- 29장 사업의 꿈을 이뤄주는 리퍼럴을 받는 법 · 370

7

에필로그 · 393

- 30장 성공을 향한 최후의 비밀 · 395

맺음말
오지랖으로 돈 벌 준비가 된 당신에게 · 400

Referral Marketing

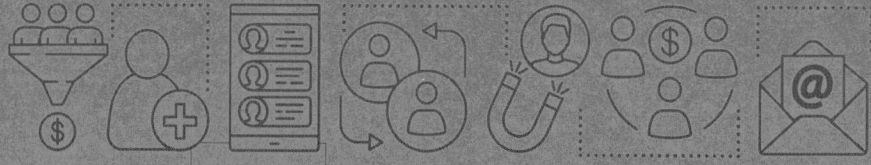

①
왜 리퍼럴 마케팅일까?

많은 한의원들이 병원 문을 닫고 있는 지금, 오진영 한의사는 연고도 별로 없는 서울 영등포구, 경기도 평택, 대구, 다시 서울 송파구, 이렇게 새로운 지역으로 옮기며 한의원을 운영했습니다. 새로운 지역에 갈 때마다 1년도 안되어 환자가 몰려 드는 인기 병원으로 만드는데 성공했습니다. 호감을 주는 외모와 정성스러운 서비스, 탄탄한 실력에도 불구하고 그녀가 이렇게 성공할 가능성은 낮았습니다. 나이가 있어야 인정받는 한의업계에서 나이도 어리고, 유명 한방병원에서 일한 경력도 없습니다. 게다가 다른 규모 있는 한의원처럼 매달 수천만 원을 키워드 광고 등 마케팅에 투자할 돈도 그녀에게는 없습니다.

아무리 재야의 고수 한의사들을 사부님으로 모시며 내공을 전수받은 그녀이지만 실력이 있다고 환자가 모이는 것은 아닙니다. 환자가 오더라도 웬만큼 의사를 신뢰하지 않으면 비싼 한약을 짓지 않기 때문에 매출을 높이기도 어렵습니다. 입소문이 나길 마냥 기다리기에는 치솟는 임대료와 직원 월급을 감당할 수 없습니다. 그래서 오 원장 또래의 젊은 한의사들은 한방병원이나 명성이 있는 나이 든 한의사 밑에서 월급을 받고 일하는 페이닥터로 일합니다.

그럼 오 원장은 어떻게 30대 초반부터 자신의 병원을 성공적으로 운영해 왔을까요? 그 비결은 바로 그녀의 특별한 오지랖이었습니다. 평소에도 다른 사람 일에 관심이 많고 돕는 것을 좋아하는 그녀는 혼자서 오지랖을 떨지 않습니다. 대신 여러 분야의 오지라퍼들을 모아서 팀을 짰습니다. 그 오지라퍼의 팀과 함께 "리퍼럴 마케팅"을 했습니다. 오 원장이 마케팅 비용을 거의 들이지 않고도 새로운 지역에서 병원을 열 때마다 금방 자리를 잡을 수 있었던 비결인 리퍼럴 마케팅은 과연 무엇일까요?

1장

매출을 높이는
가장 효과적인 마케팅은?

현재 내 사업의 마케팅 현황을 파악하자

　회사의 매출을 늘리는 방법은 몇 가지나 있을까요? 10개? 100개? 아니면 1,000개? 놀라지 마십시오. 회사의 매출을 늘리는 방법은 단 '네 가지' 밖에 없습니다. 믿기 어렵겠지만 사실입니다. 끝까지 읽어 보십시오.

　첫째 방법은 '광고'입니다. 한마디로 광고라고 하지만, 아시는 바와 같이 광고에는 여러 가지가 있습니다. TV · 라디오 · 신문 · 잡지 · 게시판…. 이메일로 광고하는 방법도 있습니다. 공원의 벤치나 볼펜에 광고문구를 써 넣기도 하기도 하지요. 풍선이나 전단지를 사용할 수도 있습니다. 좀 대담한 걸 좋아하신다면 비행기로 하늘에 글씨를 쓰는 방법도 있겠지요. 이 경우 글씨는 금세 지워져 버리겠지만, 그것도 광고의 한 방법임에는 틀림없습니다.

기업 측면에서 생각해 봅시다. 모든 기업이 어떤 방식으로든 광고를 할 것입니다. 그런데 우리가 흔히 아는 광고를 하려면 비용이 발생합니다. 주요 일간지에 손바닥만 한 광고를 실으려면 1회에 수백만 원이 소요됩니다. 예를 들어 200만 원짜리 광고를 게재한다고 해도 주 1회, 1년간 광고를 게재하려면 연간 1억 2000만 원 이상의 비용이 발생합니다. 관행에 따라 25% 정도 할인 받는다고 하더라도 연간 1억 원 정도가 필요합니다. 신생기업은 물론이고 기업을 일으킨 지 수 년이 지나 어느 정도 안정된 회사로서도 이 정도의 광고비를 지출하기는 어렵습니다.

그렇다고 광고를 하지 말아야 할까요? 아닙니다. 당신이 제공하는 상품이나 서비스의 종류에 따라 효과를 발휘하는 광고의 방법은 매우 많습니다. 하지만 당신의 회사가 대기업이든 동네 상점이든 광고비를 무한대로 사용할 수 있는 것은 아니기 때문에 정해진 예산 범위 내에서 광고 방법을 선택할 수밖에 없습니다. 여기에서 중요한 질문을 해 보겠습니다. '과연 광고는 기대했던 만큼의 수익 증가로 연결될까요?' 대답이 '아니오'라면 다른 방법을 찾아야겠지요.

우리는 고객 확보 전쟁이 벌어지는 세상에 삽니다. 당신의 경쟁 상대는 당신으로부터 고객을 빼앗아 가려고 합니다. 경기가 좋을 때조차 광고는 당신에게 승리를 보장해 주지 않습니다. 당신이 목표로 삼는 잠재고객은 날마다 수천 개의 광고에 집중 폭격을 받기 때문입니다. 이렇게 당신의 잠재고객이 광고에 노출돼 있다는 것은 당신이 아니더라도 당신이 제공하는 상품이나 서비스를 얼마든지 제공받을 수 있음을 의미합니다.

경기가 나쁜 경우에도 광고는 제 기능을 발휘하기 어렵습니다. 경기가 악화하면 한정된 잠재고객을 둘러싸고 경쟁사와 경쟁을 벌여야 합니다. 고객 역시 지갑을 여는 데 매우 민감해집니다.

매출을 올리는 둘째 방법은 PR 캠페인입니다. 이것은 꽤 효과적이지만 막대한 비용이 필요하기 때문에 광고와 마찬가지로 규모가 작은 기업은 시행하기 어렵습니다. 시간적 제약도 따릅니다. 대기업은 통상 PR 전문회사에 업무를 위탁하기도 합니다. 하지만 PR 전문회사의 현장 영업담당 한 명 한 명이 회사의 신뢰 향상으로 연결되는 효과를 내줄 것이라 기대하기는 어렵습니다. 따라서 PR 전문회사에 위탁이 어려운 작은 기업뿐 아니라 대기업의 영업담당자도 독자적인 PR 프로그램을 생각할 필요가 있습니다.

우수한 PR 프로그램이 있다면 회사의 신뢰도를 높일 수 있습니다. 이것은 결국 리퍼럴 마케팅에도 긍정적으로 작용합니다. 이에 대해서는 '10장 나만의 브랜드를 전달하라'에서 다룰 것입니다. 그렇다고 해도 우선은 우리가 명심해야 할 사항이 있습니다. PR은 영업을 위한 밑바탕은 될 수 있지만, 그 자체로 거래를 성사시킬 수 없습니다.

셋째 방법은 '리퍼럴', 즉 잘 준비된 '소개'를 통해 매출을 올리는 방법입니다. 이를 '리퍼럴 마케팅'이라고 부릅니다. 이후로는 '리퍼럴'이라는 개념을 '잘 준비된 소개'라고 생각하고 이 책을 읽어주십시오. 예부터 리퍼럴 마케팅은 비용 대비 가장 우수한 마케팅 방법으로 인식되었습니다. 〈톰 피터스의 경영혁명(원제: Thriving on Chaos)〉의 저자인 톰 피터스는 리퍼럴 마케팅을 고객이나 클라이언트를 늘리는 중요한 수단 중 하나라고 강조합니다.

피터스에 따르면, 다른 광고나 마케팅 방법과 마찬가지로 리퍼럴 마케팅에도 '꼼꼼히 계획된 체계적' 접근이 필요합니다. 그럼에도 기업의 마케팅 계획에 리퍼럴 마케팅이 도입된 경우는 "본 적이 없다"고 말합니다. 피터스는 눈에 띄는 성과를 내고 싶다면 고도로 체계적인 계획이 필요하다고 강조합니다.

네 가지 마케팅 방법

마케팅 전략	초기 목표	최종목표	비용	장점
광고 (온라인 포함)	인지도 향상, 잠재고객 형성	시장에서의 이미지 구축, 매출	미디어에 큰 이익이 될 가능성	대상을 좁힐 수 있으며 광범위 한 고객층 확보 가능
PR	인지도 향상	시장에서의 이미지 구축, 매출에 다소 기여	PR회사에 큰 이익이 발생 할 가능성	광범위한 고객 확보
리퍼럴	리퍼럴 획득	매출	인건비	대상을 좁힐 수 도 있고 광범위 한 고객층 확보 가능 효율적인 파생 력 있음 저비용 가능성 높은 잠 재고객 확보
전화영업 (텔레마케팅)	직접 접촉해서 판매	매출	고가의 인건비, 구두의 밑창, 인내	아무리 생각해 봐도 전혀 생각 나지 않음

아쉽게도 마케팅에 관한 대부분의 통계는 고객이 당신의 비즈니스를 소문 낼 가능성은 당신의 서비스에 만족했을 경우보다 불만족스러웠을 때 10배나 높다는 점을 보여줍니다. 그러므로 눈에 띄는 성과를 얻기 위해서는 미리 계획을 세워 체계적 프로그램을 구축하는 것이 최선의 방법입니다.

마케팅 전략에서 거론할 마지막 한 가지가 남아 있습니다. <u>광고나 PR과 함께 자주 쓰는 방법인 전화영업입니다.</u> 하지만 전화영업은 말을 꺼내는 것만으로도 등골이 오싹합니다. 다른 선택이 있는데 인생을 전화영업에 허비하는 것은 정상이 아니라고 생각합니다.

이렇게 마케팅의 실체를 확인하셨습니다. 어떠하신지요? 매출 증가나 사업 확대를 목표로 한다면 어떤 전략이 좋을까요? 앞서 말한 네 가지 중에서 한 가지를 고른다면 '광고'를 추천합니다. 회사의 메시지를 전달하는 방법으로는 가장 즉각적인 효과가 있기 때문입니다. 하지만 대부분의 경우, 광고에 사용할 수 있는 예산은 한정되어 있습니다. 그럼 PR은 어떨까요? 이것은 다른 마케팅 전략과 병행하는 것이 좋습니다. 또, 여러분은 어떻게 생각할지 모르겠지만, 예전에 저는 이렇게 마음을 정했습니다. "다시는 전화영업을 하지 않겠어."

결국 비즈니스를 성장시키는 가장 효과적인 방법으로 남은 선택은 단 하나이며, 그것은 바로 '리퍼럴', 즉 '소개'입니다.

비용 대비 효과가 가장 우수한 광고 방법

리퍼럴 마케팅도 광고의 한 형태입니다. 미디어를 이용하는 다른 방법과 마찬가지로 정성스런 계획이 있어야 투자한 시간과 에너지에 부합하는 성과를 얻을 수 있습니다. 리퍼럴 마케팅으로 이익을 얻게 된다면, 그것이 얼마나 비용 대비 효과가 우수한 마케팅 방법인지 이해하실 수 있을 겁니다. 하지만 이런 결과를 얻으려면 체계적인 리퍼럴 마케팅 프로그램을 구축하는 것이 필요합니다.

리퍼럴 마케팅이 비즈니스에 가져올 가치에 대해서는 많은 경영자나 사업가가 이미 알고 있습니다. 그러나 어떻게 하면 많은 리퍼럴을 계속적으로 생산해 낼 것인지에 대해서는 그다지 알려져 있지 않았습니다. 뿐만 아니라 많은 경영자나 사업가는 자신의 상품이나 서비스가 필요한 사람들이 있다는 것을 알지 못합니다.

누구나 리퍼럴을 필요로 한다

사업가뿐만 아니라 보통 사람들도 리퍼럴을 필요로 합니다. 치과를 선택할 때 전단지만 보고 결정하는 사람은 별로 없습니다. 보통은 실제로 치료받아본 사람에게 자세한 정보를 받고 나서 치과를 선택할 것입니다.

마찬가지로 변호사나 부동산 중개인을 선택할 때도 아무나 선택하지는 않습니다. 회계사 · 물리치료사 · 보험설계사 · 기계수리공을 선택할 때도 마찬가지입니다. 우리는 누구나 신뢰할 수 있는 제3자의 소개를 필요로 합니다!

문제는 상품이나 서비스를 필요로 하는 사람과 그것을 제공하는 사람들을 어떻게 연결하느냐입니다. 우리가 사는 세상은 당신이 고객을 필요로 하는 것 이상으로 당신의 제품이나 프로그램을 필요로 하는 사람들이 많습니다. 체계적 리퍼럴 마케팅 프로그램의 출발은 바로 이같은 인식에서 시작됩니다. 광고만을 통해 업자를 선택할 경우 어떤 사람을 만나게 될지 모릅니다. 이와 관련된 일화 한 편 소개합니다.

몇 년 전, 샌디에이고의 한 은행이 사설탐정을 고용하여 은행 강도로부터 도난당한 현금을 회수하려 했습니다. 조사 결과 은행 강도가 멕시코에 있다는 사실을 알아냈습니다. 국경을 넘어 은행 강도를 추적하기 위해 스페인어 통역사가 필요했던 탐정은 전화번호부를 펼쳤습니다. 그러고는 처음 눈에 띈 통역사를 고용했습니다. 며칠이 지난 어느 날, 결국 탐정은 강도를 붙잡았습니다. 그리고 통역사를 통해 이렇게 말했습니다.

"돈은 어디 있지?"

강도는 스페인어로 대답했습니다.

"무슨 돈? 무슨 말인지 전혀 모르겠어."

탐정은 권총을 꺼내 강도에게 겨누며 통역사에게 다음과 같이 말했습니다.

"돈의 소재를 말하지 않으면 총을 쏘겠다고 전해."

통역사에게 이 말을 전해 들은 은행 강도는 스페인어로 이렇게 말했습니다.

"선생님, 돈은 라파즈비아 델리오에 있는 파라시오 호텔의 2층 남성화장실 네 번째 바닥 아래에 있는 캔커피 상자에 숨겨놓았습니다."

탐정은 통역사에게 물었습니다.

"뭐라고 했지?"

통역사는 잠시 생각한 뒤 이렇게 답했습니다.

"남자답게 죽을 각오가 되어 있다는데요."

다른 정보 없이 광고에만 의지해 업자를 고용하면 제공받는 서비스의 질에서 상당한 리스크를 안게 됩니다. 하지만 신뢰할 수 있는 사람에게 소개받은 업자라면 리스크는 큰 폭으로 줄어듭니다. 누군가가 이미 그 사람이나 업체를 이용한 후 자신 있게 추천했기 때문입니다.

리퍼럴로 획득한 비즈니스는 질이 높다

지인의 소개를 받고 온 잠재고객과 광고를 보고 온 잠재고객을 비교해 봅시다. 소개의 경우 거래가 성립되기 쉬울 뿐 아니라 고객과 계약하는 데 걸리는 비용도 줄일 수 있습니다. 많은 경우 소개받고 온 고객은 오해하거나 기대가 어긋날 경우는 적은 반면 질 높은 고객이 될 가능성이 높습니다. 아래 목록은 많은 사업가들이 언급하는 리퍼럴의 장점입니다. 리퍼럴을 통해 얻은 비즈니스와 광고를 통해 얻은 비즈니스를 비교해 얻은 결과입니다.

- 계약 성사가 매우 용이함
- 기대 이상의 매출 신장 가능
- 고객 확보에 필요한 경비가 적음
- 높은 확률로 다른 고객을 소개받기 쉬움
- 문제가 발생하는 상황이 훨씬 적음
- 고객의 충성도가 상당히 높음
- 고객과 장기적 거래 가능

그리고 가장 중요한 점은

- 신뢰도가 무엇보다 높음

마지막에 언급된 '신뢰'가 특히 중요합니다. 친구나 지인의 소개만으로도 잠재고객의 당신 제품이나 서비스에 대한 신뢰도는 처음부터 높을 수밖에 없습니다. 수많은 사람들 간에 매일 이런 소개를 주고받을 수 있게 하는 것, 그것이 리퍼럴 비즈니스를 구축하는 일입니다. 그리고 실제로 어떻게 리퍼럴 비즈니스를 구축하는지는 이 책을 통해 알려드리겠습니다.

광고문구가 된 리퍼럴

대부분의 기업은 어떤 식으로든 광고 계획을 가지고 있습니다, 하지만 리퍼럴 마케팅으로 매출을 올리려는 계획을 수립하는 기업은 거의 없습니다. 그 이유는 무엇일까요? 아이러니하게도 리퍼럴 마케팅이 얼마나 효과적인지를 광고 문구로 사용하는 기업까지 있습니다. 잠재고객을 향해 이렇게 말하는 듯합니다.

'우리는 이런 광고에 돈을 들일 필요가 없어요. 왜냐하면 기존 고객으로부터 리퍼럴(소개)을 받아 새로운 고객이 찾아오기 때문이죠. 하지만 당신은 운 좋게 이 광고를 보게 되었습니다. 만일 당신이 우리 고객과 아는 사이가 아닐 경우를 대비해 우리가 지금 이 광고를 내고 있는 거예요.'

오래 전에 한 중견 상업은행의 라디오 광고를 들은 적이 있습니다. "당신은 당신이 이용하는 은행을 친구에게 소개합니까?" 이 은행이 말하고 싶었던 것은 자신들은 신규 고객 대부분을 기존 고객의 소개로 확보할 정도로 신뢰가 높다는 것이겠지요. 이 은행은 리퍼럴(소개)의 가치를 인식하고 있다는 뜻입니다. 그것도 광고에까지 사용할 정도로 리퍼럴의 가치를 찾아낸 것이죠.

최근 또 다른 라디오 광고를 들었습니다. 이 회사는 60초의 광고시간 중 무려 50초를 자기들에게 리퍼럴이 얼마나 중요한지 강조했습니다. 그러고 나서 나머지 10초 동안 고객의 80% 이상이 지인의 소개를 받고, 나머지 20%는 이런 광고를 듣고 찾아온다고 말합니다. 이런 광고를 들었다면 여러분은 이 회사가 정말 강력한 소개를 받는 것일까, 아니면 그런 이미지를 만들어 내고 싶어하는 것일까 궁금해질 것입니다.

이 글에서는 네 종류의 마케팅 방법을 검토하고, 리퍼럴로 비즈니스를 성장시키는 의의를 생각해 보았습니다. 이제부터는 실제로 리퍼럴 마케팅 계획을 세워 그 효과를 최대한 이끌어내는 방법에 대해 이야기하겠습니다.

> **향후 미션**
>
> 1. 매출 증가를 위해서 당신이 진행하는 모든 사항을 작성해 보십시오(광고, PR, 전화영업, 리퍼럴).
> 2. 작성한 항목 중 각각 소요되는 금전적, 시간적 비용을 정리해 보십시오.
> 3. 작성한 항목으로 얻은 새로운 사업 기회를 기록해 보십시오.

2장

헷갈리는
마케팅 용어를 정복하자

본격적으로 이야기를 시작하기 전에 몇 가지 마케팅 관련 용어를 살펴보겠습니다. 마케팅 관련 용어는 다양하게 해석되어 의미가 모호할 수 있기 때문입니다. 우선 제법 오래 전부터 사용한 마케팅 용어의 개념을 명확히 하고, 리퍼럴로 비즈니스를 발전시키기 위한 계획을 함께 생각해 보겠습니다.

물론 앞으로 살펴볼 용어의 공식적인 정의나, 이들 용어의 소유권을 주장할 생각은 전혀 없습니다. 일반적으로 사용되는 마케팅 관련 용어들이 이 책에서는 어떻게 사용될지 명확히 하는 데 초점을 맞춰보겠습니다.

먼저 '네트워킹'이라는 개념부터 살펴보겠습니다. 네트워킹은 여러 의미로 사용됩니다. 어떤 이에게는 밖에 나가 서로 명함을 교환하며 거대한 인적 데이터베이스를 만드는 것을 의미할 수 있습니다. 사람들 앞에 나서는 기회나 잠재고객을 발견하기 위한 기회로 인식하는 사람도 있을 것입니다. 네트워킹을 단지 만나서 잡담을 하는 것이라거나 회식에 지나지 않는다고 생각하는 사람도 있겠지요. 구체적인 목적 없이 단지 사람을 만나 교류하는 일로 여기는 사람도 있을 수 있다는 말입니다. 하지만 이 책에서 네트워킹은 하나의 프로세스(과정)를 말합니다.

비즈니스 네트워킹에서 성공하기 위해 명심해야 할 사항이 있습니다. 비즈니스 네트워킹은 다른 사람을 도움으로써 자신의 비즈니스를 발전시키는 일이라는 점입니다. 당신이 누군가를 도우면 그 사람 역시 당신을 더 도와주려 하거나 자신의 지인을 당신에게 소개하고 싶은 마음이 생깁니다. 요약하면 '네트워킹이란 리퍼럴(소개)을 기본으로 비즈니스를 구축하는 데 필요한 과정'입니다. 즉, 네트워킹은 사람들과 교류를 늘려 매출 증대로 연결하거나 지식이나 영향 범위를 확대하여 커뮤니티에 공헌하기 위한 프로세스인 것입니다. 네트워킹이란 긍정적 메시지를 효과적으로 전달하는 것이며, 리퍼럴은 그 이후에 당연히 따라오는 결과입니다.

여기서 '리퍼럴'이 정의하는 것이 무엇인지가 중요합니다. '리퍼럴이란 특정 상품이나 서비스를 필요로 하는 사람에게 그것을 제공할 수 있는 사업자를 개인적으로 추천 또는 소개하는 것'을 말합니다.

리퍼럴 마케팅은 거의 대부분의 사업에서 성공을 위한 가장 강력한 방법입니다. 네트워킹은 그 형식에 상관없이 사업의 성공이라는 목표를 이루기 위하여 필요한 것입니다. 여기서 네트워킹은 '리퍼럴을 기본으로 한 비즈니스를 구축하기 위한 것'이라는 명백한 목표를 가지고 행한다는 것을 염두에 두어야 합니다.

종종 리퍼럴 마케팅과 유사하게 사용하는 단어가 '입소문'입니다. 실제에서 우리는 입소문이라는 단어를 빈번하게 사용합니다. 하지만 오랜 시간에 걸쳐 리퍼럴 마케팅의 개념이 발전해 가면서 입소문이란 리퍼럴 마케팅의 구성 요소에 불과하다는 것을 깨닫게 되었습니다. 즉, '소개'와 '입소문'은 동의어가 아니라고 생각하게 되었습니다. 따라서 마케팅에 초점을 맞춰 이야기할 때는 입소문을 '다른 사람이 당신의 상품이나 서비스에 대하여 단지 이야기하는 것'이라고 정의하겠습니다. 입소문 마케팅 플랜에서는 특정 리퍼럴 제공자를 통해 타깃층에 효과적인 메시지를 전달합니다. 그러한 의미로 입소문은 다음 장에서 논하는 고객 서비스의 질과 밀접하게 관련 있습니다. 여기서 '네트워킹 마케팅'이라는 용어에 대해 언급할 필요가 있습니다. 이 네트워킹 마케팅이라는 개념은 흔히 다단계 마케팅 조직에서 자신들의 판매 시스템을 표현할 때 사용합니다. 다단계 마케팅이라 함은 상품이나 서비스의 판매를 위해 대리점이 다른 대리점과 계약하고, 그 대리점은 다시 또 다른 곳과 계약하는 식의 마케팅입니다. 이 시스템은 '상위'의 대리점이 '하위'의 판매 행위에 대해 일정한 수수료를 받습니다.

'버즈 마케팅' 혹은 '버즈'라는 개념은 '바이럴(입소문) 마케팅'에서 사용하는 용어입니다. 상품과 서비스의 소비자나 사용자 사이의 교류를 통해 마케팅 메시지를 증폭시킵니다.

'바이럴 마케팅' 또는 '바이럴 광고'는 기존의 소셜 네트워크를 사용해 바이러스가 자가증식하는 것과 유사한 프로세스로 브랜드 인지도를 높이거나 상품의 판매 등 다른 마케팅 목표를 달성하는 데 이용합니다. 최신 패션이나 영화, 인기 있는 장소 등에 대해 누구나가 화제로 삼는 트렌드를 의미합니다.

  이 책은 비즈니스를 구축하기 위해 포괄적인 리퍼럴 마케팅 플랜을 세우거나 그것을 실행에 옮기는 방법을 알려줍니다. 따라서 여기서 말하는 리퍼럴 마케팅은 신뢰관계의 구축을 통하여 고객을 확보하고, 그 결과 지속적인 개인적 소개로 비즈니스를 진행하는 전략입니다. 네트워킹은 이를 위한 도구입니다.

3장

불황에도 돈을 버는
마케팅이 있다

리퍼럴 마케팅의 모순

경제상황이나 경쟁업체의 움직임에 좌우되지 않고 매년 비즈니스를 성장시키는 방법이 있다면 어떨까요? 실제로 그런 방법은 존재합니다. 그것을 리퍼럴 마케팅이라고 부릅니다.

리퍼럴 마케팅에는 모순이 존재합니다. 대부분의 사람들이 '소개'라는 말을 알고, 그것이 사업에 중요하다는 것도 이해합니다. 그럼에도 그 구체적 활용법을 아는 사람은 거의 없습니다. 그래서 이것을 '세계적으로 유명한(실제 제대로 아는 사람은 거의 없는) 마케팅 비밀'이라고 말합니다.

리퍼럴 마케팅은 가장 효과적임에도 사람들이 가장 이해하지 못하는 마케팅 전략입니다. 소개를 통해 마케팅을 한다는 개념이 전문가들에게는 익숙하지만, 리퍼럴 마케팅이 마케팅 교본에 등장하는 경우는 좀처럼 없습니다. 스쳐 지나가듯 언급하는 경우는 있지만, 어떻게 하면 실제로 질 높은 리퍼럴을 생산해 낼 수 있는지에 대한 자세한 설명은 본 적이 없습니다. 어쩌다 리퍼럴 마케팅을 언급하더라도 이를 실천할 수 있도록 명확하고 체계적인 방법은 제공하지 않습니다. 리퍼럴의 어느 한 부분에만 주목할 뿐 전 과정을 제시하지 않는 경우도 있습니다.

입소문의 요소

많은 사업가가 리퍼럴로 비즈니스를 하기 위해서는 '질 높은 서비스'를 제공하기만 하면 충분할 것이라고 오해합니다. '질 높은 서비스'는 비즈니스에서 장기적 성공의 전제조건입니다. 하지만 서비스의 질을 높이는 것만으로는 부족합니다. 그것만으로는 리퍼럴 마케팅을 한다고 할 만큼의 비즈니스를 만들어 낼 수 없기 때문입니다. 그 이유 중 하나는 '입소문의 요소'라는 것에 있습니다.

입소문의 요소는 다음 단계로 설명할 수 있습니다.
1. 고객은 서비스에 만족했을 때보다 불만족했을 때 그것을 다른 사람들에게 말하기 쉽다.
2. 따라서 질 높은 서비스는 리퍼럴을 증가시키기보다 나쁜 입소문을

줄이는 쪽에 관계가 있다.
3. 리퍼럴을 통해 매출을 올리기 위해서는 서비스의 질을 높여야 할 뿐 아니라 입소문을 더욱 늘릴 필요가 있다.

다시 말하면 질 높은 서비스는 나쁜 입소문을 줄일 수는 있지만 매출을 증가시키는 데는 충분하지 않다는 것입니다. 따라서 매출을 증가시키기 위해서는 리퍼럴 마케팅 기술을 익힐 필요가 있습니다.

미국 서부 해안에 있는 어느 리서치 회사의 조사에 따르면, 자동차 정비 서비스에 불만을 가진 사람은 22명에게 그 부정적 체험을 이야기했다고 합니다. 또 텍사스에 있는 리서치 회사의 조사에서는 은행에 불만을 가진 사람은 11명에게 그 불만을 털어 놓았고, 그 11명이 각각 5명씩에게 이 부정적 입소문을 퍼뜨렸다는 조사 결과가 나왔습니다. 고객 1명이 불만을 느끼면 66명이 그 불만을 듣게 된다는 뜻입니다. 게다가 '2차 청취자'인 55명이 들은 이야기는 사실보다 부풀려졌을 가능성이 높습니다.

이 조사 결과에 따르면 질 높은 서비스는 나쁜 입소문을 줄이거나 없앨 수는 있지만 좋은 입소문을 퍼뜨리는 데는 큰 효과가 없음을 보여줍니다. 그럼에도 꽤 많은 경영자가 단지 우수한 상품과 우수한 서비스를 제공하기만 하면 고객이 물밀 듯 몰려올 것이라고 오해합니다. 회사를 처음 경영하는 사람일수록 이러한 경향은 더욱 심각합니다.

리퍼럴로 비즈니스를 성공시키기 위한 기본 전략

많은 사람이 좋은 입소문은 저절로 고객들의 귀에 들어갈 것이라고 착각합니다. 그러나 이것은 희망사항일 뿐입니다. 또 입소문이 나면 금방 매출이 오를 것이라고 기대하지만, 실제로는 입소문의 효과가 그렇게 금방 나타나지 않습니다. 결국 리퍼럴을 바탕으로 한 안정적인 비즈니스를 구축하기 위해서는 리퍼럴을 만들어 내기 위한 방법을 차근차근 실천할 필요가 있다는 것입니다.

리퍼럴을 통해 사업에 성공하기 위해서는 다음 두 가지 전략이 필요합니다. 바로 이것이 이 책의 주제이기도 합니다. 리퍼럴에 의한 비즈니스를 발전시키고 싶다면 다음 두 가지를 실천해야 합니다.

1. 강력하고 다양한 인맥을 만들 것
2. 긍정적인 메시지를 효과적으로 전달할 것

오늘날 비즈니스에서 성공을 거두기 위해서는 자신만의 강점이 필요합니다. 살아남기 위해서는 상당한 창의성이 요구된다는 것입니다. 창의적인 마케팅은 기업이나 전문가에게 성공을 위한 기본 전략입니다.

좋은 예를 하나 소개하겠습니다. 어떤 건물에 같은 서비스를 제공하는 세 개의 점포가 나란히 입점했습니다. 시절은 불경기였습니다. 매출 증가를 기대한 왼쪽 가게가 입구에 '연말 대처분 세일'이라는 현수막을 내걸었습니다. 이것을 본 오른쪽 가게는 '재고 처분 세일'이라는 간판으로 대응했습니다. 가운데 있는 가게도 대안을 세우지 않으면 매출이 급감할 것이 뻔했습니다. 심사숙고한 끝에 가운데 가게 주인은 다음과 같은 간판을 입구에 붙였습니다. '입구는 여기' 이 이야기는 경기나 경쟁사를 조절하는 것은 불가능하지만 적절한 '대응'은 가능하다는 교훈을 줍니다.

경기나 경쟁은 이렇게 대응하라

리퍼럴을 바탕으로 한 비즈니스를 구축하기 위해서는 먼저 이해해야 할 것이 있습니다. 자신의 주변에서 일어나는 상황에 대한 반응은 자신이 조절해야 한다는 것입니다. 저(아이반 마이즈너)는 지금까지 여러 곳을 돌며 수천 명의 사업가에게 비즈니스와 관련된 프레젠테이션을 했습니다. 언젠가 코네티컷주 하트퍼드에서 개최한 비즈니스 교류회에 참가했습니다. 이 지역은 당시 심각한 불경기였습니다. 화제는 얼마나 매출이 나쁜지에 대한 이야기뿐이었습니다. 상당히 우울한 경험이었습니다. 모든 사람의 머릿속에는 불경기와 그것에 영향을 받은 비즈니스 생각으로만 가득한 듯했습니다.

당시 교류회에는 많은 부동산업자도 참석했는데 그 중 한 명과 이야기할 기회가 있었습니다. 지역 부동산 가격이 내린 것을 알고 있어서 그에게 '비즈니스는 어떻습니까?'라고 질문하는 것조차 망설여졌습니다. 저 역시 더 이상 비관적인 이야기를 듣고 싶지 않았습니다. 하지만 그는 뜻밖에도 사업이 최고로 잘되고 있다고 말했습니다. 저는 놀라 물었습니다.

"부동산업을 하신다고 말씀하셨지요?"

"그렇습니다."

"여기는 코네티컷이지요?"

"예."

그는 살짝 미소를 지으며 대답했습니다. 저는 다시 물었습니다.

"그런데 사업이 잘되고 있다고요?"

"실은 지금까지 없던 호황이에요."

"최고로 잘되고 있다고요?"

저는 놀라움을 감추지 못하며 잠시 생각 후에 이렇게 물었습니다.

"혹시 최근에 개업하셨나요?"

그는 웃으며 대답했습니다.

"아니요, 벌써 10년 가까이 부동산업을 하고 있습니다."

저는 이 불경기 속에서 어떻게 당신의 비즈니스만 순조로운지 물었습니다. 그랬더니 그는 주머니에서 배지 하나를 꺼냈습니다. 파란색과 흰색으로 만들어진 배지에는 다음과 같이 적혀 있었습니다.

불경기에 동참 사절!

"이것이 비결입니까?"

저는 물어봤습니다.

"불경기에 동참 사절이라 비즈니스가 순조롭다는 말입니까?"

"말씀하신 대로입니다. 서로 입을 모아 경기가 안 좋다고 외치지만, 저는 리퍼럴을 통해 많은 비즈니스 거리를 얻습니다."

그의 이야기를 듣고 주위를 둘러보았습니다. 여전히 사람들은 불경기에 대한 불만을 토로하고 있었습니다. 대부분은 서로 동정하는 모습이었습니다. 그러나 그 많은 사람들 중 대화에서 새로운 비즈니스 거리를 찾는 사람은 거의 없었습니다. 그 결과 비즈니스의 성과도 적었던 것입니다.

비즈니스에 성공하려면 꼭 기억합시다. 불경기에 대해 다른 사람에게 사업이 안 된다고 하소연하는 것은 비즈니스에 전혀 도움이 되지 않습니다. 당신의 비참한 상황을 들은 사람들 대부분은 자신과 상관없는 일이라고 느낄 것입니다. 나머지 반은 자기보다 당신이 더 비참하다는 것이 다행이라고 생각할 겁니다!

내 앞에 닥친 비관적 상황을 바꾸기는 어렵습니다. 하지만 나의 태도는 다른 사람에게 전해집니다. 긍정적이든 부정적이든 말입니다. 그렇다면 긍정적 태도를 취함으로써 주변을 긍정적 사업가들로 채우는 것이 중요합니다.

동종업자들과 경쟁에서 이기기 위해서는 함께 상황을 한탄하고만 있어서는 절대 안 됩니다. 경기를 조절하거나 동종업자를 움직이는 것은 불가능하지만 자신의 반응은 조절할 수 있습니다. '입구는 여기'라는 간판을 거는 가게 주인이나 '불경기에 동참 사절'이라고 선언한 부동산업자처럼 말입니다. 외부 상황이 어렵다고 아무 것도 안 한다면 결코 성공할 수 없습니다. 당신의 태도가 당신의 매출을 좌우합니다!

  이 책을 통해 보여드리겠지만, 경기에 좌우되지 않고 자신이 놓인 상황을 조절하는 유일하면서도 최고로 효과적인 방법은 리퍼럴 마케팅 방법을 습득해 경쟁사와 차이를 만드는 것입니다.

Referral Marketing

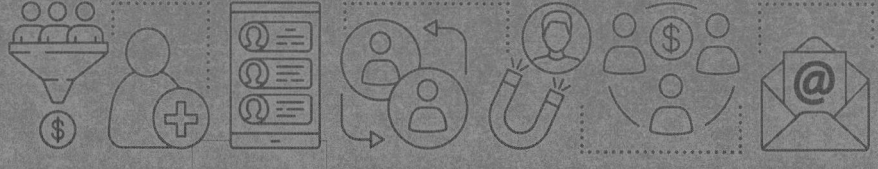

②

네트워킹,
누구나 알지만
누구도 잘 모르는

기업 행사나 연예인 이벤트를 기획하는 회사를 운영하는 오경섭 대표는 3년 전부터 서로 고객 소개를 주고받는 리퍼럴 마케팅 모임에서 활동했습니다. 하지만 팀으로 일하는 것은 쉽지 않았습니다. 개성이 강한 사업가들이 모여서 협업을 하려다 보니 모임 장소를 어디로 할 것인가 같은 사소해 보이는 문제를 두고도 편을 갈라 싸웠습니다. 처음에 매일 만나고 싶다고 할만큼 분위기가 좋아서 60명 가까이로 불어났던 팀이 채 2년이 되지 않아 20명으로 쪼그라 들었습니다. 모임에 참석만 하면 금새 고객 소개가 자판기에서 음료수 나오듯 쏟아져 나올 것으로 기대했던 사업가들이 몇 달이 지나도 자신이 원하는 소개를 못 받자 실망하고 그만 두었습니다. "무슨 부귀영화를 누리려고 사람들하고 이렇게 부대끼며 모임을 해…" 이렇게 말하며 몇 명이 그만 두니 사람들은 앞다투어 모임을 그만 두었습니다.

하지만 그 중에 몇 명은 기왕 함께 일하기로 약속하고 시작한 모임이니 끝까지 모임을 지키자고 나섰습니다. 오경섭 대표도 그런 사람이었습니다. 동료들을 찾아 다니며 잘해 보자고 독려하고 웃으면서 모임의 궂은 일을 도맡아 했습니다. 동료들에게 자신이 무슨 일을 하고 어떤 차별점이 있는지 그리고 어떤 고객을 찾는지 꾸준히 알렸습니다. 그렇게 버티는 시간이 지나고 어느 날 모임의 한 분이 자신의 전문분야와 연관된 회사를 소개해 주었습니다. 그 회사는 당시 '워너원'이라는 아주 유명한 아이돌 그룹을 모델로 제품을 홍보하고 팬사인회를 기획하고 있었습니다. 미팅은 일사천리로 진행되어 오 대표는 팬사인회 행사를 한 번도 해본 적이 없었음에도 계약을 따는데 성공했습니다.

나중에 알고 보니 이미 동료 멤버가 "이 회사 제가 이미 실력을 검증했으니 왠만하면 이쪽으로 하세요"라고 강하게 추천해 준 덕분이었습니다. 그 소개는 오경섭 대표에게 큰 매출을 가져다주었습니다. 그 행사로 인해 그의 회사는 연예인 팬사인회라는 새로운 사업 영역으로 진출했고 지속적으로 성과를 내고 있습니다. 소개를 해준 멤버가 얘기했습니다. "제가 지난 이 년 동안 대표님의 활동을 지켜봤어요. 이벤트 분야의 실력자라는 확신이 들었어요. 무엇보다 대표님이 저와 다른 사람들을 도와주려고 노력하시는 걸 보고 항상 마음의 빚이 있었습니다." 오경섭 대표가 속한 리퍼럴 마케팅 모임은 지금도 활발히 운영되고 있으며 오경섭 대표는 지금도 매년 회사 매출의 30% 이상을 이 모임의 소개로 일으키고 있습니다.

4장

네트워킹 전 워밍업하기

　리퍼럴 마케팅에 대한 지식이 부족하거나 전혀 경험이 없는 경우, 준비 없이 행동하는 것은 금물입니다. 리퍼럴 마케팅에서 가장 중요한 점은 주변사람들이 당신에게 리퍼럴을 제공할 수 있게 만드는 것입니다.

　그러려면 우선 당신이 어떤 사람인지를 리퍼럴 제공자에게 정확하게 전달하지 않으면 안 됩니다. 당신이 어떤 상품이나 서비스를 제공할 수 있는지, 어떤 방법과 조건으로 그 상품이나 서비스를 제공하는지, 품질과 기술은 어떠한지, 경쟁업체와 비교해 어떤 점이 우수한지 등의 정보를 리퍼럴 제공자에게 전달하지 않으면 안 됩니다. 그리고 이런 정보들을 효과적으로 전달하기 위해서는 자신이 먼저 정확히 파악해 두어야 합니다.

　얼핏 보면 꽤 간단한 일이라고 생각할 수 있습니다. 자신이 무엇으로 생계를 꾸려 가는지 모르는 사람은 없을 테니까요. 당연히 누구나 압니다. 하지만 그것을 명확하고 간단하게 리퍼럴 제공자에게 전달할 수 있을까요? 의외로 자신과 관련된 사실을 정확하게 파악하고 있는 경우는 많지 않습니다. 당신이 하는 일이나 판매하는 물건에 대해 정확하게 리퍼럴 제공자에게 전달할 수 없다면 그들이 어떻게 질 좋은 리퍼럴을 당신에게 제공할 수 있겠습니까?

리퍼럴 마케팅이 무엇을 목표로 하는지 그 계획을 세우기 전에 우선 현재 당신의 위치를 정확하게 파악할 필요가 있습니다. 다음의 질문에 간단하게 대답해 봅시다.

- 당신은 무엇을 위해 비즈니스를 하는가?
- 당신의 상품/서비스는 무엇인가?
- 당신의 고객은 어떤 사람인가?
- 당신의 경쟁력은 무엇인가?

이런 질문에 답해 보는 것은 다른 사람에게 당신의 비즈니스에 대해 설명하는 데 도움이 됩니다. 이렇게 하면 포괄적이고 체계적인 리퍼럴 시스템을 더욱 효율적으로 실천할 수 있습니다.

나의 미션(사명)은 무엇인가

자신이 비즈니스를 시작한 계기 정도는 기억하겠지만, 그것에 대해 진지하게 생각해보는 것은 오랜만이지 않습니까? 지금의 일을 왜 하는지 다시 한번 생각해보는 좋은 기회입니다. 다음의 질문에 대해 생각해 봅시다.

- 당신의 비즈니스의 사명은?
  단지 생계를 유지하기 위해서만이 아니라, 전문가로서 당신의 장기적 사명은 무엇입니까? 예를 들면 업계의 기준이 되는 것을 목표로 하는 것도 좋겠지요. 즉, 당신의 경쟁사가 당신의 회사를 기준으로 평가한다는 뜻입니다. 살기 좋은 세상을 만들겠다는 꿈을 갖는 것도 좋을 것입니다.
- 당신의 비즈니스가 향하는 미래는?
  목표를 달성해가고 있는지? 목표를 달성하기 위해 계획을 세웠는지? 목표에 가까이 가기 위해 방침, 절차, 인재를 어떤 식으로 바꿔야 하는지?
- 당신의 비즈니스를 둘러싼 환경은?
  당신의 비즈니스 방법과 목표 달성에 영향을 주는 회사, 경제, 기술의 트렌드는?
- 당신의 비즈니스의 가장 중요한 장점은 무엇인가?
  당신이 하고 싶은 건 무엇인가? 동종업계보다 더 잘하는 것은 무엇인가? 당신의 비즈니스의 목표는 당신의 가치관이나 적성에 부합하는가?

비즈니스 컨설턴트로서 지금까지 많은 기업과 사업가들이 '모든 사람'을 대상으로 '만물상'이 되고자 하는 것을 보아왔습니다. 흔히 처음에는 전문분야를 만들어 성공하겠다며 그에 타당한 방침을 세우지만 고객과 조언자와 거래처 등의 의견에 이리저리 휘둘리다 방향을 바꿔버리고는 합니다. 그러다 보면 길을 잃게 됩니다. 당초의 생각이 결과로 이어지기도 전에 비즈니스는 일관성을 잃고 목표도 잊게 됩니다. 이런 기업에 필요한 것은 정기적으로 멈춰 서서 자신의 비즈니스를 분석해보는 것입니다. 필요하다면 애초의 자신의 목표나 경영이념으로 돌아가봐야 할 것입니다.

필자는 1985년 BNI(Business Network International)를 설립하여 평소 사람들에게 조언했던 것을 직접 실천해 보았습니다. 무엇보다 '멤버들끼리 서로 리퍼럴을 제공할 수 있게 하는 것'을 BNI의 가장 중요한 목표로 세웠습니다. 더 정확하게는 체계적이고 적극적인, 그리고 전문적인 입소문 마케팅 프로그램을 통해 멤버들이 매출을 늘릴 수 있도록 돕는 것이 BNI의 목표입니다. 이를 지금은 '리퍼럴 마케팅'이라고 부릅니다.

1985년 이후 새로운 활동과 프로그램, BNI 멤버들에게 도움이 될 만한 프로젝트 등 많은 분들이 가치 있는 아이디어를 BNI에 제공해 주었습니다. 그 가운데는 좋은 아이디어도 꽤 있었지만, BNI의 수용 범위를 벗어난 것도 적지 않았습니다. 멤버들에게 영업이나 마케팅에 관한 전문적 트레이닝을 제공하자는 아이디어도 그 중 하나였습니다. 그러나 이런 부분은 이미 BNI보다 더 우수한 기업교육 프로그램이나 연구기관 등이 있기 때문에 굳이 고려할 필요가 없었습니다.

몇 년 전의 일이지만 몇 명의 BNI 디렉터가 아이번 마이즈너 박사에게 아이디어를 제안했습니다. 리퍼럴에서 확실한 성공을 거두기 위한 트레이닝 프로그램을 일반 사업자용으로 개발하자는 것이었습니다. 처음에는 이 제안이 BNI 활동을 더욱 강화할 수 있는 우수한 아이디어라고 생각했습니다. 하지만 BNI의 목표에 비추어본 결과, 이 아이디어는 받아들이지 않았습니다. 확실히 가치 있는 아이디어였고 마켓에서 수요도 있었지만 그것은 BNI의 목표에 적합하지 않았기 때문입니다. 이 아이디어와 관련해 아이번 마이즈너 박사의 선택은 동업자로서 동료와 함께 리퍼럴 트레이닝 회사를 설립하여 그것을 지원하는 것이었습니다. 지금은 '리퍼럴 인스티튜트(referal Institute)'로 알려져 있습니다. BNI와 리퍼럴 인스티튜트는 동맹관계에 있습니다. BNI는 자신의 목표에 충실하고자 노력합니다.

— 마이크 마세도니오

BNI는 쉽게 새로운 아이디어를 채용하는 것을 최대한 자제해왔습니다. 상당한 가치가 있는 아이디어에 대해서도 마찬가지였습니다. BNI의 미션에 직접 관계가 없거나 BNI의 초점을 바꾸는 일은 일절 허용하지 않았습니다. 이것이야말로 BNI가 단기간에 세계 최대 규모로 성공한 리퍼럴 마케팅 조직이 된 이유 중 하나라고 말할 수 있습니다.

나의 상품/서비스는 무엇인가?

리퍼럴 마케팅이 계획대로 잘 진행되면 리퍼럴 제공자의 소개로 잠재고객이 당신의 상품이나 서비스를 처음으로 구매하게 됩니다. 첫 거래에서 당신을 신뢰하게 되고 좋은 관계가 형성되면 계속 당신의 상품/서비스를 구입할 것입니다. 어떤 경로를 거쳤든, 그들이 당신의 고객이 된 가장 큰 이유는 당신의 상품이나 서비스를 필요로 하기 때문입니다.

리퍼럴 제공자는 당신이 어떤 상품이나 서비스를 제공하는지 잠재고객에게 전할 필요가 있습니다. 그러려면 우선 리퍼럴 제공자에게 당신에 관해 명확한 정보를 전해야 합니다. 리퍼럴을 통해 매출을 늘리고 싶은 상품이나 서비스에 대해 다음의 항목에 관한 사항을 리퍼럴 제공자에게 알려야 합니다.

- 상품/서비스의 목적은 무엇인가? 어떠한 필요를 충족시킬 수 있는가?
- 상품이나 서비스의 설명, 상품의 모양, 크기, 기능, 특징, 서비스의 주요 내용, 장점 등은 무엇인가?
- 상품이나 서비스를 어떤 방법으로 고객에게 전달할 것인가?
- 비용과 그 조건(장소, 작업의 복잡성, 필요한 도구)은?

이외에도 전략상 자신의 상품이나 서비스에 대해 파악해 두어야 할 사항이 있습니다. 상품이나 서비스가 시대에 뒤떨어진 것은 아닌지, 같은 서비스를 제공하더라도 더 새롭고 더 좋은 방법은 없는지, 상품이나 서비스가 우리 사회와 환경에 가져올 영향은 무엇인지, 경제나 규제의 움직임이 상품과 서비스의 판매방법 또는 판매조건에 영향을 미치는 건 아닌지, 현재의 상품/서비스를 장기적으로 판매할 경우 만족감을 얻을 수 있는지 등을 미리 생각해 두어야 합니다.

나의 타깃 시장은 어디인가?

타깃 시장이란 무엇일까요? 간단하게 말하면 상품이나 서비스를 필요로 하는 특정 고객층을 말합니다. 다른 곳에서도 당신의 마케팅 메시지를 듣는 사람이 있겠지만, 이들이야말로 메시지의 '청취자'가 되며, 당신은 이들을 위해 마케팅 계획을 수립해야 합니다. 마케팅 메시지는 모든 사람, 당신의 텔레비전 광고를 보지 못한 모든 사람에게 보낼 것이 아니라 당신의 상품/서비스에 관심 있는 사람, 청취 의지가 강해 보이는 사람에게 집중해서 보내는 것이 필요합니다.

고객에 대해 잘 안다 하더라도 때때로 한발 물러서서 지켜보는 것이 중요합니다. 익숙하고 당연한 것들도 다시 한번 생각해 봐야 합니다. 리퍼럴 제공자, 즉 리퍼럴을 당신에게 가져다 줄 수 있는 사람들에게 다음의 사항을 전달할 수 있도록 해야 합니다.

- 어떤 사람이 당신의 고객이 될 것인가?

- 고객은 무엇 때문에 당신에게 오는가?
- 당신이 진정한 전문성, 특기를 가진 분야는?
- 업무 중 당신이 가장 즐거움을 느끼고, 가장 수익률이 높은 것은 무엇인가?

이런 질문에 답할 수 있다면 리퍼럴 전략을 검토하는 데 좋은 시작이 될 수 있습니다.

그렇다면 어디에 마케팅 에너지를 집중시켜야 좋을까요? 예를 들어 당신의 비즈니스가 카리브해 크루즈에 특화한 여행대리점이라면 타깃 고객을 찾을 때 동물애호협회의 명함보다 퇴직자협회의 명함부터 찾는 편이 현명할 것입니다. 혹은 텔레비전이나 라디오의 토크쇼에 광고하는 것은 어떨까요? 전시회나 주택 전시장은 어떨까요? 답은 이벤트의 취지에 따라 달라집니다. 이벤트 등을 하나하나 지켜보면서 그곳에 당신의 타깃 고객이 많이 올 것인지 아닌지 판별해보는 것입니다. 그리고 가장 효과가 나타날 곳에 마케팅 에너지를 집중시켜야 합니다.

나의 경쟁력은 무엇인가?

경쟁업체를 이길 방법을 찾아내고 싶다면 잠깐 시간을 내어 자신의 경쟁력을 분석해보아야 합니다. 자신의 'USP(Unique Selling Proportion)', 즉 타사에는 없는 강점을 이해하거나 강조하는 데 도움이 될 것입니다. 타사와 다른 점은 무엇일까요? 어떻게 하면 경쟁에서 유리한 위치에 오를 수 있을까요?

여기서 USP란 비즈니스의 목적을 가장 간결하고 설득력 있게 기술한 것입니다. USP는 특히 비즈니스에서 자신만의 독특한 부가가치를 다른 사람에게 전달하기 위한 것입니다.

경쟁력 분석에 정해진 공식이 있는 것은 아닙니다. 대부분은 비즈니스 감각이 있느냐 여부에 달려 있습니다. 경쟁업체의 움직임에 주목해 항상 대책을 생각해야 합니다. 예를 들면, 다음과 같은 점에 주목해 봅시다.

- 가격과 비용 측면에서 경쟁력이 있는가?(견적서를 보내면 그것이 비즈니스로 연결되는가?)
- 상품과 서비스의 질은 적절한가?
- 판매자로서 어떤 평가를 받는가?(왜 자신에게 사람들이 오는가?)
- 비즈니스는 성장하는가? 기반을 잃어가는 건 아닌가? 겨우 일정한 시장점유율을 유지하는 상태는 아닌가?
- 상황을 지켜보다 다급해질 때에야 대응하려는 건 아닌가?

또한 경쟁력을 유지하기 위해서는 항상 전 세계의 움직임에 주목하고 경쟁업체보다 빠르게 변화에 대응하는 것이 중요합니다. 테크놀로지나 사회의 변화가 경쟁에 어떤 영향을 주는지, 경쟁업체와 비교해서 상품이나 서비스에서 앞서는지, 경쟁업체에 온라인 마케팅에서 뒤처지는 것은 아닌지 등 업계를 움직이는 요인(성장률, 구매층의 추이, 상품이나 마케팅의 혁신, 경쟁업체의 참가와 철수, 비용과 효율의 변화 등)을 이해하고 있어야 경쟁에서 우위를 선점할 수 있게 됩니다.

경쟁에서 이기기 위한 5가지 열쇠

경쟁에서 이기기 위한 전략에는 고객을 끌어당기고, 경쟁의 압박을 견디며, 시장에서의 지위를 강화하기 위한 접근과 주도권이 필요합니다. 아서 톰슨과 A·J 스티릭랜드는《전략적 경영(원제: Strategic Management)》에서 전략적 경쟁으로 다음의 5가지를 제시했습니다.

1. 저비용 리더 전략 : 상품이나 서비스를 저비용으로 제공해 폭넓은 고객층에게 어필합니다. 가구회사인 이케아(IKEA), 슈퍼마켓인 월마트, 항공회사인 제트스타 등을 사례로 들 수 있습니다.

2. 폭넓은 구매층을 타깃으로 한 차별화 전략 : 폭넓은 구매층에 어필하는 방법으로 자사의 상품이나 서비스를 경쟁업체와 차별화합니다. 노드스트롬은 독특한 서비스의 방침이나 인사 방침으로 유명하며, 홀 푸드는 건강식품과 유기농 식품에 중점을 두고 식료품 소매점을 목표로 메이저가 되었습니다.

3. 최고의 가격 대비 성능 전략 : 저비용과 고품질을 양립시켜 고객이 지불하는 돈에 더욱 큰 가치를 제공합니다. 품질과 기능에서 동등한 상품이나 서비스를 제공하는 타사보다 가격과 비용을 줄이는 것을

목표로 합니다. 제네럴모터스의 새턴은 경제적인 자동차의 생산에 성공함으로써 고객만족도 면에서는 고급 자동차에 견줄 만합니다.
4. 저비용을 기초로 한 포커스(틈새시장) 전략 : 고객층을 구체화해 저비용으로 경쟁에서 이깁니다. 갭(GAP)의 전략이 이에 해당됩니다.
5. 차별화를 기초로 한 포커스(틈새시장) 전략 : 틈새 고객층을 대상으로 고객의 취향이나 요구를 반영한 상품이나 서비스를 제공합니다. 고급차의 대명사인 롤스로이스는 한정된 하이엔드급 차를 특별 주문 판매함으로써 차에 관해 특별한 요구를 가진 고객층을 노리고 매장부터 호화롭게 꾸며 상류사회의 스타일을 제공합니다.

이제 무엇을 할 것인가?

이제는 자신의 비즈니스를 다른 사람에게 어떤 식으로 소개하면 좋을지 이미지가 그려질 것입니다. 자신의 회사의 사명과 상품/서비스의 특징, 타깃 시장을 구성하는 사람들, 그리고 어떻게 경쟁에 대항할 것인가. 네트워크를 구축해 리퍼럴이라고 하는 가장 효과적인 방법으로 매출 증가를 노리기 위해서는 자신의 정보를 정확하게 리퍼럴 제공자나 잠재고객에게 전하는 능력이 필요합니다.

향후 미션

이번 장을 읽었다면 다음의 질문에 답할 수 있을 것입니다.

1. 당신의 비즈니스의 사명은?
2. 단지 생계를 유지하기 위해서만이 아니라 전문가로서의 장기적 목표는?
3. 당신의 회사는 어디로 향하고 있는가?
4. 사명을 달성해가는가? 아니면 달성하기 위한 계획을 세우는가?
5. 사명 달성에 가까이 가기 위해 전략, 프로세스, 인재는 어떻게 바꾸는 게 좋은가?
6. 비즈니스를 둘러싼 환경은? 당신의 비즈니스 방법이나 목표 달성에 영향을 주는 사회, 경제, 테크놀로지의 추세는?
7. 당신의 비즈니스의 가장 중요한 장점은? 당신이 진정으로 하고 싶은 것은 무엇인가?
8. 당신이 업계의 다른 사람들보다 잘하는 것은 무엇인가?
9. 비즈니스의 사명은 당신의 가치관이나 적성에 맞는가?
10. 당신의 상품과 서비스의 목적은? 어떤 필요를 채울 수 있는가?
11. 당신의 상품과 서비스를 어떻게 설명할 수 있는가? 크기, 형태, 기능, 특징, 주요한 서비스 내용, 이점은?
12. 상품과 서비스는 어떤 방법으로 고객에게 전달되는가?
13. 상품과 서비스의 가격은? 또 그것은 어떤 조건에서인가?
14. 가장 적합한 고객은?
15. 비즈니스의 어떤 부분이 가장 큰 수익을 가져 오고, 만족을 주는가?

16 가격이나 비용은 경쟁에서 견딜 수 있을까? 가격만 비교했을 때 고객은 당신을 찾아올까? 상품이나 서비스 질은 적절한가?
17 판매자로서의 평가는 어떤가?(왜 고객들은 당신을 찾아오는가?)
18 비즈니스는 성장하는가? 기반을 잃어가는가? 혹은 겨우 시장점유율을 유지하는 상태인가?

5장

네트워킹과 영업은 무엇이 다를까?

필요한 만큼의 리퍼럴을 받을 수 있다면 영업이 필요할까?
먹고 살 걱정이 없다면 그걸로 좋지 않을까?

리퍼럴 마케팅에 능통해 실제로 성공한 사람들에게 물어보면 영업기술은 필수라고 말할 것입니다. 영업기술은 리퍼럴 마케팅의 전 과정에서 필요합니다. 잠재고객과 계약을 성사시킬 때뿐만이 아닙니다.

우선 자신을 리퍼럴 제공자에게 알릴 필요가 있습니다. 리퍼럴 제공자가 당신을 지인에게 소개하기에 적합한 사람이라는 사실을 납득시켜야 합니다. 하지만 명심해야 할 사항은 리퍼럴이 계약 성사를 보장하지는 않는다는 점입니다. 리퍼럴은 소개받은 상대와 비즈니스를 하기 위한 기회만 만들어 줄 뿐 거래는 자신이 직접 성사시키지 않으면 안 됩니다. 여기서 중요한 점이 있습니다. 파는 방법을 숙지할 것, 기대한 만큼의 상품과 서비스를 제공할 것, 고객에게 과정과 결과 둘 다 만족을 줄 것 등 세 가지입니다. 이 세 가지를 잘 해내면 리퍼럴 제공자에게 좋은 인상으로 기억될 것입니다. 반대로 '최초 영업'(리퍼럴 제공자에게 자신을 알리는 일)조차 못한다면, 리퍼럴 제공자 역시 리퍼럴을 제공하려 하지 않을 것입니다. 리퍼럴 제공자는 자신과 리퍼럴을 받는 사람의 관계를 망치고 싶지 않기 때문입니다. 결국 리퍼럴을 제공할 마음이 없어질 것입니다.

> 두 가지 연구가 있습니다. 하나는 1990년대 초 캘리포니아에서 이뤄진 연구이고, 다른 하나는 2006년 플로리다에서 행해진 연구입니다. 이들 연구에 따르면 리퍼럴 중 약 34%가 실제 매출로 연결된다는 점입니다. 이것은 놀랄 만한 수치입니다. 하지만 당연히 100%를 의미하는 건 아닙니다. 따라서 네트워킹에서도 영업기술은 여전히 중요합니다. 영업기술에는 개인차가 있습니다. 그러나 리퍼럴을 산출하고 거래를 성사시킬 지식과 기술이 있다면 우선 기초는 되어 있다고 말할 수 있습니다.

둘째, 잠재고객과 첫 약속을 잡기 위해서는 잠재고객에게 자신을 드러내보여야 합니다. 리퍼럴이 상당한 도움을 준다고 하더라도 결국은 자신이 직접 잠재고객을 설득해야만 합니다. 즉, 당신과 약속이 시간낭비가 아닐 것이라는 점, 당신과 만나기를 잘했다고 생각할 것이라는 믿음을 주어야 합니다. 다만 이 과정에서 강압적이거나 우유부단하거나 모호한 태도를 보이는 것은 금물입니다. 리퍼럴 제공자로부터 당신을 소개받은 사람은 당신과의 만남에 기대가 클 뿐 아니라 전문가로서의 태도나 매너를 바랄 것입니다. 우선 당신부터 양쪽 모두에게 이익이 되는 거래가 가능하다는 확신을 가질 필요가 있습니다.

셋째, 약속이 잡히면, 당연한 말이지만 그 다음 단계로는 거래를 성사시키지 않으면 안 됩니다. 잠재고객을 설득하여 당신의 상품이나 서비스를 구입하게 해야 합니다('영업'이라고 하면 일반적으로 이 부분을 생각하지만, 아시는 바와 같이 이것이 영업의 전부는 아닙니다. 하지만 단기적으로 봤을 때 이 순간이 이익에 관해서는 가장 중요한 부분입니다).

바로 이 순간이 당신의 성실성을 가장 많이 요구하는 부분입니다. 잠재고객이 알아야 할 정보를 모두 제공하지 않으면 안 됩니다. 이 부분에서 나중에 전달되지 않은 추가요금을 청구하거나 갑자기 조건을 변경하는 등의 편법을 사용하여 거래해서는 안 됩니다.

비즈니스에 효율적인 리퍼럴 시스템이 구축되면 계속해서 잠재고객을 소개받게 될 것입니다. 하지만 이것이 성공을 보장하지는 않습니다. 다음 과정으로는 잠재고객을 신규 고객으로 바꾸는 기술이 필요합니다.

하지만 여기서 주의해야 할 사항이 있습니다. 리퍼럴 마케팅에서 거래를 성사시키는 일은 판매 전 과정의 시작점도, 종착점도 아니라는 점입니다. 앞에서 말한 대로 거래를 성사시키기 위해서는 이전에 다른 고객과 적어도 2~3건의 거래 실적이 필요합니다. 다음으로, 리퍼럴 마케팅에서 빠져서는 안 될 장기적 인간관계를 구축하기 위해서는 신규 고객과 리퍼럴 제공자를 모두 사후 관리해야 합니다. 이것도 또한 리퍼럴 마케팅 과정의 일부입니다.

지금부터 드리는 말씀을 잊지 마십시오. 리퍼럴 마케팅에서 가장 중요한 점은 소개해준 사람(리퍼럴 제공자)의 평판을 높이는 것입니다. 리퍼럴 제공자가 납득할 만한 '판매' 방법을 이해시키고 보여줘야 합니다. 잠재고객의 이야기를 귀담아 듣고 필요한 것이 무엇인지 알아내 그에 근거한 해결책을 제공해야 합니다. 이때 상대로 하여금 선택하도록 해야 합니다. 좋은 해결책을 제공할 수 없다고 생각되면 결코 무리해서 판매해서는 안 됩니다. 당신의 영업기술이 제품이나 서비스를 사줄 때까지 잠재고객을 '압박'하는 것이라면 리퍼럴 제공자는 결코 좋아하지 않을 것입니다. 이 경우 한 번쯤은 거래가 성사될 수 있겠지만, 지속적인 거래 가능성을 자신이 스스로 차단하는 꼴이 되고 맙니다. 나아가 리퍼럴 제공자로부터 다시 리퍼럴을 받을 기회마저 잃게 될 것입니다.

향후 미션

1 영업에 관해 어느 정도 자신이 있는지 스스로 평가해 봅시다. 전문적인 훈련을 받았습니까?
2 리퍼럴 제공자에게 당신을 드러내 보일 때는 당신의 영업 전 과정이나 목표를 설명하십시오.
3 잠재고객을 만났을 때도 당신의 영업 전 과정을 설명하십시오.
4 평소에도 리퍼럴 제공자에게 당신의 영업 전 과정을 알려줄 필요가 있습니다.

6장

네트워킹은
사냥이 아닌 농사

    이 책에서 말하고자 하는 가장 중요한 사실은 '리퍼럴을 통해 비즈니스를 발전시킨다는 것은 사냥보다 농사에 가깝고', 그것은 다른 사업가와 신뢰관계를 키우는 일이라는 것입니다.

    몇 년 전의 일입니다만, 다음과 같은 교훈을 얻었습니다. '다른 사람을 도와 그 사람이 원하는 것을 얻도록 해주어야겠다는 의지가 있다면, 자신도 무엇이든 얻을 수 있게 된다.' 이는 비즈니스나 인간관계에서도 마찬가지입니다. 새로운 시대가 시작된 지금이야말로 비즈니스를 지탱해온 변함없는 가치에 대해 돌아볼 필요가 있습니다. 그 중 하나가 신뢰입니다. 우리는 보통 전폭적으로 신뢰하는 사람이나 기업에 일을 맡깁니다. 따라서 리퍼럴을 받고 싶다면 먼저 신뢰를 얻어야 합니다. 이를 위해서는 일련의 과정이 필요합니다. 그것은 농사를 짓는 과정과 같으며, 장기적이고 지속적인 리퍼럴 파트너십으로 이어지는 신뢰관계를 키우는 과정입니다.

오늘날과 같은 첨단 기술사회에서는 신속히 결과를 얻고 싶어하는 경향이 있습니다. 리퍼럴 마케팅은 일확천금을 얻기 위한 계획도, 일시적인 유행도 아닌, 성공적인 비즈니스를 지지하는 토대입니다. 이러한 접근방식으로 효과를 얻고자 한다면 '신뢰를 쌓기까지는 시간이 걸린다'는 점을 이해해야 합니다. 약간의 끈기와 적절한 노력, 그리고 얼마간의 시간만 있다면 리퍼럴을 통해 거의 100% 신규 비지니스를 얻을 수 있습니다.

이제 막 리퍼럴 마케팅 계획을 세우기 시작한 사람에게는 리퍼럴만으로 비즈니스를 유지한다는 것이 '그림의 떡'으로 보일 수 있지만, 그것은 실제로 실현가능하며 당연히 당신도 할 수 있습니다. 몇 년 전 '리퍼럴 인스티튜트'는 프랜차이즈화를 통한 사업 확장을 꾀하면서 리퍼럴 마케팅 계획을 실행했습니다. 그 결과 채 5년이 되기도 전에 4개 대륙에서 50개의 프랜차이즈를 갖게 되었습니다. 이는 100% 리퍼럴로 인한 실적이었습니다. 생각해 보십시오. 미국에는 3,000개 이상의 프랜차이즈 기업이 있지만, 이 가운데 프랜차이즈 지점이 50곳 이상인 곳은 겨우 5%밖에 되지 않습니다.

미국의 30대 대통령인 캘빈 쿨리지(Calvin Coolidge, 1872. 7. 4.~1933. 1. 5.)는 다음과 같이 말했습니다.

"끈기를 이길 것은 아무것도 없다. 천재라고 해도 그렇다. 실의에 빠진 천재만큼 흔한 것도 없다. 천부적 재능 또한 그렇다. '꽃피지 못한 천재'라는 말을 얼마나 자주 듣는지 생각해 보라. 교육도 그러하다. 세상에는 교육받은 낙오자로 넘쳐난다!"

강한 끈기와 의지는, 어떠한 경우에도 성공의 열쇠입니다. 오래 전 미국에서 한 사람이 사업에 실패하였습니다. 그 다음 해, 이 사람은 하원의원 선거에서 낙선하였고, 3년도 되기 전에 상원의원 선거에서 또 낙선하고 말았습니다. 그 다음해에는 부통령후보 경선에서 패배하였습니다. 2년 후 상원의원 선거에서 또 다시 낙선합니다. 하지만 그로부터 2년 후 이 사람은 미국의 대통령에 당선되었습니다. 이 사람의 이름은 에이브러햄 링컨입니다.

이 이야기로부터 얻을 수 있는 교훈은 바로 이것입니다. '절대로 포기해서는 안 된다.' 리퍼럴을 통해 비즈니스를 구축하기 위해서는 오랜 시간 끈기를 가지고 다른 사람을 도우려는 의지가 필요합니다.

여기까지 읽으셨다면 이제 리퍼럴을 통해 비즈니스를 크게 성공시키기 위한 청사진을 그릴 수 있으리라 생각합니다. 이러한 아이디어를 실행으로 옮길 수만 있다면 큰 폭의 이익 증가를 기대해도 좋을 것입니다. 문제는 이 아이디어들을 어느 정도 실천에 옮기는가에 달려 있습니다. 당신의 리퍼럴 마케팅 프로그램이 어떻게 진행되는지는 오로지 당신에게 달려있다는 뜻입니다. 이는 비즈니스에서는 물론 전체 인생에서도 당연한 일이지 않을까요?

특별할 것 없는 5달러짜리 쇳덩어리가 있다고 가정해봅시다. 이것을 말발굽으로 만든다면 약 11달러의 가치가 됩니다. 그러나 이 쇳덩어리로 나사나 칼을 만들면 250달러가 될 수도 있습니다. 나아가 바늘을 만든다면 3,500달러, 시계 태엽을 만든다면 25만 달러의 가치가 될지도 모릅니다! 특별할 것 없는 쇳덩어리의 가치가 5달러에서 25만 달러로 변했다면, 이 책에 적혀 있는 아이디어는 이 아이디어를 실행으로 옮긴 사람에게 어느 정도의 가치를 선사했을까요?

여기서 미국의 사상가이자 시인인 랄프 왈도 애머슨이라는 사람의 훌륭한 명언을 소개하겠습니다.

"우리 앞에 있는 것도, 우리 뒤에 있는 것도, 우리 안에 있는 것과 비교하면 아주 작은 것에 불과하다."

리퍼럴을 기반으로 비즈니스를 구축한다는 것은 우리 안에 있는 최선의 것을 활용하는 일이며, 그것은 다른 사람을 이해하고 배려하는 것입니다. 우리가 아는 한 비즈니스에서 이보다 더 좋은 방법은 없습니다.

리퍼럴 마케팅은 체계적이고 전문적인 방법으로 신뢰관계를 구축하는 일입니다. 저는 오랫동안 리퍼럴로 사업을 키운 경험에서 한 가지 깨달은 것이 있습니다. 무엇을 아는지 또는 누구를 아는지가 중요한 것이 아니라, 얼마나 아는지가 중요하다는 것입니다. 끈끈하고 다양한 인맥을 쌓고, 잘 앎으로써 신뢰할 수 있는 이들에게 긍정적인 메시지를 효과적으로 전달할 수만 있다면 당신은 틀림없이 성공할 것입니다.

7장

내 네트워킹은 어느 단계일까?

리퍼럴 마케팅에서 열쇠가 되는 개념은 '인간관계'입니다. 어떤 개인 또는 사업가와의 인간관계는 정보나 도움, 리퍼럴을 얻기 위한 시스템 구축의 토대가 됩니다. 리퍼럴 마케팅이 기능을 발휘하는 이유는 이러한 인간관계가 양방향으로, 즉 양쪽 모두에게 이익이 되기 때문입니다.

리퍼럴 마케팅에는 다양한 인간관계가 포함되어 있습니다. 그 중에서도 리퍼럴 제공자와의 관계, 그들이 소개하는 잠재고객과의 관계, 이들 잠재고객 중에서 실제로 고객이 된 사람들과의 관계가 중요합니다. 이러한 인간관계는 갑자기 만들어지는 것이 아니어서 오랜 기간 키워나가야만 합니다. 인간관계는 상호 신뢰와 이익을 밑거름으로 발전합니다. 인간관계가 성숙하는 과정을 살펴보면 '아는(Visibility) 단계' '신뢰(Credibility) 단계' '수익

(Profitability) 단계' 등 세 단계를 거치게 됩니다. 이것을 각각의 머리글자를 따서 'VCP 프로세스'라고 부릅니다.

사생활은 물론 비즈니스에서도 인간관계는 그 관계를 이루는 각 개인들의 고유한 관계이며, 이는 시간을 투자하여 발전시키는 것입니다. 처음에는 잠정적이고 미숙하며 아직 보지 못한 가능성과 기대로 가득 찬 상태일 것입니다. 여기서 구체적으로 체험과 친분을 쌓으며 관계가 점차 강력해져 마침내 신뢰와 헌신의 단계로 성숙될 것입니다. VCP 과정이란, 비즈니스나 사생활에서 인간관계의 시작, 성숙, 강화라는 과정에 대한 기술입니다. 이것은 인간관계의 상태를 평가하고, 리퍼럴을 받게 되기까지의 과정에서 어느 단계에 있는지 알고자 할 때 매우 유용합니다. 또한 앞으로 친구, 고객, 동료, 거래처, 동업자 혹은 가족이 될 사람들과의 인간관계를 효과적이고 축복받는 관계로 만드는 데 활용할 수도 있습니다.

아는(Visibility) 단계

인간관계에서 첫 단계는 '아는(V) 단계'입니다. 이는 누군가와 서로 아는 사람이 된 단계입니다. 비즈니스에서는 리퍼럴 제공자가 될 사람이나 잠재고객이 당신의 비즈니스에 대해 알아가는 단계에 해당합니다. PR이나 광고 혹은 양쪽 모두 알고 있던 사람이 이 단계가 시작되는 계기일 수 있습니다. 또는 당신이 실제로 일하는 모습이나 다른 사람과 소통하는 태도를 상대가 지켜보았을 수도 있습니다. 그렇게 커뮤니케이션이 시작되고 인간관계를 맺게 될지도 모릅니다. 한두 차례 전화로 문의하다 친해져 허물없는 관계가 될지도 모릅니다. 하지만 아직은 서로 잘 아는 관계라고 말할 수는 없을 것입니다. 이러한 인간관계가 쌓여 편안한 인간관계, 즉 한 가지 또는 그 이상의 공통 관심사에 바탕한 실질적인 연대가 형성되는 것입니다.

아는(V) 단계는 중요합니다. 서로에 대해 알아보고 의식하는 단계이기 때문입니다. 인지도가 높아져 널리 알려지면, 다른 사람에 관한 정보가 더욱 많이 들어옵니다. 그만큼 다른 사람으로부터 리퍼럴을 받을 기회도 늘어나게 됩니다. 그런 만큼 인지도를 적극적으로 유지하여 향상시키지 않으면 안 됩니다. 그렇게 하지 않고서는 다음 단계로 나아갈 수 없습니다.

인지도가 향상되면…

- 더욱 폭넓게 알려진다
- 다른 사람에 관한 정보를 더 많이 얻을 수 있게 된다
- 더 많은 기회를 얻게 된다
- 리퍼럴 제공자로 인정받을 수 있는 기회도 늘어난다

리퍼럴 제공자와의 인간관계가 아는(V) 단계에 있는지 판단하는 기준은 서로 이름과 직업을 아는지 여부입니다. 지금 당장 수첩이나 휴대전화의 '연락처'를 한번 살펴보십시오. 이러한 조건에 맞지 않는 사람도 많을 것입니다. 이러한 사람들과의 관계는 '알기 전(Pre-Visibility) 단계'이라고 할 수 있습니다.

신뢰(Credibility) 단계

'신뢰(C) 단계'는 서로 의지할 수 있거나 신뢰가 충분한 단계입니다. 관계가 지속되다 보면 상대방에 대하여 서로 일정한 기대감을 갖게 되고, 그 기대가 충족되면 두 사람의 관계는 점차 신뢰(C) 단계로 나아갑니다. 서로 만족할 만한 확신이 들게 되면, 관계는 더욱 단단해집니다.

약속을 하고, 그 약속을 이행합니다. 사실이 입증되고, 실제로 서비스가 제공됩니다. 그 과정에서 신뢰는 더욱 커집니다. "말보다 결과가 더 많은 것을 말해준다"는 옛말이 있습니다. 정말 그렇습니다. 이 말은 굉장히 중요합니다. 상대방의 기대에 부응하지 못하거나 약속을 지키지 않는 것은 인간관계의 싹이 지상으로 얼굴을 내밀기도 전에 잘라버리는 행위입니다. 뿐만 아니라 당신에 대한 원하지 않는 '인지'를 만들어낼 가능성 또한 존재합니다.

스스로 어느 정도의 신뢰를 얻고 있는지 알고 싶다면 제3자에게 물어보는 것도 하나의 방법입니다. 오랜 기간 관계를 유지했거나 함께 일했던 경험이 있는 사람에게 물어봅시다. 그 사람은 과연 당신이 신뢰할 만한 사람이라고 다른 사람에게 보장해줄까요? 성실한 사람이라고 이야기해줄까요? 당신의 상품이나 서비스가 효과적이라고 생각할까요? 만일의 경우 의지할 수 있는 존재라고 받아들일까요?

VCP 프로세스를 기준으로 인간관계를 평가할 때, 인간관계는 상호적이라는 것을 잊지 말아야 합니다. 따라서 서로 상대방을 어떻게 생각하는지 최소한의 공통 인식을 기준으로 삼아야 합니다. 한 사람이 신뢰(C) 단계라고 생각하더라도 상대방은 아직 아는(V) 단계라고 생각하면 두 사람의 인간관계는 아는(V) 단계라고 평가해야 합니다.

수익(Profitability) 단계

사생활이나 비즈니스에서 성숙한 인간관계란 이익이라는 관점에서 정의할 수 있습니다. 관계를 통해 서로에게 좋은 성과가 있는지, 서로 관계를 만족하는지, 그 관계는 호혜적으로 유지되는지를 살펴야 합니다. 인간관계를 유지하게 하는 상호적인 혜택이 없다면, 경우에 따라 그 관계는 지속되지 못할 것입니다.

인간관계가 이러한 발전단계를 거치는 데 필요한 시간은 불규칙합니다. 어느 정도 시간이 걸려야 호혜적인 인간관계가 구축되는지 일률적으로 말할 수는 없습니다. 한 시간, 한 달, 아니면 일 년이 걸리기도 합니다. 급한 안건이 발생했을 경우에는 하룻밤 사이에 아는(V) 단계에서 신뢰(C) 단계까지 발전시켜야 할지도 모릅니다. 수익(P) 단계도 마찬가지입니다. 바로 실현될 수도 있고 1년이 걸릴 수도 있습니다. 그 시간은 접촉 빈도나 질에 따라 달라집니다. 무엇보다 인간관계를 진전시키고 싶다는 서로의 생각에 따라 좌우됩니다.

눈앞의 이익에만 급급하다 보면 인간관계를 충분히 발전시키는 데 방해가 될 가능성이 높습니다. 몇 개월간 수시로 거래한 업체가 있다고 칩시다. 그 업체는 그동안 서비스, 시간, 선의, 신뢰라는 가치를 제공했을 것입니다. 그럼에도 적은 금액을 아끼기 위해 더 저렴한 업체를 찾아 다닌다면, 이런 관계에서 어떤 도움을 받는 것이 가능할까요? 오히려 관계의 성숙을 방해하지는 않을까요? 반대로 이 업체에 의뢰할 수 있는 모든 일을 맡겼다면 서로에게 도움이 되는 조건을 발견할 수 있을지도 모릅니다.

저렴한 것만 쫓아가다 보면 도움을 받을 수 없습니다. 앞의 6장에서 언급한 수렵과 농경의 비교를 기억해 보십시오. 도움이라는 것은 스스로 키울 필요가 있습니다. 그것은 농경처럼 인내를 필요로 합니다. 사과나무를 심었다면 우선 묘목에 비료와 물을 주면서 어린 나무로 자랄 수 있도록 지켜봐야 합니다. 그러고 나서 그 나무에 열매가 맺히기를 기다려야 합니다. 그런데 3년이 지났음에도 사과가 열리지 않는다면 당신은 그 나무를 뽑아 다른 곳으로 옮겨 심을지도 모릅니다. 하지만 그 나무가 새로운 땅에 적응하려면 다시 일정한 시간이 필요합니다. 그런데 당신은 또 이 기간을 기다리지 못하고 다시 곳으로 다시 옮겨 심을지도 모릅니다. 이렇게 해서는 설사 나무가 말라 죽지 않더라도 열매를 맺는 일은 없을 것입니다. 이처럼 리퍼럴 마케팅을 위한 인간관계 구축에서 아는(V) 단계와 신뢰(C) 단계는 중요합니다.

어떤 사람과의 관계가 수익(P) 관계에 있다는 것은, 상대방이 항상 적극적으로 리퍼럴을 제공해 주고, 자신도 똑같이 리퍼럴을 제공하는 경우에 한정됩니다. 그러므로 단순히 과거에 함께 일했던 적이 있다거나 리퍼럴을 제공해준 적이 있다는 정도만으로는 충분하지 못하다는 것입니다. 다행히 수익(P) 단계에 있는 관계가 몇 개 정도만 있어도 사업에 성공하는 것이 가능합니다.

여기에서 중요한 것은 이러한 3단계가 나타내는 것은 '리퍼럴 프로세스'일 뿐 '영업 프로세스'는 아니라는 점입니다. 혼란스러울 수도 있습니다. 상대방이 자신으로부터 무언가를 구입한 시점을 수익(P) 단계라고 생각할 수 있습니다. 그러나 이것은 틀린 생각입니다. 수익(P) 단계에 있는 관계란 서로에게 끊임없이 리퍼럴을 제공하는 경우에 한합니다.

지금까지는 인간관계를 아는 단계 - 신뢰 단계 - 수익 단계로 분류했습니다. 이번에는 네트워킹에서의 행동양식에 'VCP 프로세스'를 적용해 보겠습니다. 당신이 네트워킹에서 어떠한 행동양식을 취하는지는 교류회 같은 장소에서 당신이 다른 참가자와 형성하는 인간관계에 의해 결정됩니다.

네트워킹을 위한 행사에 참가했다고 칩시다. 참가자 중에 아는 사람은 없습니다. 당신은 행사장을 돌면서 자기소개를 하고 명함을 모읍니다. 그런데 그 후 1주일 혹은 2주일이 지나도록 다시 연락하지 않는다면 교류회에서 만난 사람이 당신의 이름과 성, 직업을 기억할 가능성은 얼마나 될까요? 그들이 당신을 기억하지 못하거나, 당신이 그들을 기억하지 못한다면 그 관계는 알기 전(Pre-V) 단계라고 할 수 있습니다.

이것은 많은 사람들이 빠지기 쉬운 네트워킹에서의 함정입니다. 많은 사업가들의 네트워킹 효과를 검증해 봤더니, 알기 전(Pre-V) 혹은 아는(V) 단계에 해당하는 네트워킹에 시간을 보내는 경우가 많다는 것을 알았습니다. 그들이 함정에 빠지게 된 원인은 매우 드물게 이전에 명함을 돌리는 정도로 교류한 사람을 우연히 다시 만난 체험 때문입니다. 이런 한두 번의 기억이 네트워킹이 잘되고 있다는 착각을 불러일으키기 때문입니다. 그래서 지금처럼 새로운 사람을 알아가면 된다는 생각에 같은 단계의 네트워킹만 계속 이어가는 것입니다. 그러나 실제로 알기 전(Pre-V)단계나 아는(V) 단계에 있는 사람들로부터 리퍼럴을 받을 가능성은 굉장히 낮습니다.

당신이라면 관계가 어떤 단계에 있을 때 당신의 평판을 걸고 다른 사람에게 소개해 주어야겠다는 생각이 들까요? 대부분의 사업가는 '적어도 신뢰(C) 단계라는 확신이 필요하다'고 대답할 것입니다. 상대방에게 리퍼럴을 제공해 달라고 부탁하는 경우에도 이 점을 잊지 말아야 할 것입니다.

VCP 프로세스에서 범하기 쉬운 잘못은 상대방과 관계를 과대평가하는 것입니다. 기억하십시오. 여기서는 '리퍼럴 프로세스'와 관련된 관계에 대해 이야기하고 있습니다. 사람들은 거래를 하게 되었다는 이유만으로 인간관계가 수익(P) 단계에 있다고 오해하는 경향이 있습니다. 하지만 '영업 프로세스'를 그대로 '리퍼럴 프로세스'로 바꿔 놓을 수는 없습니다. 신뢰(C) 단계가 아니더라도 얼마든지 상대방에게 무엇인가를 구입할 수는 있습니다. 하지만 리퍼럴을 위해 자신의 평판을 걸고자 한다면 신뢰(C) 단계에 도달할 필요가 있습니다.

> 사람들은 자신의 평판을 빌려주기보다 차라리 돈을 지불하려 한다.
> – 마이크 마세도니오

여기서 퀴즈입니다. 당신이 어느 교류회에 참가했다고 칩시다. 그곳에서 당신은 새로운 사람을 만나 인사를 나눕니다. 하룻밤 사이에 수십 장의 명함을 모았습니다. 행사가 끝난 후, 당신은 그들을 당신의 연락처 데이터베이스에 추가합니다. 이후, 그들은 당신이 보내는 메시지나 소식지를 받게 됩니다. 이 단계는 아는(V) 단계일까요, 신뢰(C) 단계일까요, 수익(P) 단계일까요?

정답은 그 어느 단계도 아닙니다! 이것은 '스팸 네트워킹'이라고 불리는 것입니다. 그 사람들은 당신에게 메일로 수신함을 가득 채워 달라고 부탁하지 않았을 것입니다. 기억하십시오. 네트워킹이라는 것은 다른 사람을 도와주는 것을 통하여 자신의 매출을 올리는 것을 의미합니다. 노력하여 다른 사람을 도와주고, 그 결과로 인해 인간관계를 알기 전(Pre-V) 단계에서 아는(V) 단계로, 나아가 신뢰(C) 단계로, 마침내 수익(P) 단계로 발전시켜 나아감으로써 당신의 네트워킹은 더욱 성공에 가까워질 수 있습니다.

최대의 효과를 얻기 위한 열쇠는 알기 전(Pre-V) 단계를 아는(V) 단계로 변화시키는 데 사용하는 시간을, 신뢰(C) 단계에서 수익(P) 단계로 변화시키는 데 투자해야 한다는 것입니다.

향후 미션

1 당신의 인맥 중에서 상위 20%에 해당하는 사람들을 나열해 보십시오.
2 데이터베이스를 참고하지 않고도 이름과 직업을 말할 수 있는 사람을 분류해 봅시다.
3 자신이 어떠한 도움을 준 사람인지 명확하게 기억하는 사람을 '신뢰'라고 분류해 봅시다.
4 항상 적극적으로 리퍼럴을 제공해주고, 당신도 리퍼럴을 제공하는 사람을 '수익'이라고 분류해 봅시다.
5 인간관계가 높은 순서대로 인맥 명단을 나열해 놓고 목록의 맨 처음부터 한 사람씩 만나 관계를 'VCP 프로세스'의 다음 단계로 진행시킬 계획을 세워 봅시다.

8장

네트워킹에도
십계명이 있다

사교 모임 등의 네트워킹 행사에 처음 참가하면 누구라도 불안합니다. 이것은 지극히 자연스러운 일입니다. 행사장은 모르는 사람들로 가득 차 있습니다. 게다가 다른 참가자들은 서로 아는 사이 같아 보입니다. 그 중에는 참가자 모두를 아는 것 같아 보이는 사람도 있습니다. 대화 분위기도 한껏 고조됩니다. 어지간히 사교적이지 않다면, 처음 보는 사람들의 무리에 끼어들어 모든 사람과 소위 '아는 사이'가 되는 일은 상상하는 것만으로도 가슴이 쿵쾅거릴 것입니다.

불안한 것은 자연스러운 현상입니다. 그러나 단언컨대 비즈니스 네트워크 그룹처럼 열려있고 열렬히 환영해 주는 사람이 많은 모임은 없습니다. 남녀 불문하고 새로운 사람과 관계를 넓히기 위해 기꺼이 당신을 자신의 인맥에 넣어줄 것입니다. 그들 대부분은 다른 사람에게 관심을 보이는 성향이 있는 데다, 그들에게 새로운 사람들과 만남은 새로운 인간관계 구축의 계기가 되므로, 개인적으로나 사회적으로, 그리고 비즈니스에서 자신의 세계를 더욱 풍부하게 해줄 기회이기 때문입니다.

그렇다고는 해도 교류회 같은 모임에 참가하여 행사장을 둘러보고 나면 겁이 날 수 있습니다. 이런 자리에서 보게 되는 장면은 온통 모르는 사람들이 서로 바삐 대화하는 모습일 것입니다. 만약 위에서 내려다본다면 이러한 모습일 것입니다.

어디서부터 접근할 것인가?

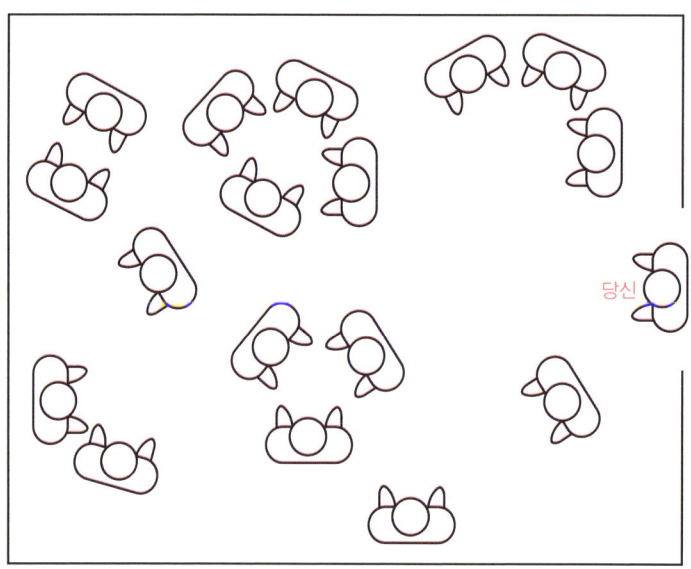

보시는 것과 같이, 행사장에서는 2명, 3명, 4명… 이렇게 그룹별로 대화가 이루어집니다. 그들에게 당신은 처음 만나는 사람이므로, 대화 모임에 끼어드는 것이 그들의 대화에 방해가 되는 것은 아닐까 하고 생각할지도 모릅니다. 참 막막한 상황입니다. 어디서부터 어떻게 접근해야 할지 전혀 가늠할 수 없습니다.

그러나 잘 보십시오. 대화하는 무리는 모두 제각각입니다. 구성원 수 뿐만 아니라 그 형태도 모두 다릅니다. 당신이 대화 무리에 끼어들려고 할 때 어떠한 반응을 보일지는 대화 무리 형태의 차이에서 알 수 있습니다. 아래 그림에서 대화 그룹은 '닫힌 둘' '닫힌 셋'의 형태입니다.

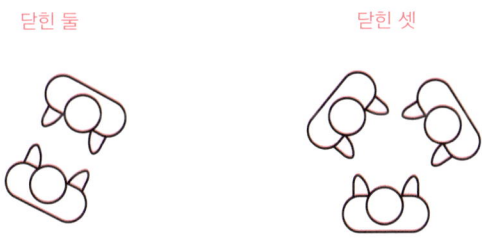

그룹 '닫힌 둘'과 '닫힌 셋'은 주변에 등을 돌리고 안쪽을 바라보며 대화를 나눕니다. 이들은 자기들끼리만 이야기를 하기 때문에 어느 쪽에서 접근하더라도 등을 돌린 상태입니다. 이러한 그룹은 적어도 지금은 다른 사람에게 '닫힌' 상태라고 말할 수 있습니다. 당신이 이야기가 중단되어 생기는 거북함과 적의에 찬 시선을 즐긴다면 몰라도, 그렇지 않다면 이런 그룹에는 끼어들지 않는 편이 좋습니다.

다른 그룹을 보지요.

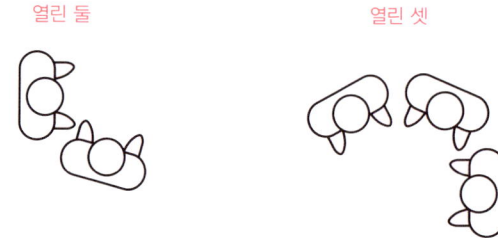

위 그림에서 각각의 대화 그룹 '열린 둘'과 '열린 셋'은 열려 있는 부분이 있기 때문에 그쪽으로 얼굴을 마주하며 접근할 수 있습니다. 이러한 대화 그룹의 형태는 '환영'의 의미를 나타낸다고 할 수 있습니다. '사적인 이야기가 아니니 당신도 들어와서 자기소개를 해 주세요'라는 표시입니다.

잠시 관찰해 보면 이런 그룹이 열리기도 하고 닫히기도 하는 것을 알게 됩니다. 이것은 대화의 '밀물과 썰물'이 눈에 보이는 형태로 나타난 것입니다. 닫혔던 그룹이 열렸다는 것은 그들끼리 나누던 이야기가 중단됐다는 것을 의미합니다. 혹은 적어도 사적인 이야기는 아니라는 의미일 수도 있습니다. 그중에는 행사장을 둘러보고 이동하려는 모습을 보이거나 대화 그룹에 새로운 사람을 불러들이려는 사람이 있을지도 모릅니다. 이때야말로 대화에 참여할 절호의 기회입니다. 이러한 모습을 보이는 경우 대부분은 대화가 끝나가거나, 새로운 주제에 대해 이야기를 시작하거나, 새로운 사람을 불러들이려는 것을 뜻하기 때문입니다.

행사장에 들어섰다면 아래 그림에서처럼 각 대화 그룹의 형태 변화에 주목함으로써 다음과 같은 것을 알 수 있습니다. 대화 그룹 A, B, C는 닫힌 그룹이며 아마도 개인적인 이야기를 하고 있을 것입니다. 이들에게는 아직은 자기소개를 할 타이밍이 아닙니다.

F는 당신보다 조금 앞서 행사장에 들어선 듯합니다. 그대로 G에게 다가가려 합니다. 아무래도 아는 사이인 듯합니다. 아마 서로에게 할 이야기가 있겠지요. 당장 이야기에 끼어드는 행동은 하지 맙시다. 잠시 기다리며 두 사람의 이야기 무리가 열리는지 닫히는지 지켜봅시다. 열린 부분을 가진 D나 E 그룹은 당신을 환영한다는 것을 나타냅니다. 이들 그룹에 들어

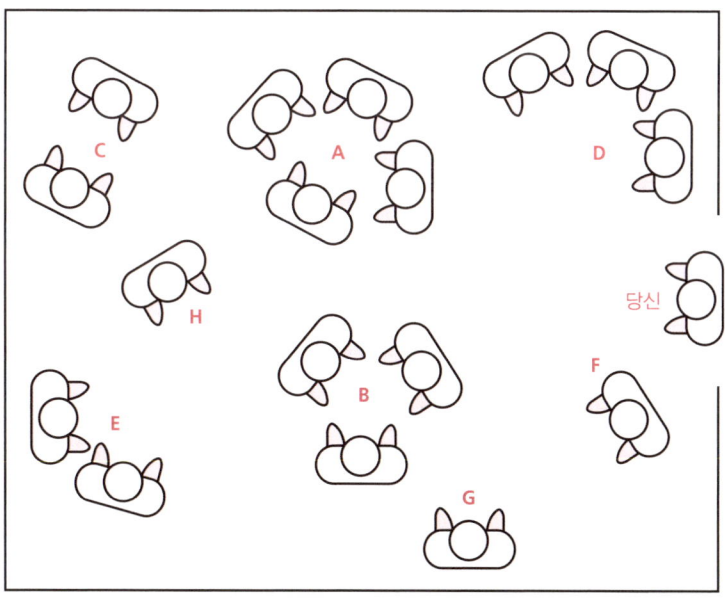

가 잠시 다른 사람들의 이야기를 들으면서 무리 없이 대화에 끼어들 타이밍을 기다려 봅시다. 아마도 상대방은 웃는 얼굴로 자기소개를 할 것입니다. 이로써 당신은 새로운 지인을 만들기 위한 첫걸음을 내디딘 것입니다.

한편 H는 혼자 서성거리는 것처럼 보입니다. 이것은 기회일지도 모릅니다. 먼저 다가가 자기소개를 합시다. 네트워킹 행사 참가자 중에는 행사 내내 같은 그룹에만 머물러 있는 사람도 있습니다. 하지만 잘 관찰해보면 고정된 것처럼 보이는 그룹도 가끔씩 열리거나 닫힌다는 것을 알 수 있습니다. 주변을 관찰하다 열린 그룹을 발견했다면 언제라도 들어갈 수 있게 준비해둡시다. 또한 당신의 그룹에 새로운 사람이 들어왔다면 최대한 빨리 자기소개를 합시다. 이렇게 함으로써 새로운 사람은 바로 분위기에 적응할 수 있고, 당신은 마음 편하게 다른 그룹으로 이동할 수 있을 것입니다. 이렇게 된다면 행사장에 새로 들어온 사람은 당신을 제일 인기 많은 '네트워킹의 달인'이라고 생각할 날도 머지 않습니다.

구성 인원수에 관계 없이 그룹의 형태를 읽고 어느 순간 들어가면 좋을지 판단하는 기술은 학습으로 습득이 가능합니다. 이 기술 없이 네트워킹 행사에 참가한다면 무척 부담스럽게 여겨질 수 있습니다. 또한 여러 네트워킹 행사에 참가해 보았으나 생각처럼 잘 연결되지 않을 때 네트워킹이 자신에게는 맞지 않는다고 판단해 버릴지도 모릅니다.

이것은 큰 착각입니다. 네트워킹은 많은 사람을 만나는 스포츠입니다. '네트워킹의 달인'이 되기 위해서는 스스로 행사에 적극적으로 참가하여 사람들과 교류해야만 합니다. 다만 그런 교류를 인맥 구축으로 발전시키기 위해서는 행사에서 만나는 그룹들의 분위기를 파악할 필요가 있습니다.

확실히 '초보자'에서 '네트워킹의 달인'이 되는 길은 멉니다. 그러나 분위기 파악을 잘할 수 있다면 부담스러운 첫 만남의 벽을 조금은 쉽게 넘을 수 있을 것입니다. 어쩌면 기쁜 마음으로 다음 행사를 기다리게 될지도 모릅니다. 자, 이제 행사에 참여하여 네트워킹에 나서봅시다!

캐주얼한 인맥을 최대한 활용하라

새롭게 관계를 맺은 대상에 대해 아는 것은 리퍼럴로 비즈니스를 키우기 위한 기초입니다. 많은 새로운 네트워커가 다음과 같은 질문을 합니다.

"비즈니스 교류회에서 더욱 많은 사람을 만나고 더욱 좋은 인맥을 쌓기 위해서는 어떻게 해야 할까요?"

이건 중요한 문제입니다. 이 질문에 관한 대답으로 '네트워킹 행사에 참여할 때 필요한 10가지 원칙'을 정리해 보았습니다. 이 원칙은 상공회의소의 교류회나 기업의 파티 등에서도 매우 효과적으로 적용할 수 있습니다. 교류회라는 모임의 성격상, 캐주얼한 인맥을 구축할 기회를 제공해줍니다. 이에 관해서는 나중에 다시 다룰 것입니다.

네트워킹 행사에 참여할 때 필요한 10가지 원칙

1. 언제나 네트워킹 도구를 지니고 다니기

네트워킹 행사에 참여할 때 필요한 첫 번째 원칙은 '언제나 네트워킹 도구를 지니고 다니기'입니다. 이것은 기본적이며 출발점입니다. 성공한 사업자의 공통점은 항상 다음과 같은 '도구'를 지니고 다닌다는 점입니다. 네트워킹의 달인들의 '도구'에는 필요한 정보를 적은 명찰, 많은 명함, 자신의 비즈니스에 관한 팸플릿, 상대방에게 소개할 수 있는 사업자의 명함을 넣어둔 포켓 사이즈의 명함 파일 등이 있습니다.

효과적인 네트워킹을 위해서는 잘 만들어진 명찰을 구입하는 것이 좋습니다. 특색 없는 종이에 '처음 뵙겠습니다. 나는 ○○입니다'라고 적어 달기보다는 시판하는 잘 만든 명찰을 사용하는 쪽이 전문가 같은 인상을 주기 때문입니다. 명찰에는 이름 외에 회사 이름과 업종 등을 적는 것이 좋습니다. 회사 이름만으로도 업종을 알 수 있다면 회사 이름만 적어도 괜찮겠지요.

김동수
(주)대성건설

박민경
(주)한결
인테리어

'(주)한결'처럼 회사 이름만으로는 전문분야를 확실히 알 수 없는 경우에는 전문분야를 따로 표시할 필요가 있습니다. 명찰 케이스에 명함을 넣는 것만으로도 회사 로고가 들어간 오리지널 명찰을 대신할 수 있습니다.

더욱 효과적인 도구로 만들기 위해서는 명함 대신 명찰 전용 카드를 미리 준비할 것을 추천합니다. 명찰로 사용할 전용 카드를 만들 때는 5m 정도 떨어진 곳에서도 당신의 전문분야가 무엇인지 확인할 수 있도록 크고 뚜렷하게 글씨를 쓰는 것이 좋습니다.

상대방의 명찰에서는 항상 전문분야가 무엇인지 확인합니다. 상대방의 업종이나 회사 이름을 알면 상대방의 비즈니스에 관해 질문할 수 있으므로 이야기를 시작하기가 한결 쉽습니다. 명함은 항상 넉넉히 가지고 다녀야 합니다. 지갑, 서류가방, 캘린더, 차에도 넣어 두어 명함이 떨어지는 일이 없도록 해야 합니다. 모든 양복 주머니에 얇은 명함 케이스를 넣어두는 것도 좋을 것입니다.

2. 몇 명과 아는 사이가 될지 목표 설정하기

한 가지 목표를 위해 네트워킹 행사에 가는 사람도 있습니다. 그 한 가지 목표는 '몇 시에 돌아올 것인가'라는 것입니다! 네트워킹 행사에서 최대한의 효과를 얻기 위해서는 몇 명을 알고 싶은지, 혹은 몇 장의 명함을 받고 싶은지 목표를 세울 필요가 있습니다. 목표에 도달할 때까지는 돌아가지 않도록 합시다. 이를 실천해 보기로 마음먹었다면 15~20명을 목표로 참가자 전원에게 명함을 받도록 노력해 보십시오. 그다지 마음이 내키지 않는다면 인원수를 조금 줄여도 괜찮습니다. 어떤 식으로든 참가 인원이나 행사 스타일에 맞춰 달성 가능한 목표를 설정합시다.

3. 주인처럼 행동하기

아델셰어 박사는 그의 저서 〈성공의 기술(Skill for Success)〉에서 어느 칵테일 파티에서 있었던 일을 소개했습니다. 아델셰어 박사는 그 파티에서 한 남성을 만났으나 처음 만난 자리에서 자신을 소개하기가 망설여졌습니다. 그래서 다음과 같은 제안을 했습니다. 그것은 '다른 시나리오를 생각해 보기'였습니다. 자신은 손님이 아니라 주인이라는 시나리오입니다. 박사는 그 남성에게 말했습니다.

"만약 당신이 주인이라면 모르는 사람에게 자기소개를 하고, 그 사람들을 서로에게 소개하시겠지요? 어디에 마실 것과 먹을 것이 있는지 알려주시겠지요? 이야기가 도중에 끊이지 않도록 주의를 기울이시겠지요? 작은 대화 그룹을 발견하면 거기에 새로운 사람을 데려가시겠지요?"

이 남성은 주인의 능동적 역할과 손님의 수동적 역할의 차이를 잘 이해했습니다. 주인이라면 손님이 앉아서 편히 쉬는 동안 다른 사람을 위해 일해야 할 것입니다. 하지만, 쉐어 박사의 결론은 이러했습니다. '실제 주인은 아니지만, 주인의 역할을 하는 것도 좋습니다.' 당신이 많은 사람들 중에서 가장 활동적이어도 상관없습니다.

더 나아가 소속된 네트워킹 그룹에서 '친선 대사(앰배서더)'나 '접객 담당(비지터 호스트)' 역할을 맡길 권합니다. 친선 대사나 접객 담당(비지터 호스트) 역할은 모임에 온 사람들을 환영하고 다른 사람에게 소개하는 것입니다.

혼자 앉아 있는 방문객을 발견하면 먼저 자기소개를 하고 다른 멤버를 소개받기를 원하는지 물어봅니다.

구성원이 매우 많은 경우에는 다른 구성원에게 그 사람의 소개를 부탁하고, 당신은 새로운 방문객을 맞을 준비를 해야 합니다. 이러한 기술을 사용한다면 더욱 탁월한 네트워킹 기술을 익힐 수 있을 것입니다. 또한 단기간에 많은 사업가에게 당신의 노출 빈도를 높일 수 있을 것입니다.

조지아주립대에서 마케팅을 가르치는 토머스 스탠리 교수에 따르면, 혼자 힘으로 억만장자가 된 사람들의 공통된 특징은 장소를 불문하고 네트워킹을 한다는 점입니다. 가장 중요한 것은 그들은 비즈니스 컨퍼런스에서도, 헬스 클럽에서도, 골프장에서도, 혹은 비행기 옆자리에 앉은 사람과도 네트워킹을 한다는 점입니다. 이러한 사실만으로도 새로운 사람과 아는 사이가 될 기회를 얻고 싶다는 동기부여가 될 것입니다.

비즈니스 모임에서 모르는 사람들 사이에 앉아 보는 것도 좋고, 온천에서 옆사람과 이야기를 해 보는 것도 좋습니다. 꼭 필요한 경우가 아니더라도 친구를 만듭시다.

4. 상대방의 이야기를 듣고, 5W의 질문하기

〈카네기 인간관계론〉 등 많은 책을 쓴 데일 카네기가 충고한 것처럼 다른 사람의 비즈니스에 순수한 관심을 갖도록 합시다. 인쇄업자를 만났다면 "어떤 종류의 인쇄를 전문으로 하세요? 상업용 인쇄입니까? 4색 프린트입니까? 주문형 인쇄입니까? 복사입니까?"(What), "장소는 어디입니까? (Where), "언제부터 하셨습니까?"(When) 등의 질문을 합니다.

각각의 질문에 관한 대답을 통해 그 사람이나, 그 사람이 하는 일의 종류에 대해 깊이 알게 될 것입니다. 그렇게 되면 다른 사람에게 그 사람을 소개하거나, 다른 네트워킹 그룹에 초대하기가 한결 쉬워집니다.

5. 가능할 때는 언제든지 리퍼럴 제공하기

네트워킹의 달인은 항상 '기버스 게인(Givers Gain, 주는 자가 얻는다)'이라는 이론을 믿습니다. 네트워킹을 한다는 것은 자신이 알게 된 사람을 도와주기 위해 성실히 노력하는 것입니다. 상대방을 도울 때는 그 방법을 곰곰이 생각해볼 필요가 있습니다.

비즈니스 교류회 등에서 처음 만난 사람이 당신의 상품이나 서비스를 원하는 경우는 거의 없을 것입니다. 그렇다고 해서 당신이 그들에게 제공할 수 있는 것이 아무 것도 없는 것은 아닙니다. 무언가를 필요로 하는 사람이 있고, 당신은 그 필요를 채워줄 만한 사람을 알고 있다고 합시다. 이러한 기회가 온다면 상대방을 도와줄 수 있는 사람을 반드시 자신의 인맥 안에서 하십시오. 다만, 오해하지 마십시오. 이것은 '만난 지 얼마 안 된 사람에게 리퍼럴을 하라'는 의미가 아니라는 것입니다. 겨우 '아는(V) 단계'에 진입한 지인을 제3자에게 소개하는 것은 위험한 일입니다.(제 7장 참조) 여기서 말하는 것은, 이미 자신의 인맥에 있는 사람 중에서 신뢰할 수 있는 사람을 만난 지 얼마 되지 않은 사람에게 소개해준다는 뜻입니다. 이러한 기술을 향상시키기 위해 노력한다면 사람들에게 긍정적인 인상을 줄 것입니다.

인맥이 넓을수록 자신의 힘만으로는 접근할 수 없었던 자원을 활용할 수 있게 됩니다. 가장 중요한 것은, 그렇게 됨으로써 인지도나 노출 빈도가 증가하고 나아가 기회와 성공으로까지 이어진다는 점입니다.

6. 자신의 상품/서비스에 대해 설명하기

상대방의 비즈니스에 대해 알게 되었다면, 자신의 비즈니스에 대해서도 반드시 상대방에게 알려주어야 합니다. 구체적이고 간결하게 말입니다. 목표물을 정한 '저격수'처럼 접근할 필요가 있습니다. 자신이 하는 일을 열거하지 마십시오. 또 여러분의 비즈니스가 무엇이든 상대방이 당신이 하는 일에 대한 지식이 있으리라는 생각은 착각입니다. 상대방이 흥미를 보이면 당신이 하는 일에 대해 설명하십시오. 이 점에 관해선 다음 장에서 자세히 설명하겠습니다.

다음은 이 책의 공저자인 마이크 마세도니오가 리퍼럴 인스티튜트를 소개할 때 사용하는 간단한 문구입니다.

"우리는 사업자 여러분이 평생 리퍼럴(Referrals For Life)을 만들어낼 수 있도록 도와드립니다. 리퍼럴을 통해 일은 적게, 재미는 많게, 수입은 2배로!"

7. 만나는 사람과 명함 교환하기

처음 만나는 사람에게는 두 장의 명함을 받으십시오. 한 장은 자신이 보관하고, 다른 한 장은 다른 사람에게 소개할 때 사용합니다. 이것으로 네트워킹을 위한 무대 준비는 끝났습니다. 자신의 명함을 한쪽 주머니에 넣고, 받은 명함은 반대쪽 주머니에 넣습니다. 이렇게 하면 명함을 찾느라

애쓸 필요도, 실수로 다른 사람의 명함을 건네줄 일도 없습니다.

그런데 비즈니스 포럼이나 비즈니스 조찬모임, 교류회 등의 네트워킹 행사에서 받은 명함은 어떻게 활용해야 할까요? 이러한 명함은 만났던 사람을 기억하거나, 사후관리(Follow up)하거나, 비즈니스 기회를 발견하거나, 정보 혹은 자원에 접근하기 위한 도구로 활용할 수 있습니다.

명함을 받았을 때는 유익한 정보가 없는지 반드시 다시 한 번 확인해 봅시다. 상대방의 직함이나 회사 이름만으로는 어떠한 일을 하는지 명확하게 알 수 없는 경우도 있습니다. 그 회사가 제공하는 상품이나 서비스 또는 개요가 적혀 있는지 확인합니다. 예를 들어 변호사로부터 명함을 받았다면 전문분야가 적혀 있는지 확인합니다. 부족한 정보에 대해 물어봤다면, 상대방이 하는 일에 관심이 있는 것처럼 보이기 위해 먼저 양해를 구한 다음 상대방이 보는 앞에서 메모를 합시다.

8. 한 사람과의 대화는 10분 이내로. 친구나 동료와 길게 대화하지 않기

'원칙 2'를 떠올려 보십시오. 목표로 삼은 만큼의 사람과 만나기 위해서는, 이야기가 무르익었다고 할지라도 한 사람과 길게 이야기해서는 안 됩니다. '가능한 한 많은 사람을 알기'라는 목표를 잊지 맙시다. 특별히 흥미를 끄는 사람과 만나 더 이야기를 나누고 싶을 때는 따로 약속합시다. 그 자리에서 못 다한 이야기는 언제라도 다시 할 수 있기 때문입니다.

네트워킹을 하는 도중 계약을 성사시키겠다는 생각은 금물입니다. 현실적으로 불가능합니다. 따로 날짜를 정해 약속하고, 더 비즈니스에 어울리는 환경에서 자신의 상품과 서비스에 대해 이야기하도록 합시다. 시간을 들여 상대방의 수요를 완벽히 파악한다면 그만큼 비즈니스에 성공할 가능성이 높은 잠재고객을 만나게 되고, 그것은 매출 향상으로 이어집니다.

능숙하게 이야기를 끝내는 기술도 익혀야 합니다. 정직한 것이 가장 좋습니다. 아직 명함을 교환하지 못한 사람이 있다거나 에피타이저나 음료수를 가지러 가야 한다는 이유도 괜찮습니다. 이렇게 말하기도 어려운 경우에는 '주인처럼 행동하여' 새롭게 알게 된 사람들을 이미 아는 사람들에게 소개하는 방법으로 이야기를 끝내도 됩니다. 적절할 경우에 한정되겠지만, 더욱 좋은 방법은 상대방에게 이미 알고 있는 다른 사람을 소개해달라고 부탁하는 것입니다.

무엇보다 친구나 동료와 길게 이야기해서는 안 됩니다. 이들은 이미 아는 사람들입니다. 네트워킹 행사에 참가하는 이유는 모르는 사람과 만나기 위해서입니다. 예전에 한 비즈니스 교류회에 참가했는데, 같이 일하는 동료끼리 2시간 동안이나 이야기하는 사람들을 보았습니다. 행사가 끝날 무렵, 그중 한 사람이 이렇게 이야기하더군요.

"이건 시간낭비야. 비즈니스가 될 리 없어. 안 그래?"

그분들께 제가 드리고 싶었던 말씀입니다.

9. 수집한 명함 뒷면에 메모하기

명함 뒷면에 그 사람에 대한 보충 정보를 메모해두면 행사 다음날 명함을 정리할 때 그 사람을 상세히 떠올리는 데 도움이 됩니다. 저의 경험으로 봤을 때, 다음과 같이 말할 수 있습니다.

교류회에서는 가능한 한 많은 사람과 만나야 합니다. 하지만, 2시간 동안 20명과 인사를 나누게 되면 나중에 어느 명함이 누구의 것인지 헷갈리게 마련입니다. 따라서 항상 새로 인사를 나눈 사람과 이야기가 끝나면, 그 사람으로부터 떨어져 명함의 여백이나 뒷면에 메모를 해야 합니다. 이 때 날짜와 행사장도 함께 기록합니다. 이는 효과적으로 인맥을 사후관리하는 데 매우 중요합니다. 바쁠 때일수록 이것은 매우 편리하게 활용할 수 있습니다. 저의 경우, 항상 상대방이 무엇을 필요로 하는지 기록합니다.

예를 들면 'BNI 챕터에 방문하길 원함' '좋은 인쇄업자를 찾음' '이사 예정인 친구가 있어 부동산업자를 찾음' 또는 매우 중요한 경우에는 '만나길 원하므로 화요일에 전화하기' 식으로 메모하는 것입니다. 상대방이 원하는 특정한 필요를 드러내지 않았을 경우 이야기하면서 상대방에 대해 알게 된 정보를 적으면 됩니다. 상대방의 직업이나 인품, 관심, 취미 등을 적도록 합니다. '배낭여행을 좋아한다' '로스엔젤레스의 조 스미스를 안다' '직원이 10명이다' 식으로, 그 사람을 더욱 선명하게 기억하는 데 도움이 될 만한 사항은 무엇이든 기록하면 됩니다. 아래 '원칙 10'에서 다시 말하겠지만, 만났던 사람에 대한 더욱 많은 정보가 있다면 그만큼 성공적으로 인맥을 사후관리할 가능성도 높아지기 때문입니다.

10. 만난 사람 사후관리 하기

네트워킹 모임에 참가하여 많은 시간을 보냈음에도 사후관리 미비로 네트워킹 기회를 살리지 못하는 경우를 많이 봅니다. 효과적인 사후관리야말로 네트워킹의 성패를 좌우하는 열쇠라는 것을 기억하십시오. 아무리 '원칙 1'부터 '원칙 9'까지 철저히 지켰다고 해도 효과적으로 사후관리하지

명함과 관련한 비즈니스 매너(아시아 편)

　명함 교환은 대부분의 나라에서 매우 중요하게 여깁니다. 특히 아시아 국가들에서는 서로 인사를 주고받으며 명함을 교환합니다. 상대방과 동시에 명함을 주고받을 때는 상대방이 명함을 보기 쉽도록 오른손으로 명함의 오른쪽 위 귀퉁이를 잡고 건네십시오. 이렇게 하면 상대방은 존중받는다는 느낌을 가질 수 있습니다.

　미국 등 서양에서는 명함을 받으면 바로 명함에 대화 내용을 메모하는 것이 상대에 대한 적극적인 관심을 표하는 행동으로 여겨 호감을 불러일으킬 수 있습니다. 하지만 아시아, 특히 일본에서는 허락 없이 자신의 명함에 메모를 하면 불쾌하게 여기는 경우가 있을 수 있습니다. 그러므로 명함을 받으면 바로 주머니에 넣지 말고 주의 깊게 한 번 읽어보고 "아, 논현동에 사무실이 있으시군요. 저희 사무실과 가까운 곳에 계시네요."처럼 약간의 관심을 표함으로써 공감대를 형성하는 것이 좋습니다. 또한 대화 내용을 적을 때는 "아, 실력 있는 병원 인테리어 회사를 찾으신다고요. 제가 기억해 두었다 혹시 그런 분이 있으면 소개해드릴까 합니다. 혹시 선생님 명함에 메모해도 실례가 안 될까요?" 하는 식으로 미리 허락을 구해야 합니다. 명함을 받자마자 제대로 보지도 않고 주머니에 쏙 집어넣거나 접는 것은 금물입니다.

않으면 시간낭비에 불과할 뿐입니다.

다음에 연락하겠다고 약속했으면 반드시 연락하십시오. 약속하지 않았더라도, 전화나 편지로 사후에 다시 연락을 취하도록 합니다. 또한, 이때는 뉴스레터를 보내도 좋을지 물어본 다음 지속적인 연락을 취한다면 더욱 강력한 네트워킹으로 발전할 것입니다.

비즈니스 모임에 나가 네트워킹을 할 기회가 있다면, 네트워킹 이벤트에 관한 이 10가지 원칙을 염두에 두시기 바랍니다. 이 10가지 원칙을 리스트로 만들어 수첩이나 서류가방 혹은 지갑에 넣어두기를 권합니다. 그러다 다음 비즈니스 교류회의 행사장에 들어가기 전에 한 번 더 확인하십시오.

이번 장에서는 긍정적인 인상을 만들어내고 그것을 효과적으로 전달하는 가장 중요한 방법을 알려드렸습니다. 리퍼럴을 통해 비즈니스를 구축하기 위해서는 '동굴에서 빠져나와' (제 15장 '동굴족' 참조), 다른 사업가들과 직접 만날 필요가 있습니다.

향후 미션

1. 잘 만든 명찰을 구입하십시오. 명함은 항상 넉넉하게 가지고 다닙시다.
2. 네트워킹 행사장에서 최대의 효과를 얻으려면 새롭게 인사를 나누려는 사람 수나 명함 수를 미리 정하는 식으로 목표를 설정한 다음 이를 달성하기 전에는 행사장을 떠나지 말아야 합니다.
3. 행사장에서는 주인처럼 행동하십시오. 다른 사람들 앞에서 더욱 능동적으로 행동하십시오. 자신이 속한 네트워킹 그룹에서 자진하여 방문객을 안내하는 역할을 맡으십시오.
4. 항상 다른 사람의 비즈니스에 대해 질문하십시오.
5. 상대방의 수요를 충족시킬 만한 사람을 소개할 수 없을 때는 대신 상대방이 관심을 가질 만한 정보를 제공하십시오.
6. 상대방의 비즈니스에 대해 알았다면 자신의 비즈니스에 대해서도 반드시 상대방에게 전달하십시오. 이때는 구제척이고 간결하게 전달해야 합니다.
7. 만난 사람과 적극적으로 명함을 교환하십시오.
8. "가능한 한 많은 사람을 알아가기"라는 목표를 잊지 마십시오. 친구나 거래처 사람과 길게 대화하는 것을 피하십시오. 또, 네트워킹을 하는 동안 계약을 하겠다는 생각은 금물입니다. 이것은 현실적이지 못합니다.
9. 명함 뒷면에 메모를 합시다. 효과적인 사후관리는 네트워킹의 생명줄입니다. 다음에 연락하겠다고 약속했다면 반드시 연락하십시오.

Referral Marketing

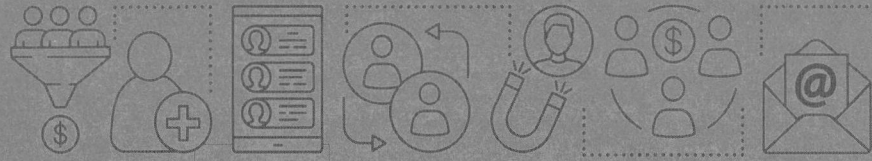

③
네트워킹 이렇게 구축하라

여행업을 하는 안승태 대표는 대외 활동을 열심히 하는 젊은 사업가입니다. 그는 특히 와인을 좋아해서 여러 와인 모임에서 활동하였습니다. 일찍부터 머리가 많이 빠졌던 그는 아예 항상 개성이 넘치는 모자를 쓰고 다니며 개성을 살렸습니다. 모자에 맞게 안경도 연예인스러운 뿔테 안경을 썼습니다.

그는 인맥을 넓히기 위해 리퍼럴 마케팅 단체에 가입했습니다. 그 단체에서 자신의 브랜드를 만들고 알리는 훈련을 매주 하였습니다. 원래부터 개인 브랜드에 관심이 많았던 그는 '작은 회사는 사장이 곧 그 회사다' 라는 것을 새삼 깨달았습니다. 그는 어떻게 하면 자신이라는 브랜드를 많은 사람들에게 알릴까 연구했습니다. 일년에 몇천만 원을 와인에 쓸 정도로 매니아였던 그는 와인이라는 취미를 본업인 여행에 접목해서 브랜드를 만들어 보면 어떨까 하는 아이디어를 냈습니다. '소믈리에가 음식과 사람에 맞는 와인을 골라주듯 나도 고객 개개인에게 맞는 여행을 골라서 추천해 주자' 라고 그는 생각했습니다. 더불어 프랑스 등 각지의 와이너리를 다니는 와인투어도 개발하였습니다. 그는 모임에 가서 만나는 사람마다 "투어 소믈리에 안승태입니다" 라고 자신을 소개했습니다. 콧수염과 턱수염을 기르고 보통 사람들은 안 입는 파란색 수트 같은 튀는 옷을 입자 그만의 브랜드가 완성되었습니다. 사람들은 그의 특이한 외모와 입에 착 붙는 소개 덕분에 한번만 만나도 그를 기억했습니다.

적극적인 리퍼럴마케팅 활동에 그의 강력한 브랜드가 더해지자 소개가 밀려 들어왔습니다. 리퍼럴 마케팅을 한지 6개월도 되지 않아 문의 전화가 너무 많아져 직원이 그만 둘 정도가 되었습니다. 그의 리퍼럴 마케팅 팀에는 부동산 중개, 변호사, 세무사 등 다양한 분야의 전문가들이 들어와 있었습니다. 그는 그들의 실력을 검증하고 친분을 쌓아갔습니다. 자신의 고객이나 주변 지인들 중에 그 분야의 도움이 필요한 사람이 있으면 내 일처럼 나서서 그 전문가들을 연결해 주는 오지랖을 떨었습니다. 곧 사람들로부터 "안승태에게 연락하면 누구든 소개받을 수 있다"라는 평을 들을 정도로 해결사로 인정받게 되었습니다.

첫 번째 성공을 거둔 그는 다시 고민했습니다. '소개를 많이 받는 것은 좋지만 항공권을 파는 것은 노력에 비해 너무 수익이 낮다. 부가가치가 높고, 나만이 할 수 있는 일이 뭐가 없을까?' 그런 고민을 동료들과 얘기하였습니다. 리퍼럴 마케팅 단체의 전문 코치로부터도 사업 방향에 대해 코칭을 받았습니다. 그러던 중 동료 중에 나이도 비슷하고 뜻이 맞는 사업가와 독특하고 고부가가치의 여행을 기획하는 일을 시작하였습니다. 그는 사업 방향을 바꾸기로 결심했습니다.

안승태 대표는 직원들을 다 정리하고 여행과 와인을 전문으로 기획하는 1인 기업가로 거듭났습니다. 한국소믈리에협회 이사이자 음식평론가로도 활동하는 그는 지금 예전보다 훨씬 더 즐겁게 일하고 있으며 수익률은 훨씬 높아졌습니다. 모든 것이 소개를 주고받는 돈 버는 오지라퍼들과의 인연에서 비롯되었습니다.

9장

잊을 수 없는
자기소개를 만들어라

가치 있는 인맥 구축

리퍼럴 마케팅의 제 1목표는 매출을 향상시키는 것입니다. 이를 위해서는 당신의 비즈니스를 이용하는 또는 앞으로 이용할 제3자를 소개해줄 사업가와 가치 있는 인맥을 구축할 필요가 있습니다. 리퍼럴 마케팅은 '팀 스포츠'이기 때문입니다.

일어나서 프레젠테이션을 하라

상대방이 한 명인지 다수인지 상관없이 자기소개를 하는 방법에는 여러 가지가 있습니다. 가장 기본적인 자기소개 방법은 구두로 프레젠테이션을 하는 것입니다. 여러분은 훌륭하게 자기소개를 할 수 있으신가요?

상대방이 평가하는 것은 프레젠테이션의 내용만이 아닙니다. 당신도 평가의 대상입니다. 차림새, 몸짓, 이야기를 듣는 태도, 이야기를 끝맺는 방법 등 이 모든 것이 상대방에게 전달되는 메시지에 영향을 끼칩니다. 다음의 내용을 기억해 두십시오. 중요한 것은 한 명에게, 그것도 친구에게 말하듯 이야기 하는 것입니다.

잡담하는 데 시간을 소비하지 마라

정해진 시간 안에 상대방에게 자신을 소개하고 자신의 비즈니스 개요를 명확히 전달할 생각이라면 긴 잡담은 피해야 합니다. 리퍼럴 마케팅으로 매출 향상을 노린다면 미리 상대방의 마음에 확실히 닿을 만한 메시지를 생각해둘 필요가 있습니다. 따로 시간을 내 자신의 상품/서비스에 관해 간결하게 표현할 수 있는 자기소개를 정리해 두십시오. 이렇게 함으로써 처음 만난 사람에게 자신이 제공하는 상품이나 서비스의 내용을 더욱 잘 설명할 수 있습니다. 교류회 등의 네트워킹 행사에 참가할 때 사용할 간단한 원고를 몇 개 준비하는 것도 좋습니다.

간결한 자기소개

비즈니스를 목적으로 하는 모임에서는, 손님으로 방문했더라도 자기소개를 해야 하는 경우가 있습니다. 이럴 때에 대비하여 미리 자기소개를 위한 원고를 준비해둔다면 더욱 좋은 결과로 이어질 것입니다. 준비해둘 필요가 있는 몇 가지 원고 중 하나가 자신의 비즈니스에 대한 개요입니다. 이에 더하여 자신의 상품이나 서비스를 다각도로 해석한 원고도 필요합니다. 처음 만난 상대방에게 자기소개를 할 때는 다음과 같은 방법을 권합니다.

- 이름, 회사
- 자신의 비즈니스 또는 전문 분야
- 자신의 특정 상품/서비스가 가진 이점(어떤 식으로 상대방에게 도움이 되는지)
- 다시 한 번 이름, 회사

이름을 밝히고 자신의 비즈니스나 직업을 말해야 한다는 것은 설명하지 않아도 알 것입니다. 이때 비즈니스나 직업에 관한 설명과, 상품/서비스의 이점을 나누어 이야기해도 상관없지만 대부분의 경우 이들은 상호 관련이 있습니다. 경우에 따라서는 비즈니스나 직업에 관한 설명과 상품/서비스의 이점을 함께 설명하는 것이 편할 때도 있습니다. 또한 직업을 소개할 때는 실제로 어떤 일을 하는지에 대해 설명하는 것이 좋습니다.

"저는 재무설계사입니다. 앞으로의 계획을 세우는 데 도움을 드립니다."

"저는 광고/마케팅 컨설턴트입니다. 한정된 광고비로 최대의 성과를 얻도록 도와드립니다."

이처럼 단순히 "재무설계사입니다"라거나 "광고 캠페인을 기획합니다"라고 하기보다 이렇게 말하는 편이 훨씬 효과적입니다.

'첫 만남'에서 자기소개를 마쳤다면

여기서 중요한 점은, 앞서 말한 예는 '첫 만남'에서의 자기소개라는 것입니다. 이업종 교류단체 중에서는 매주 모임을 갖는 곳도 있습니다. 이런 모임에서는 멤버 모두가 순서를 정해 1분 정도 자기소개를 합니다. 이때는 그룹 전원을 대상으로 자신의 비즈니스에 관해 프레젠테이션을 합니다. 이러한 그룹의 멤버가 되었다면 프레젠테이션에 변화를 주는 것이 매우 중요할 것입니다.

매주 모임을 가짐에도 매번 진부하고 똑같은 프레젠테이션을 하는 사람을 쉽게 볼 수 있습니다. 이 경우 '매주 프레젠테이션을 한다'기보다, '매주 그 프레젠테이션을 한다'고 표현하는 쪽이 적절할 것입니다. 재미도 없고 변화도 없이 매번 같은 내용을 반복해서는 효과적인 프레젠테이션이라고 할 수 없습니다. 과거에 같은 이야기를 몇 번이나 들은 사람들은 더 이상 듣지 않을 것입니다. 이러한 때 효과적인 방법은 자신의 비즈니스를 짧게 소개한 후, 그 가운데 한 가지를 골라 중점적으로 프레젠테이션하는 것입니다.

경험을 쌓아 프레젠테이션에 자신이 생겼다면, 이번에는 훌륭한 프레젠테이션으로 결과를 만들어내는 방법을 생각해 봅시다. 어떠한 행사든 청중은 항상 여러 가지에 주의를 빼앗기기 쉽습니다. 행사장 안에서 일어나는 일이나 딴 생각(자신은 무슨 말을 할까…) 등에 정신을 빼앗기게 됩니다. 이러한 어려움을 이겨내고 듣는 사람이 주의를 기울이도록 해야 합니다.

이름 대신 질문으로 프레젠테이션을 시작하는 것도 청중으로 하여금 주의를 기울이게 하는 한 방법입니다. 다른 사람이 모두 자신의 이름으로 프레젠테이션을 한다고 생각해 봅시다. 이것이 반복되다 보면 듣는 사람으로서는 서서히 지루해질 것입니다. 이럴 때 질문으로 프레젠테이션을 시작하면 청중의 관심을 끌어당길 수 있을 것입니다.

가장 권하고 싶은 것은 "~한 사람을 아십니까?"라는 질문입니다. 이것은 저명한 작가이자 비즈니스 트레이너인 마크시어가 권하는 방법입니다. '~한 사람'의 빈 칸에는 특별한 조건을 넣도록 합니다. 이러한 방법은 다른 사람이 당신으로부터 좋은 리퍼럴을 발견하도록 하는 데도 도움이 됩니다. 이 방법이 효과적인 이유는 팔아달라는 느낌을 주지 않으면서 듣는 사람이 알고 있는 제3자를 떠올리게 하기 때문입니다.

동시에 듣는 사람은 자신이 조건에 맞는지 아닌지 생각하게 될 것입니다. 예를 들어 부동산업자가 "아이를 낳은 지 얼마 안 된 사람을 알고 계십니까?"라는 질문으로 프레젠테이션을 시작했다면, '아이를 낳은 지 얼마 안 된 사람은 집이 비좁아질 것이기 때문에 더 넓은 부동산이 필요하다'는 이야기로 이어갈 수 있을 것입니다. 재무설계사라면 생명보험이나 교육보험의 필요성을 강조할 수도 있겠죠.

이렇게 질문으로 듣는 사람의 관심을 사로잡았다면, 다음 단계는 당신의 서비스가 어떠한 이익을 가져다 줄 수 있는지를 전달하는 것입니다. 가장 효과적인 방법 중 한 가지는 같은 조건의 사람에게 도움을 주었던 에피소드나 고객의 추천서를 사용해 설명하는 것입니다.

그 다음 단계는 구체적인 행동 요청입니다. 시험 삼아 "~입니다만, 도와주시지 않겠습니까?"라고 부탁해 보십시오. 사업가 중에는 무엇이든 스스로 하는 것에 '집착'하는 사람도 있기 때문에 이렇게 부탁하는 것에 거부감을 느낄지도 모르겠습니다만, 효과적이니 반드시 사용해 보십시오.

- 스미스 씨를 소개받고 싶은데, 도와주시겠어요?
- ○○단체에서 강연을 하고 싶은데, 도와주시겠어요?
- ○○와 같은 사업자를 소개받고 싶은데, 도와주시겠어요?

이렇게 일단 청중의 주의를 끄는 데 성공했다면, 자신의 이름, 회사명 그리고 캐치프레이즈로 끝맺으면 됩니다.

다음은, 이 책의 공저자인 마이크 마세도니오가 '리퍼럴 인스티튜트'의 프로모션에서 사용하는 효과적인 60초짜리 프레젠테이션입니다. 마세도니오는 늘 앞으로 나가 청중이 조용해질 때까지 기다린 후 프레젠테이션을 시작합니다(3~5초의 침묵이 청중의 주의를 집중시킵니다!). 그러고 나서 다음과 같이 프레젠테이션을 시작합니다.

"주변에 기존 고객이야말로 최고의 리퍼럴 소스라고 믿는 사람들 알고 계시죠? 아쉽게도, 아이반 마이즈너 박사의 저서 《진실 또는 착각: 비즈니스 네트워킹에 대한 가장 흔한 오해 깨기(원제: Truth or Delusion: Busting Networking's Biggest Myths)》에 따르면, 이것이 반드시 맞는다고는 할 수 없습니다. 더욱 아쉬운 것은, 그렇게 믿는 사업가가 기존 고객 이외에 7종류의 리퍼럴 소스가 있다는 사실을 깨닫지 못한다는 점입니다. 따라서 기존 고객에게만 의존하기보다 이러한 7종류의 리퍼럴 소스를 이용하는 것이 훨씬 효과적입니다.

최근에 저희의 서비스를 이용한 재무설계사의 예를 들겠습니다. 그는 10년 이상 경험을 쌓은 전문가로서 방대한 클라이언트 데이터베이스를 구축했습니다. 그러나 저희의 서비스를 이용한 결과 그는 자신의 클라이언트 모두를 합친 것보다 더욱 강력한 단 하나의 리퍼럴 원천을 가질 수 있다는 것을 알게 되었습니다.

이러한 이유로 재무설계사를 대상으로 이야기할 기회가 있었으면 합니다만, 도와주지 않으시겠습니까? 기존 고객 외에 7종류의 리퍼럴 공급원에 대해 알고 싶어하는 재무설계사가 있다면 소개 부탁드립니다.

저는 '리퍼럴 인스티튜트'의 마이크 마세도니오입니다. 사업가가 평생 리퍼럴(Referrals For Life)을 만들어낼 수 있도록 도와드립니다."

– 마이크 마세도니오

메모리훅(기억의 갈고리)

'메모리훅'은 '기억의 갈고리' 정도의 의미인데, '상대의 뇌리에 남는 인상적 문구'를 말합니다. 메모리훅은 처음 만난 사람을 대상으로 프레젠테이션을 할 때 도움이 됩니다. 메모리훅은 프레젠테이션에서 당신이 하는 일에 대해 선명히 묘사할 때 꼭 필요합니다. 메모리훅을 사용하면 듣는 사람이 머릿속에서 이미지를 떠올리기 쉽습니다. 메모리훅을 사용해 당신의 상품이나 서비스를 떠올리게 함으로써, 수요가 있는 사람과 만났을 때 당신을 쉽게 기억해 낼 수 있도록 도와줍니다.

메모리훅은 처음 만난 상대방, 혹은 VCP 프로세스의 초기 단계에 있는 상대방에게 사용하기에 적합합니다(제 7장 참조). 굳이 메모리훅에 대해 말하는 이유는, 많은 리퍼럴 네트워킹 그룹에서 메모리훅을 진부하게 쓰는 것을 보았기 때문입니다. 리퍼럴 네트워킹 그룹은 정기적으로 모임을 갖는 경우가 많기 때문에 이러한 그룹에 속한 인간관계는 대부분 '신뢰(C) 단계'나 '수익(P) 단계'에 속해 있습니다.

하지만, 메모리훅이 유용한 때는 '알기 전(Pre-V) 단계'에 속해 있을 경우입니다. 이 단계에서는 만난 지 얼마 되지 않은 사람에게 당신을 기억하도록 만들기 위한 보조장치가 필요하기 때문입니다.

알기 전(Pre-V) 단계에서 사용할 수 있는 메모리훅을 소개합니다. 말 그대로 기억에 남는 갈고리(훅)가 될 만한 훌륭한 것입니다.

- 척주지압사: "척추가 바로서야 인생이 바로 섭니다!"

- 치과의사: "이 갈리는 일 많은 분, 이 상한 분들은 제가 고쳐 드리겠습니다"
- 스포츠센터 강사: "장난 같은 운동으로 장난 아닌 몸을 만들어 드립니다"
- 미용사: "칼 대지 않고 몰라 보게 변신시켜 드립니다"
- 보험외판원: "사랑은 보장해 드릴 수 없지만 노후는 보장해 드릴 수 있습니다"
- 변호사: "유언과 신탁은 인생 마치시기 전에 마치세요!"
- 배관업자: "인생은 흘려보내면 안 되지만 화장실은 흘려 보내지 않으면 안 됩니다"
- 부동산업자: "저는 여러분이 집을 찾는 것을 도와 드립니다. 주택이 아닌 집. 즉, 단순히 사는 곳이 아닌 여러분이 살고 싶어할 만한 곳을 찾아드리겠습니다"
- 건축설계사: "여러분의 건물은 여러분의 꿈입니다. 저는 여러분과 함께 꿈을 설계합니다"
- 인테리어업자: "아파트 인테리어를 업그레이드하면 인생이 업그레이드됩니다"
- 테라피스트: "당신 마음의 사용설명서를 갖고 있습니다"

보시는 바와 같이 메모리훅은 듣는 사람의 주의를 끌기에 굉장히 효과적입니다. 다만, 여기서 다시 한 번 강조합니다만, 메모리훅을 잘못 사용하거나 진부하게 사용해서는 절대 안 됩니다. 또한 메모리훅은 자신이 하는 일과 관련이 있는 것으로 만들 필요가 있습니다. 직업을 희화화하거나 섣부르게 집착하다 보면 오히려 신뢰에 금이 갈 수도 있습니다.

메모리훅은 처음 만나는 상대방에게 자기소개를 할 때 가장 효과적입니다. 오랜 기간 같은 네트워킹 그룹의 동료로 지낸 사람에게 반복해서 메모리훅을 사용하는 것은 적절하지 않습니다! 간단히 알아보았지만, 인간관계가 '신뢰(C) 단계'나 '수익(P) 단계'에 있는 경우 메모리훅을 사용하는 것은 완벽한 시간낭비입니다. BNI처럼 멤버들 간에 고도의 신뢰관계가 형성된 네트워킹 그룹에서는 이미 대부분 알기 전(Pre-V) 단계를 거쳤기 때문에 메모리훅을 사용하는 것은 적절하지 않습니다.

산탄총식 접근 vs 저격총식 접근

자신이 어떤 일을 하는지 다른 사람에게 전달하기 위해서는 자신이 제공하는 상품/서비스를 가장 기본적 구성 요소로 분해해 보면 효과적입니다. 이 구성 요소를 핵심으로 '저격총식 접근'을 해 보십시오('저격총식 접근'과 반대의 개념은 '산탄총식 접근'입니다. '산탄총식 접근'은 자신의 비즈니스를 최대한 넓게 묘사하여 어떤 식으로든 상대방의 관심을 유발하기를 바라는 방법입니다). 당신의 비즈니스 구성 요소에서 가장 구체적인 것은 무엇입니까? 한번 생각해 보십시오. 얼핏 보아서 이러한 접근은 상식에 반하는 것이라고 생각할지 모릅니다. 그러나 실제로는 이렇게 하는 편이 훨씬 효과적입니다. 차가 미끄러질 때 중심을 잡기 위해서는 오히려 미끄러지는 방향으로 핸들을 틀어야 하는 것과 같은 이치입니다.

'저격총식 접근'에서는 아래의 선택지에서 프레젠테이션에서 언급할 항목을 고르고, 거기에 초점을 맞추도록 합니다.

- 특정 상품이나 서비스
- 타깃 마켓
- 특정 고객층에 줄 수 있는 이익
- 당신에게 리퍼럴이 될 만한 특정한 상황

이 네 가지 항목을 모두 넣을 필요는 없습니다. 이 가운데 한 가지 항목만으로도 목적을 달성할 수 있기 때문입니다.

보충자료를 준비하라

가능한 한 시각적인 것에 호소하십시오. 보거나 듣거나 느끼거나 만지거나 하는 것은 그것만으로도 쉽게 기억하게 할 수 있습니다. 기억에 남으면 그만큼 잊지 않고 생각해낼 가능성도 높아질뿐더러, 그만큼 리퍼럴을 받을 가능성 또한 높아집니다. 행사장에 팸플릿을 뿌리라는 말이 아닙니다. 상황에 따라서는 자료를 돌리는 것이 그 후에 있을 프레젠테이션을 방해할 수도 있습니다.

프레젠테이션을 할 때는 반드시 듣는 사람의 필요를 고려하여, 그에 맞춰 화제를 집중시켜야 합니다. 많은 사람 앞에서 짧게 프레젠테이션을 하는 경우 자신의 비즈니스 중 청중 대부분이 관심을 가질 만한 것으로 주제를 좁힙니다. 반대로, 듣는 사람이 한두 명일 경우에는 가능한 한 상대방의 요구를 잘 파악한 후 그에 맞춰 이야기하는 것이 좋습니다.

지레짐작하지 마라

많은 사람이 저지르는 치명적 실수는 다른 사람이 자신의 비즈니스에 대해 자세히 알 것이라고 착각하는 것입니다. 한 꽃집 경영자가 이업종 교류회에서 다음과 같이 말하는 것을 들은 적이 있습니다. "무슨 설명을 하면 좋을까요? 여러분, 꽃집에서 하는 일은 다들 알고 계시잖아요?" 이런 생각은 큰 착각입니다. 청중은 이 꽃집에서 제공하는 다양한 상품이나 서비스를 알지 못합니다. 이 꽃집 경영자는 스스로 자신의 비즈니스에 대해 잘 알고 있으니 다른 사람도 당연히 잘 알 것이라고 착각한 것입니다. 청중은 이 꽃집 경영자가 직접 꽃을 만들어 배달하는지, 전국적인 꽃 배달 체인망에 가입했는지조차 알 수 없는 상황이었습니다. 이외에도…

- 할부가 가능한가?
- 계절별 추천상품은 있는가?(있다면 지금은 어떤 것을 추천하는가)
- 당일 주문도 가능한가?
- 결혼식용 화환도 주문 가능한가?

- 회원할인은 있는가?
- 회사 명의로 청구할 수 있는가?
- 무료전화 서비스는 있는가?
- 문자나 SNS로 주문 가능한가?
- 장미꽃의 색깔에 따라 의미가 달라지는가?
- 졸업 축하로는 어떤 꽃다발이 좋은가?
- 꽃을 오래 유지하기 위한 비결은 무엇인가?
- 지금까지 가장 힘들었던 주문은 무엇인가?

등 꽃집의 비즈니스에 대해 모르는 것이 아직 많이 있습니다. 이 꽃집 경영자는 모처럼 자신의 비즈니스에 대한 특징이나 차별점에 대해 설명할 시간이 주어졌음에도 다시 없을 소중한 기회를 그냥 날려버린 것입니다.

누구에게나 자신의 비즈니스나 자신이 제공하는 서비스에 대해 다른 사람에게 이야기할 기회가 있을 것입니다. 이럴 때 주의를 기울여 이야기해야 합니다. 이런 기회는 절대로 놓쳐서는 안 됩니다!

프레젠테이션을 준비하라

효과적이고 간결하게 자기소개를 하는 것이 어렵기만 한 것은 아닙니다. 먼저 프레젠테이션에 사용할 원고를 쓴 다음 필요에 따라 퇴고를 반복합니다. 다음으로는 네트워킹 그룹에서 실제로 사용하기 전에 지인들 앞에서 연습해 보십시오. 이들 지인이 당신의 일을 이해하고 당신의 프레젠테이션을 마음에 들어 한다면, 많은 사람 앞에서 프레젠테이션 할 준비가 되었다고 할 수 있습니다.

나와 나의 일에 자신감을 가져라

현재 자신이 어느 정도 성공했는가에 집착할 필요는 없습니다. 어떤 경우에도 현재의 자신에게 자신감을 갖는 것이 중요합니다. 다음은 마사 태프트라는 초등학교 여학생이 자기소개를 할 때 한 이야기입니다.

"내 이름은 마사 태프트입니다. 제 증조할아버지는 대통령이었고 제 할아버지는 상원의원이었습니다. 저희 아빠는 아일랜드 주재 대사입니다. 그리고 저는 걸스카우트입니다!"

향후 미션

아래의 가이드라인에 따라, 자신의 직업이나 비즈니스에 대해 60초짜리 프레젠테이션을 만들어 봅시다.

1. 자기소개의 목적은 다른 사업가에게 당신의 직업과 당신에게 리퍼럴을 제공하는 방법을 알려주는 것이라는 점을 잊지 마십시오.

2. "○○한 사람을 아십니까?" "○○한 일을 아십니까?"등의 질문으로 프레젠테이션을 시작해 보십시오.

3. 당신의 비즈니스가 앞에서 말한 특징과 조건에 맞는 사람에게 어떻게 도움이 되는지 설명해 보십시오. 과거에 당신이 그러한 사람에게 도움을 주었던 예를 에피소드로 소개하거나 추천장을 이용해 설명해 보십시오.

4. 구체적으로 부탁해 보십시오. 예를 들어 "○○를 위해, ○○한(가능한 한 구체적으로) 사람을 소개해 주실 수 있으신가요?"라는 식으로 부탁해 보십시오.

5. 당신의 이름이나 특정 상품의 장점, 회사 이름으로 마무리 지으십시오.

10장

나만의 브랜드를 전달하라

이미지

긍정적인 이미지를 만들어 그것을 효과적으로 전달하기 위해서는 사업의 방향이나 제공하는 상품과 서비스, 그리고 잠재고객을 명확히 할 필요가 있습니다. 이제부터 효과적인 이미지를 구축하기 위한 방법에 대해 설명하겠습니다.

〈적은 예산으로 마케팅하기(원제: Marketing on Shoestring)〉의 저자 제프 데이비슨은 다음과 같이 말합니다.

"이미지의 시대가 왔다. 기업부터 개인에 이르기까지 모두 이미지의 영향을 받는다는 것은 의심할 나위 없는 사실이다."

이러한 사실은 우리가 여러 가지 방법으로 이미지 향상을 위해 애쓴다는 점으로 미루어 보아도 알 수 있습니다. 예를 들어 옷차림이나 말투에 관한 세미나, 커뮤니케이션이나 협상 기술에 관한 세미나, 텔레비전 화면에 잘 나오기 위한 방법이나 의상 관리에 관한 세미나까지 모두 인기입니다.

왜 우리는 이렇게까지 이미지를 중시할까요? 우리는 일할 때나 이동하면서, 심지어 텔레비전을 보면서도 언제나 많은 양의 정보와 이미지의 집중공격을 받기 때문입니다. 우리의 뇌는 이러한 자극을 거르지 않고 흡수하게 돼버렸기 때문입니다. 그리하여 순간적으로 사물을 평가하고 다음으로 넘어갑니다. 그것이 맞든 틀리든 상관없습니다. 다시 제프 데이비슨의 말을 빌리자면 "사업규모에 관계 없이 비즈니스의 성공은 당신이 자신을 어떻게 자리매김하는지, 다른 사람에게 무엇을 전달하는지에 달려 있다"고 말할 수 있을 것입니다.

이미지를 향상시키려면?

이번 10장을 집필하는 데는 '리퍼럴 인스티튜트'의 파트너인 뉴올리언스의 에디 에스폰드가 도움을 주었습니다. 에디는 베테랑 비즈니스 코치이자 리퍼럴 마케팅의 대가입니다. 지금까지 수많은 사업가와 경영자를 위한 효과적인 리퍼럴 마케팅 플랜 작성을 도와왔습니다. 에디는 "어떠한 마케팅 플랜에서도 중요한 것은 자신의 행동의 모든 면을 통해 기업의 이미지를 전달하고 유지하는 것"이라고 말합니다.

Entrepreneur.com의 온라인 용어집에서는 '기업 이미지'를 다음과 같이 정의했습니다.

"일반인이 당신의 회사 이름을 들었을 때 갖는 인상을 뜻합니다. 각종 사실이나 사건, 개인의 경력, 광고나 목표와 같은 것들이 하나가 되어 작용함으로써 일반인이 가지는 인상을 만들어 냅니다."

정의를 보면 금방 알 수 있듯, '각종' 사건이나 개인의 경력이 문제가 됩니다. 따라서 당신이 취하는 모든 행동이 기업 이미지에 플러스 또는 마이너스로 작용할 수 있다는 것입니다. 협박처럼 들릴 수도 있겠지만, 사실 이것이 기업 이미지에 적합한 행동을 항상 마음에 새겨두기 위한 지침이 되기도 합니다. 기업 이미지를 유지하기 위해서는 당신의 모든 활동, 제공하는 모든 상품, 그리고 당신의 주변에 있는 모든 인물이 그것에 적합하지 않으면 안 됩니다.

이미지는 매우 중요합니다. 이미지야말로 사람의 결정을 좌우하기 때문입니다. 이 결정이란 당신의 상품과 서비스를 구입할 것인지, 당신에게 대출해줄 것인지, 당신과 리퍼럴 파트너가 될 것인지 등에 관한 것일 수도 있습니다. 쇼핑을 하면서 여러 가게를 들러본 결과 더 저렴한 가게가 있음에도 가장 안심이 되는 가게(인상이 자신의 기대에 맞는 가게)에서 물건을 구입한 경험이 있을 것입니다.

기업 이미지를 상승시키려면 '관계자'를 고려할 필요가 있습니다. 여기서 관계자는 당신의 비즈니스 활동에 영향을 받는 개인 혹은 조직을 말합니다. 이해관계는 직접적일 수도 있고, 간접적일 수도 있습니다. 매일 접촉하는 경우도 있고, 가끔 접촉하는 경우도 있습니다.

원칙적으로는 누구라도 당신에 대해 공통된 이미지를 갖게 하는 것이 바람직합니다. 여기에는 가족, 친구, 이웃, 은행, 타깃 마켓, 거래처, 그 외에 당신이 접촉하는 모든 사람이 포함됩니다. 타깃 마켓에만 집중해 이야기하고 싶을 수도 있지만, 기억해야 할 것은, 우리가 네트워킹이나 리퍼럴 마케팅 플랜을 염두에 두고 있다는 점입니다. 앞에서 말한 사람들은 모두 당신의 네트워크에 들어 있는 사람들입니다. 네트워크 전체가 당신에 대해 일관된 이미지를 갖게 할 필요가 있습니다.

당신 개인이나 당신의 회사가 일관된 이미지를 전달하기 위해서는 무엇이 중요한지 에디는 다음과 같은 항목으로 설명하였습니다. 이것은 에디의 리서치, 그리고 뉴올리언스의 PR 전문가인 제니퍼 케리와 함께 연구한 결과입니다. 모든 사업가나 경영자가 긍정적인 기업 이미지를 전달하고 유지하기 위한 원칙을 10가지 항목으로 정리했습니다.

1. 미션과 비전

긍정적인 메시지를 만들어 내기에 앞서 먼저 비즈니스의 방향이나 제공하는 상품과 서비스, 그리고 잠재고객을 명확히 해야 합니다. 먼저 미션과 비전을 가져야 합니다. 기업 이미지 형성은 회사의 사훈으로부터 시작됩니다. 사훈은 그 회사가 어떻게 발전할 것인지, 어떤 가치에 근거하여 어떻게 행동하면 좋을지, 무엇을 목적으로 하는지를 명확히 드러냅니다. 예를 들어, 당신의 회사가 '운동과 식생활을 중요시하는 일류 피트니스 회사'를 미션 혹은 비전으로 삼았다고 합시다. 이 경우, 사람들은 당신의 회사에 대해 어떠한 것을 기대하고 어떠한 모습을 상상할까요? 아마도 뛰어난 트레이너나 최첨단 트레이닝 기구, 그리고 건강한 메뉴를 제공하는 레스토랑을 상상할 것입니다.

2. 적절한 겉모습(로고)

회사의 겉모습은 로고로부터 시작합니다. 로고는 전문가에게 의뢰하는 것을 적극 검토해 보십시오. 긍정적인 기업 이미지를 만들어 내는 출발점은 전문가가 디자인한 로고를 사용하여 당신이 상상하는 회사의 이미지를 관계자(고객, 잠재고객, 리퍼럴 파트너 등)에게 전달하는 것입니다. 회사의 로고는 명함에서부터 팸플릿, 용지, 웹사이트에 이르기까지 모든 곳에 쓰입니다. 따라서 로고는 회사의 본질을 담으면서 회사의 미션과 비전을 나타내야 합니다. 스타일이나 색도 전달하고 싶은 이미지에 어울리는 것을 선택할 필요가 있습니다.

3. 전화전략

비즈니스 전용 전화번호를 준비하여 신속하고 적절한 전화 대응을 하는 것은 긍정적인 기업 이미지를 구축하는 데 매우 중요합니다. 기업 이미지를 유지하기 위한 전용 전화에 대해 고려할 사항으로는 이외에 다음과 같은 점을 들 수 있습니다.

- 누가 전화에 응답하는지? 상담원인지, 자동응답기인지?
- 통화대기 중일 경우에는 어떻게 대응하는지? 고객에게 메시지를 전달하는 기회로 활용하는지, 단지 침묵 속에서 기다리게 하는지?

- 전화번호부나 인터넷에서 전화번호를 쉽게 찾을 수 있는지? 적절한 전용 전화 회선을 갖는 것은 그럴듯한 회사라는 인상을 주는 효과가 있습니다.

4. 시설

전화나 이메일, 블로그는 일반적으로 기업 이미지를 홍보하는 방법이지만, 이것은 어떤 의미에서는 '불투명'하다고 할 수 있습니다. 목욕하면서 전화를 받거나 블로그에 포스팅한 적이 있지요? 그러나 실제로 가게나 사무실을 마련하여 방문객을 맞이하면 모두 공개되기 때문에 투명성을 갖게 됩니다. 그때 다음과 같은 점이 중요합니다.

- 전달하고 싶은 이미지에 적합한 시설인가?
- 일하는 사람, 벽에 걸린 것, 조직, 스타일, 색깔 등이 모두 전달하고 싶은 이미지에 어울리는가?
- 적절한 설비를 갖추었는가?

회계사 사무실과 그래픽 디자이너의 사무실에 거는 기대의 차이를 생각해 봅시다. 잘 정돈된 설비를 갖추었다는 점은 양쪽 모두에게 기대를 높여 줄 것입니다. 그러나 그래픽 디자이너의 사무실에는 조금은 색다르고 화려하거나 재미있는 물건이 여러 개 놓여 있다고 해도 이상하지 않을 것입니다. 반면, 회계사 사무실은 조금 딱딱한 분위기였으면 하고 생각하지 않을까요?

5. 이메일

　이메일은 비즈니스에서 주요한 커뮤니케이션 수단입니다. 때문에 이메일이 기업 이미지에 끼치는 영향에 대해서도 생각해 보아야 합니다. 회사 자체 도메인이나 이메일이 있습니까? 이메일 주소에 회사의 도메인이 들어가 있지 않다면 좋지 않은 인상을 줄 수도 있습니다. 'rod55@freemail.com'이라는 주소에서 이메일이 왔다면 당신은 어떤 느낌을 받으실까요? 일관성 있는 이미지를 유지하기 위해서는 이메일 템플릿을 사용하는 것이 효과적입니다. 준비가 간단하고 사진이나 로고를 넣을 수 있기 때문입니다. 송신하는 이메일의 내용이나 말투에도 주의해야 합니다. 이메일은 간단히 다른 사람에게 전송되기 때문에 돌고 돌아 어떤 사람이 읽을지 알 수 없습니다. 때문에 이메일을 보낼 때도 서류를 주고받을 때처럼 주의가 필요합니다. 높은 완성도에 정확한 내용으로 오타 없이 작성해야 합니다.

6. 자료

　자료를 준비하기에 앞서 먼저 명함을 준비합니다. 명함은 전문가에게 디자인을 의뢰하는 것이 바람직합니다. 명함은 미션과 비전, 그리고 기업 이미지와 직결되기 때문입니다. 자료를 준비할 때는 다음과 같은 주의가 요구됩니다.

- 명함은 접혀 있거나 오염되지는 않았는지
- 필기구나 봉투, 감사장 등은 기업 이미지와 일관성이 있는지
- 색이나 로고, 질감이 어울리는지

- 팸플릿의 내용은 유익한지, 디자인은 전문가에 의뢰한 것인지
- 이러한 자료들이 기업 이미지를 유지·향상시키는지
- 인쇄나 제본은 전문가에게 의뢰한 것인지

7. 웹사이트

오늘날의 비즈니스에서 웹사이트는 선택사항이 아닌 필수 항목이 되었습니다. 고객, 거래처, 미래의 리퍼럴 파트너, 그밖의 관계자들이 당신에게 전화를 걸거나 직접 만나기 전에 웹사이트를 방문할 가능성이 높습니다. 또한 당신을 소개받은 사람이 당신에 대해 알아보고자 할 때도 가장 먼저 웹사이트를 찾아볼 것입니다. 오늘날 웹사이트에 요구되는 덕목은 유익한 정보를 기재할 것, 알기 쉬울 것, 그리고 찾기 쉬울 것 등입니다. 웹사이트 디자인은 반드시 전문가에게 의뢰합시다. 웹사이트는 기업 이미지와 일치하고 검색 엔진에 대응 가능하도록 만들어야 합니다. 그 외에도 필요한 정보를 간단히 찾을 수 있게 만드는 것이 중요합니다. 디자이너나 웹마스터와 협력하여 두세 번의 클릭으로 중요한 콘텐츠를 찾을 수 있어야 합니다. SNS 또한 잊어서는 안 됩니다. 비즈니스용 페이스북이나 트위터 계정이 있는 경우 로고를 사용하십시오. 일러스트나 사진, 글은 회사가 정한 브랜드에 어울리는 것으로 사용할 필요가 있습니다.

8. 유니폼과 비품

관계자들이 당신이나 당신의 직업에 요구하는 전문가적인 모습을 떠올려 봅시다. 당신이나 당신의 직원들은 언제나 그 기준에 맞추도록 노력해

야 합니다. 기업 이미지를 유지하고 향상시키기 위해서는 조직 전체가 적절한 옷차림과 행동에 주의를 기울일 필요가 있습니다. 물론 케이터링 회사의 배달원이 양복을 입을 필요는 없습니다. 그렇지만 회사 이미지에 맞는 적절한 복장을 갖추는 것으로도 이미지가 유지, 향상됩니다. 색상과 로고, 스타일 등에 대해서도 고려할 필요가 있습니다. 어떤 것이 기업 이미지를 유지, 향상시키는 데 도움이 될지 직원에게 판단하게 해서는 안 됩니다. 옷차림도 일관성 있는 결정을 할 필요가 있습니다. 로고가 들어간 아이템이나 유니폼을 활용하는 것도 이미지 강화에 도움이 될 것입니다.

9. 업무용 차량

고객이나 잠재고객에게는 당신이나 당신의 직원이 어떠한 차량을 이용하는지도 매우 중요합니다.

신차가 아니어도 상관없습니다만, 항상 청결하고 잘 정비돼 있어야 합니다. 유능한 비즈니스 어드바이저라는 이미지를 전달하고 싶다면서 털털거리는 고물차를 타고 클라이언트를 만나러 간다면 어떨까요? 당연히 이미지가 추락할 것입니다. 마찬가지로 배달에 사용하는 차가 움푹 찍혀 있거나 지저분하다면 케이터링 회사라는 이미지에 결코 득이 되지는 않을 것입니다. 에디가 여행에서 돌아와 공항에서 택시를 탔을 때의 일입니다. 그 택시는 반짝거렸고 좌석에는 그날치 신문이 준비돼 있었습니다. 운전기사는 작은 냉장고에서 음료수를 꺼내 에디에게 주었다고 합니다. 이 운전기사는 신차는 아니지만 좋은 이미지를 전달하는 '방법'을 잘 알고 있었던 것입니다.

10. SNS

　7번 항목에서 언급한 바와 같이, 오늘날 SNS는 굉장히 인기가 높습니다. 동시에 편리한 도구이기도 합니다. 이밖에도 인터넷에 올라오는 모든 것이 회사 이미지와 직결됩니다. 이러한 사실은 아무리 강조해도 부족하지 않습니다. 그렇기 때문에 현명한 선택을 해야 합니다. 직원을 대상으로 SNS 사이트에 관한 규정을 검토할 필요가 있습니다. SNS 사이트가 어렵게 느껴진다면 마케팅이나 PR 전문가의 도움을 받는 것도 방법입니다.

　당신이 만드는 것, 파는 것, 나눠주는 것, 그리고 적는 것, 말하는 것 등 모든 것이 당신의 회사 이미지에 영향을 줍니다. 그런 만큼 이미지에 세심한 주의를 기울여야 합니다. 그리고 뚜렷한 일관성을 가진 자료를 만들고 싶다면, 주저 없이 전문가에게 의뢰합시다.

기업 이미지를 형성하는 PR 전략

　한 가지 더, 좋은 리퍼럴 마케팅 플랜을 만드는 데 중요한 것은, 적절한 광고(PR) 전략입니다. 오늘날과 같은 미디어 중심 사회에서 회사의 성패는 미디어에 어떻게 비치는지에 달려 있다고 해도 과언이 아닙니다. 그것이 인쇄물이든 텔레비전이든 혹은 온라인이든 마찬가지입니다. 비즈니스 잡지나 신문의 비즈니스란, 웹사이트를 살펴 보십시오. 어느 것을 보더라도 기업 경영자나 지역 사업가의 특집기사나 인터뷰가 실려 있을 것입니다.

　이러한 기사들은 대부분 그 기사가 다루는 개인 혹은 기업이 비용을 지불하고 PR 회사와 협력해 작성한 것입니다. 즉, 기사의 주인공인 개인이나 기업이 돈을 낸다는 뜻입니다. 사내 광고 담당자와 협력하여 기사를 작성하는 경우도 있습니다.

당신이 유서 깊은 도시에 거점을 둔 개축공사 업체라고 가정해 봅시다. 시의회에서 역사가 오래된 건물을 수리하기로 결정합니다. 이에 따라 시 정부가 공사업체를 선정합니다. 당신도 당연히 응찰을 하여 수리업체에 선정됐습니다. 이 경우, 건물이 그 도시에서 얼마나 중요한 의미를 갖는지에 따라 질 높은 인터뷰를 함으로써 수백 명의 건축업자, 개발업자, 보수단체, 역사협회 및 그 밖의 건축이나 역사 보전에 관심을 가진 사람들의 주목을 받을 수 있습니다.

버지니아주 리치몬드에 거점을 둔, 어느 공구점 경영자의 이야기를 소개합니다. 그는 지역에서 노출 빈도를 높여 신규 비즈니스를 얻기를 원했습니다. 그는 사람들의 주목을 받아 판매 중인 상품을 선전하기 위해 도시의 조각 콘테스트를 후원하기로 결정하였습니다. 이 콘테스트에서 참가자는 필요 없게 된 공구만 이용하여 작품을 만듭니다. 그는 참가자의 노력을 알리기 위해 제작 중인 작품의 사진과 완성된 작품의 사진을 촬영하였습니다. 게다가 PR업자를 동원하여 시종일관 노출 빈도를 최대로 유지하였습니다. 그 결과 콘테스트 심사가 끝나고 몇 주 후 가장 평판 있는 지역 잡지에서 그를 크게 다루었습니다.

PR업자는 커뮤니케이션에 관한 계획을 세운 후 입소문을 퍼뜨려 출판사와 협상을 통해 자신들의 의도대로 기사를 작성하게 만들었습니다. 일반 독자가 보기에, 아니 일반적인 마케팅 담당자가 보기에도 그 기사는 출판사가 작가를 고용하여 작성한 것이거나 외부기자가 작성한 것처럼 보였을 것입니다.

PR과 광고의 차이점

비즈니스에 관한 기사(몇 페이지에 걸친 사진이 첨부된 기사)를 출판물에 싣는 것은 그 출판물의 첫 번째 페이지에 광고를 내는 것보다 훨씬 적은 비용이 듭니다. PR과 광고의 차이점은 '얻은 미디어'와 '구입한 미디어'의 차이라고 생각할 수 있습니다. 출판물이 기사나 인터뷰를 실어준다는 확실한 보장은 없습니다. 광고는 계약에 따라 확실히 실어준다는 차이점이 있습니다. 사전 계획을 세우고 그 계획에 따라 다른 사람과 협력을 통해 작성한 기사를 싣기 위해서는 나름의 노력이 필요합니다. 그러나 그것은 대부분의 경우 합리적인 투자입니다. 당신의 타깃이 당신에 관해 쓴 기사를 보지 못했다고 해도 상관없습니다. 고화질의 광택 있는 종이에 기사를 다시 인쇄하여 매력적인 자료로 만들어 보관해 두면 오랜 기간에 걸쳐 주요 자료로 사용할 수 있기 때문입니다.

보도하게 만들기 위해선 보도 가치가 필요하다

출판물의 편집자나 기자는 온갖 곳에서 기사에 필요한 아이디어를 얻습니다. 신문이나 잡지에 등장하고 싶어하는 사람들이 보내는 보도자료도 그 중 하나입니다. 그런데 이 경우 많은 사람들이 보도자료가 아닌 팸플릿을 보냅니다. 하지만 그들은 다음의 사실을 놓치고 있습니다. 대부분의 독자는 일로 인한 피로로 인하여 주의도 산만하고 정신적으로도 지쳐 있습니다. 편집자나 기자가 추구하는 것은 그러한 독자의 마음을 끌어낼 요소나 독자에게 호소하는 관점, 혹은 독자와의 접점입니다. 편집자나 기자에게 무언가를 보낼 때는 사전조사를 할 필요가 있습니다. 좋은 기사를 잘못된 기자에게 보내는 것은 양쪽 모두 시간을 낭비하는 것이기 때문입니다.

신문이나 잡지는 그들의 지면에 가치를 더해주는 기사를 싣고 싶어할 것입니다. 따라서 당신이 해야 할 일은 왜 독자가 당신이 싣고자 하는 기사에 관심을 가질 것인지, 왜 그것이 뉴스로서 가치가 있는지를 편집자나 기자에게 전달하는 것입니다. 당신이 하는 일이 어떻게 지역 사람들의 마음을 울릴 것인지에 관한 것이나, 당신의 어떠한 점이 널리 영향을 끼칠 것인지를 전달하십시오.

그러면 과연 편집자나 기자가 당신의 비즈니스가 잘되도록 협력해 줄까요? 당연히 협력해줄 것입니다. 그렇게 만들기 위해서는 먼저 기사를 내고 싶은 출판물을 읽어보고, 당신과 같은 관심사에 대해 글을 쓰는 기자를 찾아야 합니다. 그리고 제일 좋은 아이디어를 이메일이나 전화로 전달해야 합니다. 기자나 편집자에게 전화할 때는 다른 사람에게 하는 것과 마찬가지로, 최대한 전문가적인 태도를 취해야 합니다.

사업을 하려면 각종 미디어에 대해 고려할 필요가 있습니다. 다만, 미디어를 읽는 사람이나 듣는 사람이 당신 회사의 성격과 맞아야 합니다. 대부분의 미디어는 자신의 독자나 시청자에 관한 통계 데이터를 가지고 있을 것입니다. 기업 이미지 유지와 같이 일관성 있는 PR 프로그램을 만들고 싶다면 전문가의 도움을 받아 계획하는 것도 검토해 보십시오.

사업을 위한 PR을 만드는 10가지 방법

다음에 미디어를 이용한 PR 전략에 도움이 되는 도구를 한눈에 볼 수 있도록 리스트로 정리해 보았습니다.

1. 기사를 쓴다

기사에서 고객으로 만들고 싶은 상대방이 관심을 갖는 문제를 다루면 당신의 존재감과 신뢰도를 높일 수 있습니다. 직접 그 문제에 대한 글을 써서 기고하는 것도 유효한 방법입니다. 글쓰기에 자신이 없다면 전문작가에게 의뢰하여 당신의 아이디어를 출판하는 데 어울리는 문장으로 만들어도 좋습니다.

출판물에 이름을 올리는 것만으로도 당신의 신뢰도와 인지도가 높아집니다. 한 번의 노력으로 수천 명의 잠재고객에게 영향을 줄 수 있는 것이지요. 출판물을 본 사람들은 당신이 평판 있는 미디어로부터 충분히 평가받았기에 당신의 메시지를 게재한 것이라고 추측하게 됩니다. 이러한 과정을 통해 당신의 전문성을 드러나게 할 수 있습니다.

먼저 이해해야 할 점은, 글을 기고할 경우 기사 작성에 따른 보수를 받을 수 없는 경우도 있다는 것입니다. 편집자는 기사가 인쇄되어 당신의 노출 빈도가 올라가는 것만으로도 충분한 보수를 주었다고 생각할 수 있습니다. 때로는 원고료 대신 광고란을 제공받는 경우도 있습니다. 한 가지 더 중요한 점은 원고료를 받았을 경우 기사는 출판사 소유가 된다는 점입니다. 기사를 마케팅 자료로 재이용하고 싶다면 어떠한 방식으로든 미리 계약해 두는 것이 좋습니다.

2. 칼럼을 쓴다

〈당신도 칼럼니스트가 될 수 있다(원제: You Can Be a Columnist)〉의 작가인 샬럿 디그레고리오는 다음과 같이 말했습니다.

"명성을 얻는 것도, 전문가로 성장하는 것도, 어려운 일은 아닙니다. 칼럼을 쓰는 것만으로 자신이 사는 곳뿐 아니라 전 지역, 나아가 전국에 노출 빈도를 높일 수 있습니다."

지역에서 기업 이미지를 구축할 수 있는 콘텐츠가 무엇인지 생각해 보고 그 지역에서 정기간행물을 발행하는 출판사에 연락하여 아이디어를 팔아 보십시오.

칼럼을 쓸 수 있는 기회는 의외로 많습니다. 유명 신문에 칼럼을 쓰는 것은 어렵지만, 당신의 전문지식이 독자에게 도움이 되리라는 점을 설득할 수 있다면, 군소 잡지나 지방신문에 칼럼을 쓰는 것은 가능할지 모릅니다. 먼저 거리에 나가 각종 무료 커뮤니티 신문, 계절 한정판, 정기간행물 등을 가지고 와서 기사 내용을 점검해 보십시오. 그리고 당신이 타깃으로 삼은 시장의 독자층과 일치하는 것을 몇 가지 고릅니다. 다음으로는 편집자에게 전화를 걸어 칼럼의 아이디어를 파십시오.

3. 뉴스레터를 발행한다

뉴스레터의 발행은 당신의 지명도나 브랜드의 인지도를 높이는 효과적인 방법입니다. 뉴스레터를 발행하는 것으로 당신의 비즈니스나 당신이 제공하는 상품과 서비스에 대해 많은 사람에게 알려줄 수 있습니다. 동시에 시장에서의 인지도를 높여 전문가로서 신뢰할 수 있다는 평판을 얻는 데도 도움이 됩니다. 비용을 줄이기 위해서는 이메일로 발행하는 것이 효과적일 것입니다.

뉴스레터에는 여러 종류가 있습니다. 디자인이나 문장의 길이는 어떻게 해야 하는지, 어느 정도의 시간을 들여야 하는지, 어느 정도의 빈도로 발행하는지, 어느 정도의 비용을 사용하는지에 따라 달라집니다.

뉴스레터의 발행에는 많은 시간이 필요합니다. 한 달에 한 번 발행한다고 해도 조사하고 기사를 쓰고 편집하고 레이아웃을 정하고 인쇄하고 배부 혹은 이메일로 송신하는 작업을 4주 간격으로 반복해야 합니다. 소식지 발행을 전문기자에게 의뢰하는 사람도 있습니다. 또 뉴스레터 전문 제작회사도 있어서, 당신이 원하는 분야에 적합한 형태나 서식으로 뉴스레터를 제작해 주기도 합니다. 경쟁관계가 아닌 다른 사업자나 소매점과 제휴하여 소식지를 발행하는 방법도 있습니다(릴레이션십 마케팅). 이렇게 하면 필요한 비용을 절반으로 낮출 수 있습니다.

소식지를 성공적으로 만들기 위해서 미리 다음과 같은 질문에 답을 마련해 두는 것이 중요합니다.

- 어떤 사람이 읽는 것인가?
- 읽는 사람이 알고 싶어하는 것은 무엇인가?
- 소식지를 발행하는 목적은 무엇인가?
- 어떠한 종류의 정보를 가지고 있는가?
- 몇 가지 색으로 인쇄할 것인가, 종이의 질은 어떻게 할 것인가?(어느 정도 비용을 지출할 수 있는가)
- 어느 정도의 빈도로 발행할 것인가?
- 어떤 방법으로 발행할 것인가?(8장에서 언급한 것과 같이, 이메일로 보내는 경우 스팸메일로 받아들이지 않도록 수신자가 수신을 승낙 또는 거절할 수 있도록 설정해 놓을 것)

뉴스레터는 리퍼럴 마케팅을 보완하는 최적의 도구입니다. 뉴스레터를 이용해 다른 사람을 소개할 수 있기 때문입니다. 리퍼럴 제공자나 그들의 비즈니스에 대해, 소식지에서 간단히 다루는 것만으로도 신뢰관계를 한층 깊게 만들 수 있고, 독자에게도 도움이 될 만한 정보를 제공할 수 있습니다.

4. 강사가 된다

대학교나 전문대학에서 사회인을 대상으로 하는 수업(대면, 전화 또는 온라인)을 맡는 것도 자신을 선전하거나 전문분야에서의 평판을 구축할 절호의 기회입니다. 이 접근방식의 최대 장점은 지역 사회에 이름을 알리는 것입니다. 비용을 들이지 않고 주목받고 신뢰를 얻을 수 있습니다. 나아가 강연료를 받을 수도 있습니다.

강의를 맡게 되면 수강생뿐 아니라 대학교가 우편으로 배포하는 수업에 관한 카탈로그를 통해 수천 명의 사람들이 당신과 당신의 비즈니스에 대해 알게 됩니다. 사실상 이것은 무료로 이메일 마케팅을 하는 것이며, 이를 통해 대학교 데이터베이스에 있는 사람들에게도 노출 빈도를 높이게 됩니다.

강사가 되는 것에는 이밖에도 많은 장점이 있습니다.

- 상품과 서비스를 판매할 수 있다(주의: 적절해야 하며 허가를 받은 경우에 한함)
- 사람들 앞에서 이야기함으로써 자신감을 얻을 수 있다
- 자신을 강연자라고 홍보할 수 있다
- 강사를 담당하는 기관의 연구원과 가치 있는 인맥을 만들 수 있다

지역에서 사회인을 대상으로 수업하는 교육기관을 알아보고 사회인 대상 강사를 관리하는 부서에 전화를 걸어 프로그램에 대한 정보나 당신의 수업을 커리큘럼에 추가하기 위한 요건을 물어보십시오.

5. 강연을 한다

지역에는 수많은 단체가 있고, 단체의 멤버를 위해 강사를 초대하여 강연을 하는 곳도 많습니다. 로터리클럽, 키와니스클럽, 옵티미스트클럽, 라이온스클럽 등은 매주 모임을 가지며, 초빙강사가 여러 주제로 강

연합니다. 전문직 단체나 동창회, 협동조합 등의 모임에서도 강사를 초빙합니다.

지역 상공회의소를 방문하거나 관할 시의 홈페이지에 들어가 지역에 있는 각종 단체의 명단을 찾아 보십시오. 그러고는 대표자 또는 강사의 스케줄이나 프로그램을 관리하는 담당자에게 연락해 당신의 약력과 강의 주제들에 대한 자료를 보내도 되는지 제안해 보십시오.

보통 이런 강연은 보수는 받을 수 없지만(식사가 무료로 제공되는 경우는 있습니다), 기업 이미지 구축과 비즈니스 커뮤니티를 움직이는 사람들과 만날 수 있는 좋은 기회가 됩니다. 늘 명함을 넉넉히 가지고 다니십시오. 이름, 주소, 전화번호가 적힌 자료도 준비하십시오. 다만, 강연 중에 청강생들에게 무언가를 판매하려 해서는 안 됩니다. 먼저 전문가로서 위치를 확립한 후 얻은 신뢰를 매출로 연결하십시오.

강연하기에 앞서 많은 사람 앞에서 이야기하는 것에 자신이 없다면 '토스트 마스터즈 클럽'에 가입할 것을 권합니다. '토스트 마스터즈 클럽'은 각 지역에 지부가 있고, 사교적인 분위기 속에서 즐겁게 강연의 기본에 대해 배울 수 있습니다. 강연에 대해서는 지역 대학교나 전문대학에 사회인을 대상으로 하는 수업이 있는지 알아보십시오.

6. 추천장을 받는다

추천장은 당신의 상품과 서비스를 구입하거나 이용한 사람이 서면으로 당신을 추천하는 것입니다. 과거의 고객으로부터 받은 칭찬은 매우 효과적인 마케팅 수단입니다.

상품과 서비스에 만족한 고객에게 추천장을 받는 것을 습관화하십시오. 당신의 상품과 서비스에 대한 감상이나 의견을 받으십시오. 상품과 서비스에 만족했다면 대부분 기분 좋게 응할 것입니다. 추천장을 받을 때는 그들의 코멘트를 광고에 사용해도 괜찮을지 반드시 확인하십시오. 법인 고객의 경우 가급적이면 회사의 전용 용지에 추천장을 받으십시오.

7. 보도자료를 보낸다

보도자료는 PR 전략의 핵심입니다. 뉴스 편집자는 매일 광고전문가, 기업이나 비영리단체의 홍보담당자, 혹은 개인으로부터 대량의 보도자료를 받습니다. 그 가운데 실제로 사용되는 자료는 극히 일부분에 불과합니다. 하지만 의외로 매일 보도되는 뉴스의 많은 경우가 보도자료를 근거로 한다는 사실을 잊지 마십시오.

편집자나 기자로 하여금 보도자료를 읽게 하기 위해서는, 읽어 주었으면 하는 편집자나 기자, 출판사, 콘텐츠 책임자 등을 개인적으로 소개받는 것이 가장 확실합니다. 특히 경쟁자가 많은 큰 시장의 경우 산처럼 쌓인 보도자료 더미에서 이들이 일삼아 찾아보도록 하지 않으면 당신의 기사는 어딘가에 묻히고 말 것입니다. 보도자료를 메일로 보내는 경우에는 로고 파일도 함께 보는 것이 좋습니다. 보도자료의 내용과 관련된 사진은 하나하나에 간단한 설명을 달아야 한다는 것을 잊지 마십시오.

8. 힌트, 트렌드, 통계를 제공한다

힌트, 트렌드, 통계는 종종 마케팅의 '삼총사'로 불립니다. 또한 편집자가 좋아하는 것이기도 합니다. 간결하고, 유익하고, 이해하기 쉽고, 재미있기 때문입니다.

힌트는 도움이 되는 실천 가능한 정보에 대해 간결하게 정리해 놓은 것입니다. 당신의 상품/서비스에 관하여 사람들에게 알리고 싶은 것을 몇 개의 목록으로 작성해 보십시오. 회계사라면 '가장 흔한 세금 함정 베스트 5'라거나, 부동산업자라면 '집을 사기 전에 물어 보고 싶은 Q&A 10가지' 하는 식이지요.

트렌드는 미래의 예상도가 될 만한 징후입니다. 트렌드는 변화의 첨단에 서 있는 사람들의 태도와 생각을 반영합니다. 또한 트렌드는 '어떤 것이 최첨단이고, 어떤 것이 최첨단이 아닌지' 알려줍니다. 당신이 업계에서 새로운 트렌드를 발견했다면 미디어도 그에 대해 궁금해 할 것입니다. 기존 고객들의 태도나 행동을 유심히 살펴보십시오. 그들의 배경이나 구매 경향에서 어떠한 공통점을 발견했습니까? 당신이 속해 있는 업계의 최근 변화를 살펴보십시오. 그러한 경향이 앞으로도 계속 이어질 것으로 보입니까? 그것이 미래의 비즈니스에 영향을 줄 것 같습니까? 그렇다면 그것은 트렌드일지도 모릅니다.

통계는 사람들의 의식을 조사하는 더욱 과학적인 방법입니다. 당신이 정한 특정 질문에 대한 대답을 수치로 측정하는 것입니다. 통계는 매우 재미있거나 매우 재미없는 것으로 나뉩니다. 어느 쪽이 되는지는 당신이 설정하는 질문에 달려 있습니다. 당신이나 당신이 아는 사람에게 도움이 되거나 재미를 주는 통계를 만들어 보십시오. 보도 가치가 있는 통계를 만들기 위해서는 쓸 만한 규모의 통계자료가 필요합니다. 대답의 개수가 많을

수록 그만큼 결과의 신뢰도가 높아지기 때문입니다. 통계를 만들 때는 당신의 비즈니스와 관계가 있는 것을 선정하십시오. 그래야 통계 결과가 당신의 상품/서비스와 어떠한 관련이 있는지 조리있게 설명할 수 있기 때문입니다.

1주일간 지속적으로 신문을 읽어 보십시오. 힌트, 트렌드, 통계에 관한 기사가 많이 실려 있을 것입니다. 또한 CNN 같은 공정한 뉴스 전문 방송을 시청해 보십시오. 뉴스와 뉴스 사이에 '팩트 체크(Fact Check)'라는 타이틀로 이런저런 통계를 보여줄 것입니다. 그밖에 정기간행물도 살펴 힌트, 트렌드, 통계에 관한 정보를 제공하는 기사를 찾아보십시오. 그리고 당신의 힌트, 트렌드, 통계에 대한 정리가 끝났다면 보도자료로 만들어 미디어에 보내십시오. 블로그가 있다면 블로그를 통해 정보를 공개하는 것도 하나의 방법입니다. 소셜 미디어 등을 통해 공개할 수도 있습니다. (다음 항목 참조)

9. SNS에서의 존재감

누군가가 당신이 원하지 않는 방법으로 당신의 사진을 SNS에 올렸다면, 당신의 이미지에 상처를 줄 것입니다. 정기적으로 인터넷에서 자신이나 자신의 회사를 검색해 보고 이미지가 유지되고 있는지 점검해야 합니다.

10. 기자의 전문지식 정보원이 된다

지역에서의 신뢰성을 높이기 위해서는 미디어에서 전문가로 다뤄지는 것이 제일 좋습니다. 어떠한 주제에 대해 신뢰할 만한 정보원이 되기 위해서는 미디어에 당신의 존재를 알리고 기자에게 계속적으로 당신의 이력이나 전문성에 대해 알리는 것이 중요합니다.

> **향후 미션**
>
> 1 강력한 미션과 비전에 대해 생각해 보십시오.
> 2 다음의 항목에 대해 스스로 평가해 보십시오.
>   - 로고
>   - 전화전략
>   - 메일 주소
>   - 자료
>   - 웹사이트
>   - 당신과 직원의 차림새
>   - 업무용 차량
>   - SNS
> 3 위 항목 가운데 미션이나 비전에 적합하지 않은 것이 있다면 적절한 절차를 거쳐 고쳐나가십시오.
> 4 회사를 PR할 만한 사건이나 행사, 정보를 명확히 선정한 후 보도자료를 만들어 보십시오.

11장

3가지 핵심 네트워크를 구축하라
1) 정보 수집을 위한 네트워크

사업을 성공적으로 이끌려면 지속적인 정보 수집이 필수입니다. 업계의 트렌드나 문제점을 주시하고, 경제와 기술의 변화에 빠르게 대응하여 경쟁력을 키우고 유지하지 않으면 안 됩니다. 당신의 인맥 가운데 업무를 원활히 수행하는 데 필요한 지식과 전문성이 있는 사람 또는 자원이 당신의 '정보 수집을 위한 네트워크'에 해당합니다.

혼자 힘으로 필요한 정보를 모두 얻는다는 것은 거의 불가능합니다. 정보량도 많을 뿐더러 개인에 따라 관심이 편중되어 있기도 하고 시간의 제약도 있기 때문입니다. 마케팅이나 사업계획에 정통한 사람이라도 인사나 법률에 대해서는 약할 수 있습니다. 다행히 당신이 서투른 분야를 전문분야로 하는 사람은 반드시 있게 마련이니, 이런 사람에게 도움을 요청하십시오. 이것이야말로 정보 네트워크를 구축하는 주된 목적입니다. 그들은 당신의 사업이나 비즈니스에서 성공하려면 무엇이 필요한지 잘 알고 있습니다. 그리고 당신의 목표 달성을 지원하는 데 필요한 경험도 있습니다.

1단계: '정보 수집을 위한 네트워크'의 멤버를 분류한다

보통 비즈니스나 사업에서의 현안이나 전문적인 문제를 상담할 수 있는 상대가 적어도 몇 명은 필요합니다. 특정 분야의 지식이 부족하다면 이 정보를 얻기 위해서는 누구를 만나야 하는지, 어디로 가야 하는지 사전에 파악해야 합니다.

그렇다면 '정보 네트워크'에는 어떤 사람을 넣어야 할까요?

1. 목표나 관심이 비슷한 사람

우선 당신과 같은 목표나 관심을 가지고 있거나 같은 일을 하려는 사람을 찾아야 합니다. 이것은 비즈니스의 전개에 큰 이점이 됩니다. 그들 역시 당신이 필요로 하는 정보를 수집할 것이기 때문입니다. 서로 마찬가지이지요. 이들과 협력관계를 구축하여 조사, 분석하면 더욱 빠르게 정보를 수집할 수 있습니다.

2. 동종업체

일반적으로 동종업체 중에서 성공한 사람들은 가장 좋은 정보원이 됩니다. 당연히 이 때는 자신과 영업지역이나 타깃을 달리해야겠지요. 그들은 이미 업계의 트렌드나 문제를 인식하고 있고, 당신이 직면한 문제와 같은 문제에 직면한 적이 있을 것입니다. 이 범주에 드는 사람 중 3~5명을 정해 이야기를 나눠 보십시오. 그들은 데이터베이스나 매뉴얼, 업계와 관련된 이벤트 정보를 가지고 있을 것입니다. 또한 당신에게 도움이 될 구입처나 거래처를 확보하고 있을 수도 있습니다.

3. 예전의 동종업체

왜 이들이 업계를 떠났는지 알아두는 것도 좋습니다. 이들의 비즈니스에서는 무슨 일이 일어났을까? 현재는 무엇을 할까? 업계를 떠난 것이 정답일까? 성공사례뿐 아니라 실패에서도 배울 것이 있습니다. 업계에 따라, 그 사람이 떠난 시기에 따라서도 다르겠지만, 이런 종류의 정보는 당신이 계획을 세울 때 가치 있는 정보가 됩니다.

4. 저자

관련 서적의 저자나 기자, 오디오·영상물의 제작자는 업계의 전문가들입니다. 그들은 일반적으로 업계에서의 절차나 체계, 테크놀로지, 전술, 발전 방법 등에 대해 광범위하고 풍부한 지식을 가지고 있습니다. 이들로부터 약간의 힌트를 얻는 것만으로도 시간과 돈을 절약할 수 있습니다.

5. 관계 당국자

업계의 규칙, 감사, 또는 관리감독을 하는 사람은 당신이 저지르기 쉬운 법적, 사무적 실수나 그 대비책을 알고 있을 것입니다. 어쩌면 당신의 삶과 비즈니스가 더 쉬워지도록 법적 규제를 피하는 방법까지 알려 줄지도 모릅니다.

6. 트레이너

여기서 트레이너는 업계나 전문분야의 트레이너를 말합니다. 트레이너의 좋은 점은 그들이 전문적으로 가르치는 일을 한다는 것입니다. 이들은 기본을 이해하도록 도와줄 것이며, 새로운 기술이나 절차에 대해서도 소개해줄 것입니다. 이들이 제공하는 자료를 입수하는 것도 좋습니다. 필요하다면 트레이닝 세션에 참여하는 것도 도움이 되겠지요.

7. 컨설턴트

자신이 해결하기 어려운 문제에 대처하기 위해 조언자나 컨설턴트의 도움을 받는 일이 있습니다. 컨설턴트에는 (정해진 전문분야가 없는)제너럴리스트와 스페셜리스트가 있습니다. 컨설턴트는 보통 문제 분석을 전문으로 합니다.

8. 전문직 단체의 회원

업계 단체, 비즈니스 단체, 전문직 단체의 회원은 좋은 정보원입니다. 회원이 되면 명부·뉴스레터, 세미나·프레젠테이션·이벤트 일정 등의 정보를 쉽게 구할 수 있습니다. 이들은 네트워킹을 통해 끊임없이 업계에서 발생하는 문제나 유행을 파악합니다. 이들과 어울리다 보면 지금까지 알지 못했던 사업하는 방법을 발견하게 될지도 모릅니다.

2단계: '정보 수집을 위한 네트워크'의 멤버를 특정 짓는다

1단계에서는 어떤 사람을 '정보 네트워크'의 일원으로 넣어야 하는지 살펴보았습니다. 2단계에서는 이들 카테고리에 속한 사람을 당신의 지인 중에서 정해 보겠습니다. 연락처 관리 시스템을 사용한다면 이 단계는 훨씬 수월할 것입니다. 특히 리퍼럴 마케팅 플랜에 사용할 데이터베이스를 구축하는 데 효과적입니다. 연락처 정보를 업로드하면 정보 네트워크를 구성할 사람들을 정할 수 있습니다.

다음을 기억합시다. 당신이 원하는 것은 정보입니다. 정보원이 많으면 그만큼 정보의 양도 많아집니다. 생각나는 대로 가능한 한 많은 이름을 적어 한 사람 한 사람의 연락처 정보를 입력합니다.

향후 미션

1. '정보 수집을 위한 네트워크'의 멤버 또는 후보자 24명을 지정합니다.
2. 당신의 필요에 맞는 연락처 관리 시스템을 사용해 이들의 정보를 입력합니다.

12장

3가지 핵심 네트워크를 구축하라
2) 정서적 지지를 위한 네트워크

　당신의 일을 존중하거나 칭찬하는 사람 또는 당신을 아끼는 사람으로부터 용기와 힘을 얻읍시다. 그들은 당신에게 진심어린 관심을 갖고 있고, 그 중 많은 사람이 당신을 있는 그대로 받아들여줍니다. 그리고 보통은 당신의 목표를 달성하는 데 자신이 할 수 있는 일이 있다면 무엇이든 도와줄 것입니다. 그들은 당신이 필요로 하는 지식이나 정보를 가지고 있지 않을 수 있고 새로운 고객을 데려오지 못할 수도 있습니다. 그럼에도 당신의 노력 여하에 따라 그들의 아낌없는 협조는 감정적, 정신적 지지뿐 아니라 경제적 지원으로까지 이어질 수 있습니다.

　이런 '정서적 지지를 위한 네트워크'의 멤버는 당신이 역경에 처했을 때 당신의 버팀목이 되어줄 것입니다. 중요한 역할을 담당하거나, 자금을 빌려주거나, 용기를 주거나 하는 여러 방식으로 힘써줄 것입니다. 또한, 긴급 상황에서 도움을 주거나, 아이디어에 찬성하고 격려해줄 수도 있습니다. 잠깐 동안이라면 당신의 일을 대신 감당해줄 수도 있을 것입니다. '지원 네트워크'를 최대한 활용하려면 그들의 재능, 지식, 인맥을 파악해야 합니다.

1단계: '정서적 지지를 위한 네트워크'의 멤버를 분류한다

어떤 사람이 선뜻 당신을 지원해줄까요? 다음과 같이 분류할 수 있습니다.

- **당신을 지도했던 사람** 당신을 지도했던 사람은 때로는 가족 이상으로 당신의 능력을 파악하고 있기 때문에 당신의 집중력을 끌어내는 방법을 알고 있습니다. 그들은 여러 방법으로 보이지 않는 곳에서 당신을 지지하거나 후원합니다.

- **당신이 가르쳤거나 지도한 사람** 당신에게 전문지식이나 기술을 배워 그것으로 성공한 사람은 당신에게 고마운 마음을 가지고 있을 것입니다. 이들은 당신으로부터 연락이 오면 기쁘지 않을까요? 그리고 감사의 마음을 다시금 떠올릴 겁니다. 또한 평소 당신에 대해 좋은 입소문을 내주고 비즈니스 기회를 가져다 주기도 할 것입니다. 당신이

지도한 사람 가운데 당신의 부탁을 들어줄 것 같은 사람이 있습니까? 그들에게 감사의 마음을 갚을 기회를 주는 것은 어떨까요? 분명 이들은 대부분 당신의 성공을 도와줄 것입니다.

- **당신이 도움을 준 사람** 사람은 자신을 위해 뭔가를 해준 사람을 잊지 않습니다. 돈, 시간, 그 외에 무엇인가 선물한 사람을 떠올려 보십시오. 그들은 열심히 당신을 지원해줄 것입니다.

- **동료, 비즈니스 파트너, 동창생** 학교나 사회에서 만난 친구는 종종 평생의 친구가 됩니다. 이들과는 서로 역사의 일부입니다. 서로 호의나 존경심을 가지고 있습니다. 혹자는 도움이 필요하다는 것을 인정하고 싶지 않아서 친구에게 도움을 청하는 것을 망설이는 경우도 있을 것입니다. 하지만 자존심 때문에 그들의 지원을 활용하지 못하는 일은 없어야 합니다. 분명 많은 이들이 당신을 돕고 싶어할 것입니다. 이들은 도움을 청했다고 해서 당신을 무시하거나 열등감을 갖게 하지는 않을 것입니다.

- **가족이나 친한 친구** 가족이나 친한 친구들은 당연히 당신이 가장 의지하는 존재입니다. 결코 이들을 무시하지 마십시오. 단지 얼마나 의지가 될지는 개인차가 있으니 주의하십시오.

- **비즈니스와 관련 없는 단체의 동료** 일 외에 함께 활동한 적이 있는

사람(자율방범대, 아파트조합, 지역청소년활동 등)은 단체에서의 활동이 아니어도 선뜻 당신을 지원해줄 수 있습니다. 라이온스클럽 등의 멤버는 서로 성공을 힘써 돕습니다. 이들 단체에 가입하여 활동에 참여하고 교제해 보십시오. 그러면 당신도 다른 사람의 지원을 얻을 수 있습니다.

- 예전의 매니저, 상사, 강사 당신의 예전 매니저나 상사, 강사 등(적어도 당신이 존경하는 사람)은 당신의 일처리 방식, 윤리, 가치관, 성격, 기술, 관심을 잘 알고 있습니다. 또 당신의 능력을 최대한 끌어내는 방법도 알고 있습니다. 때로는 부모님처럼 당신의 성공에 책임을 느끼기도 합니다. 그들의 '부모님 마음'에 호소해 봅시다!

- 신앙의 지도자, 멤버, 그룹 종교만큼 정신적, 감정적으로 지원해주는 곳은 없을 것입니다. 종교 단체에 소속되어 있을 경우 다른 사람과 공통의 신앙으로 묶여 있습니다. 종교 지도자나 멤버에게 지원을 바라지 않는 것은 큰 실수입니다. 그들의 도움이 필요할 때 주저하지 말고 단체가 제공하는 지원 서비스나 모임을 활용합시다.

2단계: '정서적 지지를 위한 네트워크'의 멤버를 정한다

'당신만의 연락처 관리 시스템에 들어가 각각의 범주에 드는 사람을 가급적 많이 입력합니다. 필요하다면 같은 사람을 여러 번 입력해도 상관없습니다. 이름은 많을수록 좋습니다. 한 사람만 있으면 필요한 지원을 바로바로 받지 못할 수 있지만 여러 명이 있다면 다른 사람의 도움을 기대할 수 있기 때문입니다. 이들 각각의 연락처 정보를 입력합니다.

향후 미션

1 '정서적 지지를 위한 네트워크'의 멤버 또는 후보자 24명을 정합니다.

2 당신만의 연락처 관리 시스템에 이들의 정보를 입력합니다.

13장

3가지 핵심 네트워크를 구축하라
3) 비즈니스 성공을 위한 네트워크

리퍼럴이 가져오는 매출만으로 비즈니스를 운영한다면 당신은 분명히 다른 사업가의 선망의 대상이 될 것입니다. 당신의 고객이나 동료, 같이 일하는 사람, 친구가 누군가에게 당신을 소개하거나, 당신에게 잠재고객을 소개하면 그것이 매출로 이어집니다. '비즈니스 성공을 위한 네트워크'는 가장 수익성이 높은 네트워크라고 말할 수 있습니다. 하지만 리퍼럴은 다른 사람을 통하지 않고는 얻을 수 없습니다.

비즈니스 계약의 성공 여부가 리퍼럴의 성과를 판단하는 기준이라는 것을 잊지 마십시오. 비즈니스 계약 성사 여부는 리퍼럴 제공자가 잠재고객에게 어떻게 접촉했는지, 리퍼럴 제공자가 잠재고객과 어떤 관계인지, 그 외에 다른 여러 원인에 따라 좌우됩니다. 또한 리퍼럴 제공자에게도 개인차가 있어서 질 높은 잠재고객을 만날 수 있는지, 질 높은 리퍼럴을 제공하고자 하는 의욕이 있는지에 따라서도 차이가 있습니다.

현명한 사업가는 가장 가능성이 높아 보이는 리퍼럴 제공자를 잘 관리해 대량으로 질 높은 리퍼럴을 받습니다. 나아가 리퍼럴의 증가는 장기적으로 이익 증가로 연결됩니다.

'비즈니스 성공을 위한 네트워크'의 멤버를 분류하라

리퍼럴 제공자로는 우선 '정보 수집을 위한 네트워크'나 '정서적 지지를 위한 네트워크'의 멤버를 생각할 수 있습니다. 그러나 전혀 다른 범주에 속한 사람, 때로는 전혀 생각지도 못한 사람이 리퍼럴 제공자가 될 수도 있습니다. 질 높은 리퍼럴 제공자가 될 사람은 다음의 8가지 범주로 분류할 수 있습니다.

1. 당신과 '상생직군'에 있는 사람

'상생직군'이란 '서로 경쟁하지 않고 보완관계에 있는 비즈니스나 직종으로 구성된 그룹'을 말합니다. 상생직군에 있는 사람은 리퍼럴의 안정적 공급원이 됩니다. 이것은 당연한 일입니다. 출장뷔페 사업자와 꽃집 경영자, 엔터테이너, 웨딩플래너, 인쇄업자, 사진가가 1시간 동안 같은 장소에 있다면 자연히 비즈니스 이야기를 하게 될 것입니다. 그들은 서로 상대방의 서비스를 활용할 수 있는 고객을 가지고 있습니다. 결혼식장은 때로 비즈니스 네트워킹 장소가 되거나 리퍼럴이 모이는 장소가 되기도 합니다. 상생직군은 다소 겹쳐도 상관없습니다. 상생직군의 예를 들어보겠습니다.

비즈니스 서비스: 인쇄업자, 그래픽 아티스트, 판촉물, 마케팅 컨설턴트
부동산: 부동산업자(주거용), 부동산업자(상업용), 주택대출 자문가
건설도급업자: 페인트공, 목수, 배관공, 조경업자, 전기기술자
의료 서비스: 지압사, 물리치료사, 한의사, 영양사
전문직: 변호사, 회계사, 재무설계사, 은행원
사무기기판매: 통신회사, 컴퓨터회사, 복사기 대여업자
이벤트·행사 서비스: 사진가, 출장뷔페, 여행사, 꽃집
제작서비스: 웹 디자이너, 카피라이터, 영화 제작회사, 그래픽 디자이너

상생직군 관계도를 보면 알 수 있듯, 모든 상생직군은 그것을 구성하는 전문업종 개개인이 자연스럽게 서로 리퍼럴을 제공하는 경향이 있습니다. 변호사·공인회계사·재무설계사가 계속적으로 리퍼럴을 제공할 수 있는 이유는 이들이 같은 고객의 재무적 필요를 채울 수 있는 직업군이기 때문입니다. 결혼식을 앞둔 고객은 꽃집을 많이 찾습니다. 덕분에 꽃집 경영자는 사진작가나 출장뷔페업자에게 리퍼럴을 제공하기 쉬워집니다. 반대로 사진작가나 출장뷔페업자에게 결혼식을 앞둔 고객이 찾아왔다면 이들은 꽃집에 리퍼럴을 제공하는 것으로 보답할 수 있습니다. 이렇게 관련 업자끼리 상생직군을 유지하며 서로 배려하고 키워주면 지속적으로 질 높은 리퍼럴을 제공받을 기회가 늘어납니다.

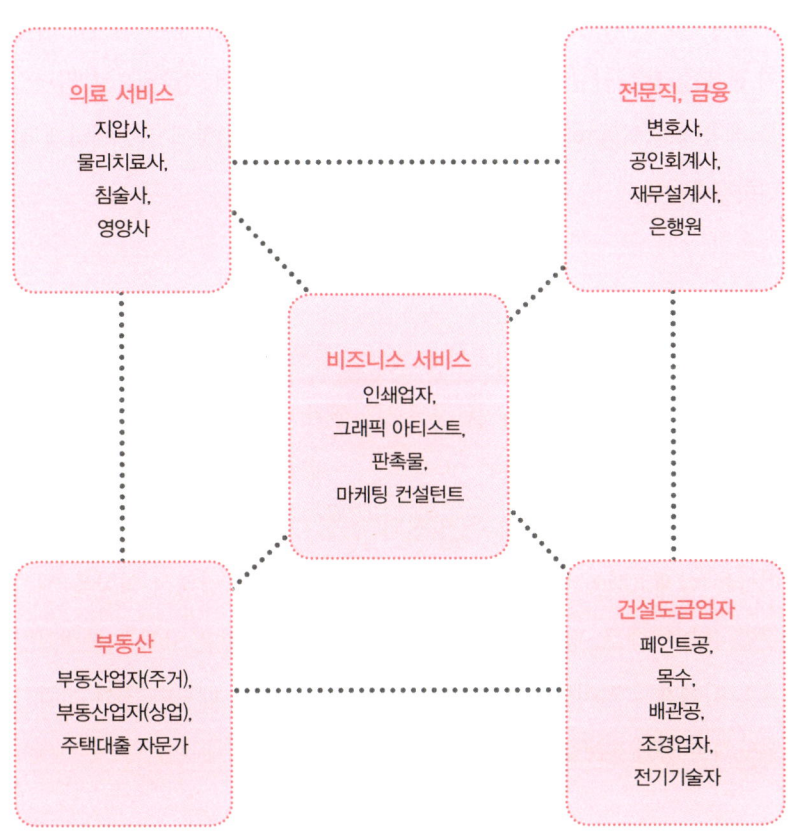

또한, 그림에서도 알 수 있듯 서로 다른 상생직군 사이에도 어렵지 않게 리퍼럴이 오갈 수 있습니다. 꽃집을 방문한 결혼식 고객은 청첩장을 보내기 위해 인쇄업자를 필요로 합니다. 재무설계사나 부동산업자를 찾을 수도 있습니다. 이들 업종은 반대로 자신들에게 좋은 잠재고객을 제공해준 꽃집에 기꺼이 자신의 고객을 소개해줄 것입니다.

상생직군은 '파워팀'으로 발전시킬 수 있습니다. '파워팀'의 멤버는 당신이 관계를 맺은 사람들 가운데 상생직군에 포함되면서 적극적으로 리퍼럴을 제공해준 사람들입니다. 파워팀에 대해서는 제 20장에서 상세하게 설명하겠습니다.

2. 만족한 고객, 클라이언트

당신의 상품/서비스에 만족한 고객은 훌륭한 리퍼럴 제공자가 될 수 있습니다. 당신의 상품/서비스를 직접 경험했기 때문에 당신을 진심으로 신뢰하고 다른 사람에게 설득력 있는 추천을 해줄 수 있습니다. 이런 고객을 파악해 놓아야 합니다. 이들은 당신의 '팬'이자 최고의 '홍보자'가 됩니다. 이들은 잠재고객이 당신과의 비즈니스를 고려할 때 결정적 역할을 해줄 것입니다. 반대로, 당신의 상품/서비스에 만족하지 않은 고객은 잠재고객을 당신에게서 떨어뜨리려 할 뿐만 아니라 만족했을 때보다 훨씬 심각한 정도의 부정적 홍보를 할 것입니다.

3. 당신의 비즈니스로 혜택을 본 사람들

당신의 비즈니스로 혜택을 보는 사람들이 있을 것입니다. 당신이 비즈니스에서 이익을 얻으면 자신들도 그만큼 비즈니스에서 이익을 얻는 사람들입니다. 제품 공급자와 판매자의 관계를 예로 들 수 있습니다. 당신이 교재를 판매한다면, 그것을 인쇄하는 인쇄업자는 당신과 거래로 이익을 얻습니다. 그 외에도 당신 가까이에서 비즈니스를 하는 관련업계 사람들은 당신의 고객 덕분에 이익을 얻을 가능성이 있습니다. 당신이 가족용 피트니스 센터를 경영한다면 건강에 좋은 메뉴를 제공하는 근처 레스토랑이 혜택을 볼 가능성이 있습니다. 이들은 당신에게 리퍼럴을 제공함으로써 자신들도 분명히 이익을 얻을 수 있습니다.

4. 당신이 어떤 형태로든 거래하는 사람

당신의 비즈니스가 치과 치료, 미용, 자동차 정비와는 관계가 없을지도 모릅니다. 하지만 당신은 치과의사, 미용사, 자동차 정비사와 거래한 적이 있을 것입니다. 당신이 이들의 비즈니스에 공헌하면 이들은 당신에게 호의적으로 바뀔 것입니다. 당신을 고객으로 남게 하기 위해서라도 당신의 비즈니스에 협조해줄 것입니다. 이들의 서비스를 일정 기간 계속 이용한다면 이들은 당신의 비즈니스에 대해 알 뿐만 아니라 당신을 신뢰할 수 있는 사람이라고 인식할 것이 분명합니다. 잠재고객에게는 이 정도만으로도 정보로써 충분히 가치가 있습니다.

5. 직원 · 스태프

고객 이외의 사람들 중 당신의 직원만큼 당신의 상품/서비스에 대해 잘 아는 사람은 없습니다. 영업이나 마케팅 직원을 말하는 게 아닙니다. 영업 직원이나 마케팅 직원은 원래 판매를 늘리기 위해 고용된 사람들입니다. 여기서 말하는 직원은 파트타임 또는 풀타임으로 회사 운영이나 생산 혹은 그 외의 일을 담당하는 사람들을 말합니다. 이들이 당신의 비즈니스에 대해 친구나 이웃, 동료, 그 외 일상에서 만나는 사람들에게 이야기함으로써 당신의 비즈니스를 후원해줄 것입니다.

그런 만큼 직원이나 스태프의 만족도를 유지해야 합니다. 불만을 가진 스태프는 비즈니스에 엄청난 악영향을 줍니다. 이들이 회사나 업무에 대해 만족도를 유지하게 하는 비결은 새로운 일을 가르칠 때 변화나 바뀐 방향에 대해 사전에 그들에게 자세히 설명해주는 것입니다. 또한 과거의 스태프도 소홀히 하지 마십시오. 당신의 회사에서 일한 적이 있다면 언제라도 그 기억이 잠재고객과 대화에서 화제가 될 수 있습니다.

6. 당신이 리퍼럴을 제공한 사람

당신이 리퍼럴을 제공한 사람은 당신에게도 리퍼럴을 제공할 의향이 있을 것입니다. 리퍼럴은 다른 사람에게 줄수록 얻는 것도 많아집니다.

7. 당신에게 리퍼럴을 제공한 사람

당신에게 리퍼럴을 제공하거나 다른 사람에게 당신을 소개(네트워킹 목적이나 조언을 받을 목적으로)한다면 이는 당신의 인성이나 일을 높게 평가한다는 것을 행동으로 보여주는 것입니다. 그렇지 않다면 당신이 아닌 다른 사람을 소개했을 테니까요. 이러한 잠재적 리퍼럴의 원천을 잘 키워 나가야 합니다. 리퍼럴을 받는 것을 당연하다고 생각해서는 안 됩니다. 그들에게 잠재고객을 소개해 행동으로 감사의 마음을 표현하십시오. 그러면서 앞으로도 리퍼럴을 제공해 달라고 부탁하십시오. 그들이 호의를 베푼다고 긴장을 풀고 일을 대충 처리해서는 안 됩니다. 그들의 신뢰를 얻은 상품/서비스의 수준을 유지해야 합니다.

8. 비즈니스 리퍼럴 그룹의 동료

　리퍼럴 그룹은 멤버 간에 '리드(예상 신규 고객, 잠재고객에 관한 단순 정보)'나 리퍼럴을 교환하는 것을 주요 목적으로 설립되게 마련입니다. 보통 이들 그룹은 매주 미팅을 하고 네트워킹이나 리퍼럴을 교환하는 시간이 있습니다. 리퍼럴 그룹의 멤버가 되는 목적은 잠재적인 신규 고객을 만나는 발판을 만들기 위해서입니다. 리퍼럴 그룹에서는 종종 한 가지 업종 또는 한 가지 전문분야의 멤버를 한 명씩으로 제한하기도 합니다. 이는 안전한 환경에서 소통을 촉진하고 잠재적 갈등을 피하기 위해서입니다.

향후 미션

1 당신의 '상생직군'에 포함될 수 있는 업종을 가급적 많이 떠올리십시오.

2 다양한 네트워킹 모임에 참석하거나, 명함 파일 혹은 데이터베이스를 사용하거나, 리퍼럴을 제공하는 사업자를 재검토해 당신의 상생직군에 포함된 사람을 확인합니다.

3 다른 상생직군에 있는 사람 중 리퍼럴 교환이 가능할 듯 싶은 사람을 확인합니다.

4 확인한 사람들을 당신이 참여하는 네트워킹 그룹에 초대해 본격적으로 인간관계를 발전시키십시오.

Referral Marketing

④
네트워킹 능력 이렇게 업그레이드하라

강 세무사는 사무실을 접어야 할지도 모른다는 불안에 휩싸였습니다. 국세청에서 10년 넘게 일한 베테랑 세무 전문가로 실력은 누구보다 낫다고 자신하였습니다. 하지만 국세청을 나와 자신의 사무실을 연 후에야 고객은 제 발로 걸어 들어오지 않는다는 것을 뼈저리게 느꼈습니다. 세무사들은 다양한 방법으로 고객을 모읍니다. 네이버 지식인에 글을 달고, 블로그를 운영하고, 키워드 광고를 하기도 합니다. 하지만 가장 효과적인 방법은 네트워킹입니다. 로타리, 라이온스, 상공회의소 같은 단체에 가입해 활동하며 개인적으로 사업가들과 친해져서 고객으로 만들거나 다른 사람을 소개받습니다. 동창이나 지인들을 만나 소개를 받기도 합니다.

그러나 원체 수줍음이 많고 사람 많나는 게 익숙하지 않았던 강 세무사에게 네트워킹은 세무사 일보다 훨씬 어려운 숙제였습니다. 정글의 맹수같이 거친 사업가들에게 살갑게 굴면서 자기 서비스를 이용하라고 얘기하는 것은 사슴이 호랑이에게 가서 사이좋게 지내자고 하는 것처럼 터무니없어 보였습니다. 직원 두세 명이 있는 세무사 사무실을 안정적으로 유지하기 위해서는 기장을 하는 고객사가 적어도 100곳 이상 있어야 합니다. 강 세무사는 어찌어찌 60곳까지 고객을 늘렸지만 고객은 오히려 줄기 시작했습니다. 고객이 40곳까지 줄면서 직원들 월급 주는 것도 어려웠습니다. 사무실 사정이 어려운 것을 눈치 챈 직원 둘이 그만 두겠다고 했습니다. 사업이 바닥부터 무너지는 느낌이었습니다.

그때 지인의 제안으로 리퍼럴 마케팅 단체를 소개받았습니다. 강세무사는 절박한 마음으로 그 단체에 가입했습니다. 그런데 알고 보니 사람이 이미 모여 있는 곳에 회비만 내고 들어가는 단체가 아니었습니다. 그 단체의 전문가는 회원들 스스로 자기를 중심으로 협업할 수 있는 사업가들을 모아 본인이 "직접" 팀으로 구축하도록 코칭하는 일을 했습니다. 모임에 지인을 초대하는 것은 강 세무사에게 너무 어려운 일이었습니다. 입을 떼기도 어려운데 어렵게 얘기를 꺼내면 대부분 거절했습니다. "아침 일찍은 못 일어나요." "거기 다단계 아니에요?" 사회생활 대부분을 국세청이라는 슈퍼 갑으로 일했던 강 세무사는 이런 거절이 힘들었습니다.

'이렇게 고생해서 사람을 모은다고 정말 고객을 소개받을 수 있을까?' 포기하고 싶었지만 강 세무사는 포기할 수 없었습니다. 처음에 좋은 리퍼럴 마케팅 팀을 만들어 보자고 의기투합했던 보험 세일즈, 유통회사 대표, 마케팅회사 대표 등 여덟 명의 사업가들과 수없는 거절을 당하며 좋은 사업가를 모으는 일을 하다 보니 마치 논산훈련소에서 같이 굴렀던 동기같은 전우애가 생겼습니다. 그는 이 사람들을 위해서라도 힘을 내자고 다짐했습니다.

연말결산 등으로 세무사가 잠도 못 자게 바쁜 2월에서 5월까지도 강 세무사는 팀에 지원하는 사업가들을 인터뷰하고 사람을 초대하는 일을 자진해서 했습니다. 기어들어가는 듯한 목소리를 바꾸어 자신감 있게 얘기하는 훈련을 했습니다. 다른 사업가들이 그의 헌신에 미안함과 동시에 큰 감동을 받았습니다. 그런 모습에 그에 대한 신뢰가 쌓이면서 한 명 두 명 그에게 기장을 맡겼습니다. 그런데 막상 일을 맡기고 보니 일을 꼼꼼하게 잘하고 고객 서비스가 훌륭했습니다. 동료들이 지인들을 소개해 주기 시작했습니다.

팀에서 활동한지 여섯 달도 안되어 강 세무사는 그런 소개로 고객을 20곳이나 늘릴 수 있었습니다. 그만 두겠다던 직원들도 다시 돌아오고 사업은 안정이 되었습니다. 지금도 강 세무사는 수줍음을 많이 탑니다. 하지만 그의 네트워킹 실력은 1년 전과는 비교할 수 없을 정도로 늘었습니다. 그의 매출이 변한 것처럼 말이죠.

14장

나의 네트워크를
더 파워풀하게 하라

    비즈니스 과정에서 갑자기 무언가 필요한 것이 생겼음에도 어디에서 정보를 얻을지, 누구에게 자문이나 지원을 구해야 할지 당황스러웠던 적이 있었지요? 드문 일도 아닙니다. '필요'라는 것은 실제로 절박해질 때까지 모르고 무시하는 경우가 많습니다. 사람은 원래 그렇습니다. 하루하루 일에 매여 있는 처지에서는 일어나지 않을 수도 있는 긴급사태까지 대비하며 살아가지는 못합니다.

    그렇다고는 해도 누구나 알고 있듯, '미리 준비하면 걱정이 없습니다.' 사실은 이 책에서 전하고자 하는 말도 대략적으로는 이와 비슷합니다. 여러 상황에 대비하다 보면 일이 터졌을 때의 보험에 그치지 않고, 리퍼럴로 사업을 키우는 데 필요한 인맥을 구축하고 유지하는 효과까지 있습니다.

긴급사태가 일어나지 않더라도, 이에 대비하기 위해 한 일이 전혀 쓸모 없지는 않다는 것이지요. 네트워크를 강화하는 효과가 있기 때문입니다.

네트워크가 얼마나 강한지는 그 네트워크의 가장 약한 부분이 얼마나 강한지에 따라 결정됩니다. 네트워크를 구축하는 가장 마지막 단계는 네트워크를 확대하고 강화해 더욱 가치 있는 것으로 만드는 것입니다. 즉, 더욱 긴밀한 네트워크를 만드는 것입니다. 이를 위해서는 다음의 3가지 방법이 도움이 됩니다.

1. 네트워크를 자신에게 맞게 바꾼다.

제 11장, 제 12장, 제 13장에서는 '정보 수집을 위한 네트워크' '정서적 지지를 위한 네트워크' '비즈니스 성공을 위한 네트워크' 등 세 종류의 네트워크에 대해 살펴보았습니다. 그러나 그 분류 기준에 얽매일 필요는 없습니다. 각자의 비즈니스나 업종에 맞게 추가해도 상관없습니다. 예를 들면 '산업 네트워크'라는 것을 추가해, 분류 기준으로 '함께 일한 엔지니어' '변리사 지인들' 등을 만들 수 있습니다. 추가한 네트워크나 멤버의 분류 기준에는 기존과 같이 적어도 3명씩 해당하는 사람을 찾아 놓으면 됩니다.

2. 자신의 네트워크를 구축한다.

네트워크를 구축하는 이유는 실질적인 매니지먼트 그룹을 만들기 위해서라는 것을 잊어서는 안 됩니다. 이 그룹은 당신이 계획을 세우거나 비즈니스를 성장시키고자 할 때 조언해줄 그룹, 문제가 생겼을 때 즉시 해결해 줄 수 있는 전문가들로 구성된 그룹입니다. 법률에 관한 조언이 필요한 경우 누구에게 연락하면 도움을 받을 수 있을지 미리 알고 있어야 한다는 뜻입니다. 그럴 때마다 전화번호부나 신문광고에서 찾는 것이 맞을까요? 다른 분야의 사업자(인쇄업자, 비서, 인테리어 디자이너, 경비원, 은행가, 여행사, 채무회수, 리쿠르팅 등)는 어떻습니까? 이들 분야에서 전문성과 경험을 겸비한 인물을 알고 있습니까?

하비 맥케이는 〈목마르기 전에 우물을 파라(원제: Dig Your Well Before You're Thirsty)〉는 책에서 무언가가 필요해지기 전에 공급원을 개척해 놓을 필요가 있다고 말합니다. 특정의 상품/서비스, 정보가 필요해지기 전에 이것을 공급할 수 있는 인맥을 쌓아 놓으면 시간과 돈을 절약하면서도 더욱 현명한 선택을 할 수 있습니다. 그리고 필요가 있기 전에 상품/서비스의 대략적인 가치나 비용을 알 수도 있습니다.

3. 부족한 부분을 채운다.

'정보 수집을 위한 네트워크' '정서적 지지를 위한 네트워크' '비즈니스 성공을 위한 네트워크'의 멤버를 정해두면 이들 네트워크의 틈새나 부족한 부분을 발견하기 쉽습니다. 그 분야를 전문으로 하는 사람을 확인해 놓는 것으로 네트워크의 부족한 부분을 메움과 동시에 네트워크의 다양성과 규모, 강도를 향상시킬 수 있습니다.

시작의 끝

지금까지 비즈니스 혹은 사업을 지원해줄 강력하고 다양한 팀(정보·지원·리퍼럴을 제공해줄 네트워크)을 만들 준비가 제법 진행된 듯합니다. 네트워크를 구성하고, 이 네트워크에 속할 멤버 후보를 고르고, 노력을 집중할 필요가 있는 부분에 초점을 맞추기 위해서는 이런 체계적 접근이 효과적입니다.

여기에서 몇 가지 의문이 생길 수도 있습니다. 적절한 사람을 선택한 걸까? 명단에 넣어야 할 사람을 빼놓은 것은 아닐까? 명단에 넣어서는 안 되는 사람을 넣은 것은 아닐까? 이들 의문에 대한 대답은 선택한 사람을 얼마나 아느냐, 자신의 비즈니스에 대해 얼마나 아느냐에 달려 있습니다. 어쩌면 그들에 대해 편견이 있었거나 중요한 일을 간과했을 수도 있습니다.

능동적 네트워킹과 수동적 네트워킹

다른 사람과 능동적 네트워킹을 한다는 의미는 다른 사람을 자신이 소속된 네트워킹 조직에 초대하고, 항상 여러 장의 명함을 들고 다니며 기회가 있을 때마다 그들에게 리퍼럴을 제공하는 것입니다. 다른 사람과 서로 이익을 주고받는 인간관계를 구축하는 의미도 있습니다.

누구나 자신에게 비즈니스를 제공하는 사람에게 비즈니스를 제공하고 싶을 것입니다. 그렇다면 보답할지 안 할지 알 수 없는 사람에게까지 비즈니스 기회를 제공해야 할까요? 업계에서는 그 사람 말고도 신뢰할 수 있는 수백, 수천 명의 사업자가 필요한 상품/서비스를 제공합니다. 보답하기 위해 반드시 상품/서비스를 구매해야 하는 것은 아닙니다. 그 대신 당신의 네트워킹 조직에 가입해 당신의 명함을 들고 다니며 당신의 상품/서비스가 필요한 사람을 소개해줄 수는 있습니다.

수동적으로 네트워킹을 한다는 의미는 상대방의 비즈니스를 가끔 이용하기는 하지만 어떤 이유에선지 그 사람과 능동적으로 네트워킹을 하지 않는 상태를 가리킵니다. 그 이유로는 상대방의 비즈니스 시장이 좁아서 도움을 주기 어려울 수도 있습니다. 네트워킹 조직에 가입할 의사가 없는 경우도 있습니다. 또한 비즈니스 거점이 멀리 있어 계속적으로 리퍼럴을 제공하기 어려운 경우도 있습니다.

향후 미션

1 당신의 '정보 수집을 위한 네트워크' '정서적 지지를 위한 네트워크' '비즈니스 성공을 위한 네트워크'에 속한 사람을 확인해 보십시오.

2 네트워크의 부족한 부분이나 약점을 찾아 우수한 멤버를 채워 더욱 우수한 네트워크로 만들어 나가십시오.

15장

내 회사를 협력사들의 '허브 기업'으로 만들어라

허브 기업

　다른 사업가와의 효과적인 커뮤니케이션은 리퍼럴을 기반으로 한 비즈니스를 구축하기 위한 중요한 토대입니다. 독립된 사업가들이 모여 서로 제휴하면 각각의 조직을 가장 효과적으로 움직일 수 있습니다. 그때 중심적 위치를 차지하는 기업을 '허브 기업'이라고 부릅니다. 이렇게 사업가들이 협력관계를 구축하면 엄청난 경쟁력을 지니게 됩니다. 이렇게 협력관계에 있는 기업은 '상생기업의 관계(공생관계)'가 됩니다. 공생관계가 상생업종과 다른 점은 협력관계인 기업 중 하나(가장 바람직하게는 당신의 회사)가 연합체를 결속시키는 '허브(중심)'가 된다는 점입니다.

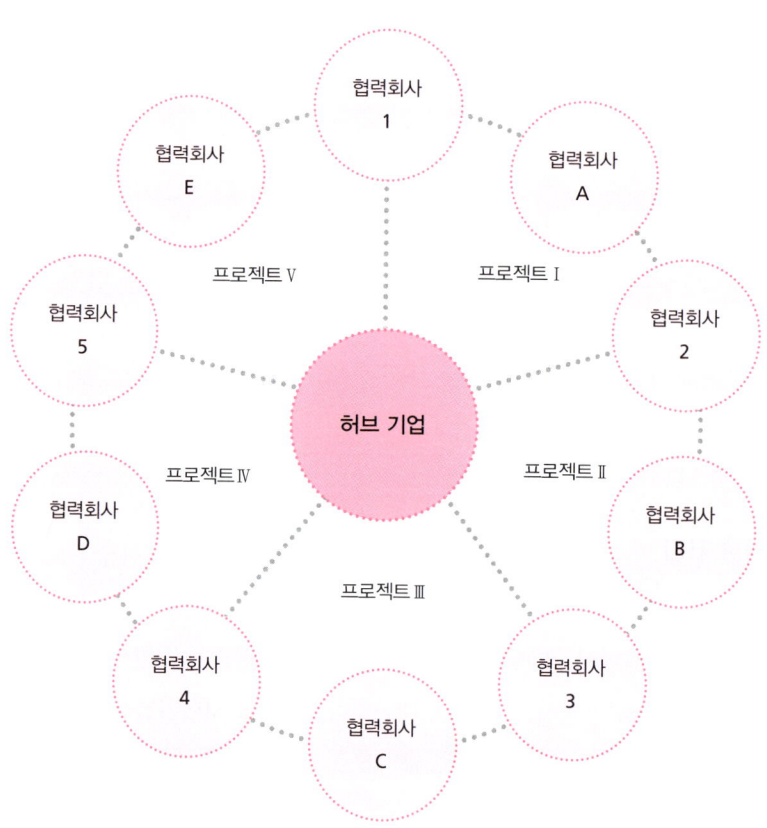

허브 기업 네트워크는 보통 여러 영역의 전문가(또는 당신의 회사가 직접 공급할 수 없는 자원)가 필요한 컨설팅 업체처럼 보입니다. 허브 기업 네트워크는 당신의 회사가 단독으로 일할 때보다 상위 수준에서 운영되며, 더욱 우수한 서비스를 제공할 수 있습니다. 허브 기업이 되는 사업가의 예로는 종합건설업, 웨딩 플래너, 비즈니스 컨설턴트 등을 들 수 있습니다. 비즈니스 컨설턴트는 고객의 마케팅을 돕기 위해 그래픽 디자이너, 사진작가, 편집자를 데려와야 할 필요가 있을 수도 있습니다. 비즈니스 컨설턴트는 허브 기업으로서 여타의 업체를 모으는 역할을 하기 쉽고, 이미 이들 사업가와 신뢰관계를 구축하고 있을 수도 있습니다.

허브 기업 네트워크에서는 정기적인 리퍼럴 교환을 기대하기 어렵습니다. 허브 기업의 목적은 리퍼럴의 교환이 아닙니다. 더욱 전문적인 서비스를 제공하거나, 기업 간 '먹이사슬'의 정점에서 활동하거나, 자사의 경쟁력을 높이는 것이 목적입니다.

허브 기업 네트워크 중에는 상생업종에 포함되지도 않고 항상 리퍼럴을 제공할 수 없는 업종도 있습니다. 하지만 이들은 다른 방법으로 당신의 사업을 홍보할 수 있습니다. 자신의 뉴스레터에서 당신을 언급하거나, 당신에게 강연 기회를 줄 수도 있고, 당신의 상생업종 명단에 들 만한 사람을 소개하는 등으로 당신을 지원할 수 있습니다.

동굴족

당신의 회사를 허브 기업으로 만들기 위해서는 먼저 다른 사업가와 협력해 관계를 만들어가는 노력이 필요합니다. 로스앤젤레스에 사는 트레이너이자 컨설턴트인 진 콜은 다음과 같이 말합니다.

"대부분의 사업가는 동굴족입니다. 매일 동굴에서 동굴로 이동하면서 생활합니다."

진의 이 말을 해석하면 이렇습니다. 사업가는 매일 그들의 동굴(집)에서 하루를 시작해 바퀴 달린 작은 동굴(차)을 타고 큰 동굴(회사)로 향합니다. 하루를 그곳에서 보낸 후 다시 동굴(차)을 타고 곧바로 동굴(집)로 돌아갑니다. 그리고 그 다음날 똑같은 일을 반복합니다. 아이러니하게도 이런 사람이 "왜 리퍼럴을 받지 못하는 걸까?"라고 토로하기도 합니다. 단지 직장에 나타나는 것만으로는 리퍼럴을 통한 비즈니스를 구축할 수 없습니다. 이에 대해 윌 로저스가 적절한 비유를 했습니다.

"성공으로 가는 길에 있더라도 가만히 앉아 있기만 하면 차에 치여 버린다."

이런 동굴족의 사고에서 벗어나 허브 기업이 되고자 한다면 동굴에서 보내는 시간을 재검토해 성공으로 인도할 인맥을 구축하는 방법을 생각해 볼 필요가 있습니다. 비즈니스에서 장기적으로 의미 있는 관계를 만들려면 비즈니스 조직이나 비즈니스 네트워크 조직을 매개로 하는 것이 최선의 선택이라는 것은 잘 알려져 있습니다.

사업 규모에 관계 없이 하나의 네트워크만으로는 포괄적 리퍼럴 마케팅 프로그램을 실천할 수 없습니다. 우수한 재무설계사는 투자처를 분산하도록 조언합니다. 그럼에도 많은 사업가가 하나의 네트워크 조직에만 시간과 돈을 투자하는 모습을 자주 봅니다. 그러므로 몇 가지 종류의 다른 네트워킹 그룹에 가입하기를 권합니다.

지식 네트워킹 vs 이업종 네트워킹

대부분의 사업가들은 적어도 2종류의 공식적인 네트워킹 그룹에 소속돼 있습니다. 그 중 한 가지를 〈메가트렌드〉의 저자인 나이스비츠는 '같은 업종 네트워크'(또는 지식 네트워크)로 부릅니다. 나이스비츠에 따르면 네트워킹은 이 사회에 영향을 주는 열 가지의 '메가트렌드'(시대의 큰 흐름)중 하나라고 합니다.

지식 네트워크는 독학, 정보교환, 생산성과 직장생활 향상, 자원 공유를 촉진합니다. HR 협회나 소비자교육 네트워크처럼 업무상으로나 개인적인 공통의 관심에 근거한 조직은 지식 네트워크의 좋은 예입니다.

또 다른 종류의 네트워크는 이 글의 주요한 테마인 이업종 네트워크입니다. 전문분야나 직업을 달리하는 사람들이 모여 서로의 매출을 올리기 위해 네트워크를 구성합니다. 실제로 이업종 네트워킹의 첫째 목적은 리퍼럴을 통해 서로의 매출을 올리는 것입니다.

질 좋은 이업종 네트워킹을 한 사업가는 비즈니스의 대부분 또는 가장 질 높은 비즈니스를 리퍼럴을 통해 획득합니다. 이런 종류의 네트워크의 전형으로는 상공회의소, 국제청년회의소(JCI, Junior Chamber International), 여성경영자협회 등이 있습니다. BNI(Business Network International) 역시 훌륭한 이업종 네트워크의 전형이라 할 수 있습니다.

　당연하지만 각 단체는 나름의 장점과 약점이 있어서 서로 다른 방식으로 당신이 리퍼럴을 통해 비즈니스를 획득하도록 돕습니다. 그러므로 필요에 맞는 이업종 네트워크를 골라 가입하려면 우선 여러 단체의 구성, 구조를 잘 알아두어야 합니다. 당신은 과거에 비즈니스 조직에 가입했지만 생각만큼 도움이 되지 않았을 수도 있습니다. 리퍼럴로 매출을 올리려면 과거의 부정적 기억에 얽매이지 말아야 합니다. 주의 깊게 이 책이 제시한 프로세스를 실행하면 반드시 좋은 결과가 있을 것입니다. 이 프로세스가 잘 진행되는 이유는 다른 성공한 사업가와 인간관계를 구축하는 것에 기반하기 때문입니다.

　이 프로세스를 시작할 때 최선의 방법은 1개 또는 여러 개의 사업가 단체에 가입하는 것입니다. 그 외의 방법은 한 사람 한 사람 개별적으로 여러 사업가와 만나는 방법밖에 없습니다. 당연히 이런 방법은 '힘들게 일하는 것'일 뿐 '현명하게 일하는 것'이 되지 못합니다.

16장

비즈니스 네트워킹 그룹에 가입하라

네트워킹 그룹의 종류

비즈니스를 목적으로 하는 네트워킹 그룹은 7가지 정도로 분류할 수 있습니다. 시간이 허락한다면 이 가운데 적어도 3가지 그룹에 가입하기를 권합니다. 어떤 그룹에 소속되더라도 우리가 오랜 세월동안 성공적인 사업가들에게 가르친 다음의 교훈을 기억하십시오. 네트워킹(Networking)이란 단어는 그물(Net)과 일한다(Working)는 두 단어가 합쳐진 말입니다. 어느 모임이든 가서 가만히 앉아있거나 먹는 것만으로 충분했다면, 네트워킹이 아니라 네트시팅(Netsitting)이나 네트이팅(Neteating)이라 했을 것입니다. 그러니 어느 그룹에 속하더라도 적극적으로 미팅에 참가하십시오. 리퍼럴로

> 비즈니스를 목적으로 한 7가지 종류의 네트워킹 그룹
> 1. 교류를 목적으로 하는 네트워크
> 2. 리퍼럴 교환을 목적으로 하는 네트워크
> 3. 사회봉사단체
> 4. 업무 능력에 관한 단체(협회)
> 5. 소셜그룹 또는 비즈니스그룹
> 6. 여성단체 또는 지역·민족단체
> 7. 온라인 및 SNS를 이용한 네트워킹

비즈니스에서 성공하기 위해서는 소속된 네트워크에서 적극적으로 활동할 필요가 있습니다.

비즈니스를 목적으로 한 7가지 네트워킹 그룹

1. 교류를 목적으로 하는 네트워킹

　교류를 목적으로 하는 네트워크는 여러 전문가들이 모인 만큼 같은 직종의 멤버가 존재할 수 있습니다. 업종에 따른 멤버의 수에 제한이 없습니다. 일반적으로 월 1회 정도의 정기모임이 있고, 그 외에도 비공식으로 빈

번히 모임이 이루어집니다. 또한 미팅에서는 전문가를 초대해 비즈니스의 중요한 과제에 대해 강의를 듣거나 법률, 지역사회, 지역 비즈니스 프로그램 등의 사안에 대해 함께 의견을 나누기도 합니다.

이처럼 교류를 목적으로 하는 네트워크의 대표적인 것이 상공회의소입니다. 북미뿐만 아니라 세계 각지에 수천 개가 넘는 상공회의소와 그와 비슷한 종류의 조직이 활동하고 있습니다. 상공회의소에 참가하면 지역에서 활약하는 사업가와 인맥을 쌓을 수 있습니다. 수백 명이나 되는 사업가와 만나기 때문에 리퍼럴로 비즈니스를 성장시킬 수 있다는 이점이 있습니다.

상공회의소가 주최하는 모임이나 프레젠테이션 등은 좋은 인맥을 만들기 위해 빼놓을 수 없는 만남의 장소가 됩니다. 지역 상공회의소에 대한 자세한 사항은 가까운 상공회의소에 문의해 보세요.

상공회의소란?

상공회의소는 온갖 신규 비즈니스 및 조직을 멤버로 하는 경제 단체입니다. 시·도, 구, 두 단계로 구성됩니다. 전국 단위의 상공회의소는 시·도 및 구 단위의 상공회의소 설립을 지원하는 한편 비즈니스에 관한 의견을 전국적 수준으로 모아 정부에 제안합니다. 시·도 및 구 내에서 이뤄진 소규모 비즈니스용 프로그램에 관한 정보도 시·도 및 구 단위의 상공회의소가 제공합니다. 시·도 및 구 단위의 상공회의소는 지역 비즈니스 커뮤니티에 맞는 활동을 하고 경제발전, 커뮤니티 및 인재, 공통 공공활동에 관련한 프로그램을 제공합니다.

구 단위의 상공회의소에서 네트워킹은 그다지 도움이 되지 않는다는 사람도 있습니다. 저는 그런 말을 하는 사람들에게 반드시 이런 질문을 합니다. 모임에 정기적으로 참가하는가? 위원회 멤버가 되었나? 네트워킹 조찬회에 참가한 적이 있는가? 지역 상공회의소 책임자를 만난 적이 있는가? 상공회의소의 앰베서더(일의 양은 적지만 다른 사람에게 노출이 많이 되는 포지션)에 입후보한 적이 있는가? 대부분은 이런 질문에 '하지 않았다'고 대답합니다. 알아두어야 하는 것은 네트워킹은 연결(접촉) 스포츠라는 것입니다. 리퍼럴을 통해 비즈니스를 성장시키고 싶다면 자신의 껍질을 깨고 주위의 사업가와 지속적으로 연락을 취하려고 노력해야 합니다. 입회하는 것만으로는 성과를 얻을 수 없습니다. 가능한 한 정기적으로 다른 참가자와 의미 있는 접촉을 하려는 노력이 중요합니다.

일단 네트워킹 그룹에 참가했다면 그 조직의 수뇌부 역할을 감당하려는 노력도 필요합니다. 즉, 리더나 임원, 홍보대사가 돼보는 것입니다. 'VCP 프로세스'를 잊지 마십시오. 지도부의 역할을 감당하는 것으로 더욱 많은 사업가와 만나 깊은 신뢰관계를 키워 나갈 수 있습니다. 리더의 역할을 담당하면 멤버들과 접촉할 기회가 많아지고, 조직의 상층부와도 네트워크를 넓힐 수 있게 됩니다.

• 주의해야 할 함정

　많은 사람들이 한 가지 상공회의소보다 다수의 상공회의소에 참가하는 편이 훨씬 많은 비즈니스 기회를 갖게 되리라 생각하지만, 이것은 틀린 생각입니다. 같은 혹은 비슷한 성격의 그룹에 동시에 참가할 경우 얻는 이익은 언젠가부터 줄어들 것입니다. 이런 현상을 '수확체감의 법칙'이라고 합니다.

　그렇다면 어떤 방법이 최상일까요? 현재 속해 있거나 앞으로 참여할 네트워크 그룹에 더욱 깊게 참여해 보십시오. 당신이 혹은 당신의 회사 영업담당이 실제로 미팅에 나가 신뢰관계를 구축하게 될 조직이기 때문입니다.

2. 리퍼럴 교환을 목적으로 하는 네트워크

　서로 리퍼럴을 주고받을 목적으로 만남을 갖는 그룹입니다. 업종 혹은 전문분야별로 멤버를 한 명으로 제한하는 경우가 많습니다. 모임의 형태도 교류를 목적으로 한 네트워크에 비해 체계화돼 있습니다. 일반적으로 이런 종류의 네트워크에는 다음의 요소가 포함됩니다.

- 오픈 네트워킹
- 멤버 전원의 짧은 프레젠테이션
- 멤버 한두 명의 상세한 프레젠테이션
- 비즈니스 리퍼럴을 교환하는 시간

　이러한 종류의 네트워킹 그룹에서는 멤버들의 적극적인 활동이 요구됩니다. 미팅에는 제대로 된 의제가 따르고, 실제로 다른 멤버를 위해 준비한 리퍼럴을 교환하는 시간도 있습니다. 좋은 예가 BNI입니다, BNI는 필자가 1985년 설립한 네트워킹 그룹으로, 리퍼럴 교환을 목적으로 하는 네

BNI란?

BNI(Business Network International)는 1985년 창립되었습니다. 사업가들을 대상으로 리퍼럴을 교환하기 위한 체계적이고 전문적인 환경 제공이 주된 목적입니다. 오늘날 BNI는 전 세계에 수천 개의 지부를 두고 있으며, 이들 지부에서는 멤버 간에 수백만 건의 리퍼럴 제공됩니다.

한국에서는 2012년 저자(존윤)가 BNI 코리아를 본격적으로 시작하였으며 현재 한국 최대의 리퍼럴 비즈니스 협업 조직으로 성장하였습니다.

BNI가 가장 중요하게 여기는 것은 질 좋은 리퍼럴을 멤버에게 제공하는 일입니다. 이는 각각의 지부 내에서 비즈니스에서 강력한 신뢰관계를 구축하는 것으로 실현할 수 있습니다. 각 지부의 미팅은 체계화된 프로그램에 준거해 실시합니다. 멤버들의 프레젠테이션도 있어 유익한 리퍼럴도 교환됩니다. 멤버가 제공한 리퍼럴을 임원이 추적해 기록하는 것으로 지부의 활동과 성과를 측정합니다.

트워킹 그룹으로는 현재 세계 최대 규모를 자랑합니다.

　리퍼럴을 교환하는 것을 목적으로 하는 네트워킹 그룹은 사업주나 관계자가 리퍼럴 마케팅을 이용하여 비즈니스를 성장시키는 데 중점을 둔 환경을 제공합니다. 하나의 그룹 내에서 수백 명의 사업가를 만나는 것은 아닙니다. 그 대신 멤버들은 서로의 명함을 항상 소지합니다. 이로 인해 50명(소속된 그룹의 멤버 수 만큼)의 영업사원이 영업을 해주는 것과 같은 효과를 얻을 수 있습니다. 나아가 간단하게 얻을 수 없는 강력하고 장기적인 신뢰관계를 구축할 수 있습니다. 이런 종류의 네트워크 그룹 중 한 곳에 가입하기를 강력히 권합니다.

　당신의 '성실함'을 다수의 그룹에 분산시키는 것은 좋지 않습니다. 여러 군데의 리퍼럴 교환을 목적으로 하는 네트워킹 그룹에 동시에 가입하는 것은 많은 동료에게 할 수 없는 약속을 하는 것과 마찬가지입니다. 당신이 다른 그룹의 멤버들에게 똑같은 약속을 한다는 것을 동료들이 알게 된다면 어떻게 생각할까요? 배신감에 당신에게는 리퍼럴을 제공하지 않을 것입니다.

　하지만 리퍼럴 제공을 목적으로 하는 많은 네트워킹 그룹은 전문분야마다 한 명이라는 가입 조건을 제시합니다. 당신이 두 그룹에 소속돼 있다면 리퍼럴을 어느 쪽 멤버에게 제공해야 할까요? 두 가지를 생각할 수 있겠지요.

　우선 어느 한 그룹에만 리퍼럴을 제공하는 방법입니다. 하지만 이 방법은 다른 한 그룹에 제공하는 리퍼럴이 반으로 줄어드는 결과를 가져옵니다. 다른 방법은 두 그룹에 같은 리퍼럴을 제공하는 것입니다. 이 역시 결코 좋은 방법은 아닙니다. 다른 멤버들은 질 좋은 리퍼럴을 받았다고 믿겠지만 실제로는 그렇지 않기 때문입니다.

네트워킹 그룹에 가입하려 한다면 전국적 또는 국제적으로 전개되는 조직을 선택하십시오. 지역 내에서만 활동하는 독립된 그룹은 체계가 불안

많은 지부를 둔 큰 조직의 멤버가 되는 것에는 이점이 있습니다. 당신이 소속된 그룹에 대해 듣고 가입할 신입 멤버가 항상 존재하고, 다른 지부나 그룹의 멤버가 새로 들어오기도 합니다. '토스트 마스터즈 클럽(Toast Masters Club)' 등에서는 이런 현상이 실제로 일어나고 있습니다. 저는 이런 큰 조직에서 강연할 때면 반드시 참가자들에게 "멤버 이외의 사람으로부터 현재 소속된 그룹에 대해 처음 들었다면 손을 들어 보십시오" 하고 요구합니다. 그러면 거의 40% 정도가 손을 듭니다. 이것이 마케팅 효과를 공유할 수 있는 일의 장점입니다. 어떤 그룹의 멤버가 자신이 소속된 그룹을 홍보하면 다른 그룹도 함께 홍보하게 됩니다. BNI나 토스트 마스터즈 클럽 같은 큰 조직에서의 리퍼럴은 국경을 초월합니다. 리퍼럴을 교환하는 것을 목표로 하는 그룹에서는 새로운 멤버 몇 명이 새로 가입하면 기존 멤버 전원의 회비 합계액보다 훨씬 많은 금액의 비즈니스로 연결됩니다.

– 마이크 마세도니오

정할 뿐 아니라 조직의 지원이나 효과적인 정책의 미비로 얼마 지나지 않아 폐쇄되는 경우가 많습니다. 단순한 사교모임으로 변해 버리는 경우도 있습니다. 이런 조직일수록 가입 조건도 수월하고 회비도 저렴하기 때문에 처음에는 매력적으로 보이지만, 장기적으로는 잘해야 본전 정도의 결과밖에 얻을 수 없다는 것입니다.

최근의 일부 마케팅 서적에서는 자신의 지역에서 네트워크를 구축하라고 조언하기도 합니다. 그러나 이러한 방법은 시간이 충분하고 관리업무에 능통하다면 꽤 유익하겠지만, 그 외의 사람에게는 추천하지 않습니다. 이미 오랜 기간 활동하는 그룹이 다수 존재할 것이고, 이들 그룹에 참가하는 것으로 필요한 지원을 받을 수 있기 때문입니다. 기반을 갖춘 그룹에 참가하는 것이 효율적입니다. 조만간 해산할지도 모르는 그룹이 아니라 신뢰할 수 있는 그룹을 선택하라는 것입니다. 새로운 조직에서 올라가기보다 이용 가능한 기존 조직을 제대로 활용하는 것이 훨씬 유리합니다.

리퍼럴 제공을 목적으로 하는 그룹에서는 전문적인 환경에서 신뢰관계를 구축하는 것을 중점으로 합니다.

3. 사회봉사단체

비즈니스로 얻은 이익을 사회에 환원하는 기회가 되는 동시에 유익한 인맥을 만들어 PR 효과를 기대할 수 있는 것이 사회봉사단체입니다. 봉사단체를 통해 리퍼럴을 받아 비즈니스가 성장하는 경우도 많습니다. 지역사회에 공헌하는 것이 첫째 목적이지만, 사업가와 정기적으로 얼굴을 맞

국제 로타리란?

세계 최초의 봉사단체인 로타리는 여러 모습을 하고 있습니다. 멤버는 지역 클럽에 소속되고, 지역 클럽이 모여 국제 로타리의 멤버가 됩니다.

"로타리는 인도주의적 봉사를 제공하고 모든 직업의 높은 도덕적 수준을 고취하며, 세계 곳곳에서 선의와 평화를 확립하는 데 기여하는 일을 목표로 한 사업 및 전문직 업종의 지도자가 세계적으로 묶인 단체"라는 것이 공식적인 정의입니다.

멤버는 지역 사업가나 전문직에 근무하는 남녀로, '사회봉사의 이상'을 개인적, 직업적으로 사회생활과 연계하여 항상 봉사를 실천하도록 합니다.

매주 만남을 갖는 로타리 클럽은 수만 개를 넘고, 만남은 통상 아침 · 점심 · 저녁 식사와 함께 개최됩니다.

본래 로타리는 '비즈니스의 성공을 지원하기 위해 지인의 힘을 활용한다'는 것을 목표로 설립되었지만, 이 이념은 꽤 오래 전에 사라졌습니다. 현재의 로타리 클럽을 필두로 사회봉사단체들의 제 1의 목표는 지역사회에 대한 봉사입니다. 하지만 멤버들 간에 비즈니스도 발생합니다. 세계 각국에 존재하는 수천 개의 로타리 클럽에서 남녀를 불문한 멤버들이 활동합니다.

― 〈Focus on Rotary〉(로타리 인터내셔널 저)에서 발췌

대며 신뢰관계를 확립할 수 있는 최고의 기회가 되기도 합니다.

표면적으로 네트워킹 활동을 하는 것은 아니지만 리퍼럴로 비즈니스를 성장시키기 위해 꼭 필요한 장기적 우호관계를 쌓는 것이 가능합니다. 대표적인 것이 '로타리' '라이온스클럽' '키와니스' 등이 있습니다. 사실 여러 의미로 사회봉사단체는 네트워킹 조직의 원조라고도 할 수 있습니다. 사회봉사단체의 원조인 로타리가 설립된 것은 1905년입니다. 미국 시카고의 변호사 폴 해리스가 각 전문분야에서 한 명씩 소속된 멤버가 서로의 비즈니스나 다른 활동을 돕는 것을 목표로 설립했습니다.

대표적인 사회봉사단체
- 국제 로타리(www.rotary.org)
- 옵티미스트 인터내셔널(www.optimists.org)
- 키와니스(www.kiwanis.org)
- 라이온스클럽(www.lionsclubs.org)

사회봉사단체에는 지역에서 영향력이 있는 사람들이 속해 있기도 합니다. 때문에 장기간 멤버로서 활동하다 보면 이들 영향력 있는 사람과 친밀한 관계를 유지할 수도 있습니다. 그 결과 새로운 혹은 멤버에게만 공개되는 비즈니스 기회를 얻거나, 비즈니스에 관한 지원을 더욱 순조롭게 받을 수 있습니다.

1986년 저는 어느 사회봉사단체의 멤버가 되었습니다. 멤버가 되고 2개월 후 점심 모임에 참가했습니다. 모임에서는 동네 커뮤니티 센터를 건립

하는 프로젝트의 자금이 부족하여 단체의 자금조달위원회가 자금을 모으고 있다는 프레젠테이션이 있었습니다. 의미 있는 프로젝트라고 생각한 저는 50달러를 기부하고자 수표를 끊으려 했습니다. 바로 그때 발표자가 거금을 기부한 두 명의 멤버를 소개했습니다. 마침 그 두 명 모두 제가 앉은 테이블에 함께 앉아 있었는데, 무려 5만 달러씩 기부했다는 겁니다. 저는 50달러짜리 수표를 조용히 코트 주머니에 넣었습니다. 합쳐서 10만 달러를 기부한 2명과 같은 테이블에 앉은 제가 겨우 50달러를 기부하려 했다는 것을 들키고 싶지 않았습니다. 동시에 이들 멤버와 매주 모임을 함께 할 수 있어 행운이라는 생각이 들었습니다.

몇 년간 멤버로 활동한 저는 단체의 여러 멤버와 강한 신뢰관계를 형성할 수 있었습니다. 그러던 어느 날 점심 모임에서 저는 동석한 멤버에게 대출상담을 했습니다. 당시 구입하고 싶은 부동산이 있었기 때문입니다. 멤버 중 한 명이 "얼마가 필요하십니까?" 하고 물었습니다.

"15만 달러입니다."

"15만 달러라면 가능합니다. 언제 필요하십니까?"

"농담은 그만 두십시오."

"아니요. 저는 진심입니다. 당신을 오래 봐 왔고, 돈에 여유도 있으니까요. 언제 필요하십니까?"

"다음 주까지 준비되면 좋겠습니다."

"알겠습니다. 그럼 다음주에 차용증을 교환합시다."

"이자는 어떻게 됩니까?"

"친구 사이에 이자는 필요 없습니다. 자세한 것은 내일 이야기합시다."

저는 다음주 서류를 교환하고 필요한 돈을 빌릴 수 있었습니다. 어이없다고만 생각할 것이 아닙니다. 왜냐하면 저는 몇 년이나 사회봉사단체 모임에 참가해 관계 다지기를 해왔기 때문입니다. 그가 봉사단체 회장이었을 때 저는 위원회 의장으로 그를 지원했고, 그 활동을 통해 서로 잘 알게 되었습니다. 돈을 빌려줘도 좋다고 생각할 만큼 그가 저를 신뢰한 것은 이런 경험이 있었기 때문이라고 할 수 있겠지요.

어떤 비즈니스 단체도 마찬가지겠지만, 특히 사회봉사단체에서는 비즈니스 기회를 얻기 위한 인맥을 만드는 게 최종 목표가 아닙니다. 인맥을 만드는 것은 어디까지나 활동 과정의 하나일 뿐입니다. 네트워킹은 단발적 활동이 아닌 장기적으로 계속되는 과정입니다.

4. 업무 능력에 관한 단체(협회)

협회는 오래전부터 존재했습니다. 멤버는 특정 업계(예를 들면 은행·건축·인사·회계·건강산업 등)로 제한하는 경우가 많으며, 모임의 최대 목적은 정보와 아이디어 교환입니다.

네트워킹을 위해 이런 단체에 참가하는 경우, 잠재고객 또는 타깃과 시장이 존재하는 그룹을 선정할 필요가 있습니다. 그룹을 선정할 때는 자신의 우량 고객이 어느 그룹에 소속돼 있는지 물어보는 것도 좋습니다. 그렇게 하면 적게는 3~5개, 많으면 10~12개의 그룹을 간단하게 추릴 수 있을 것입니다.

우량 고객이 어떤 단체에 속해 모임을 지속한다는 것은 그 단체에서 큰 가치를 발견했거나 전략적, 경쟁적 장점이 있기 때문일 것입니다. 당신이 타깃으로 선택한 잠재고객도 많은 면에서 당신의 기존 고객과 같은 활동을 하기 때문에 앞으로 당신의 비즈니스가 필요할 가능성이 높습니다.

그런 협회의 멤버가 되면 잠재고객이 손에 닿는 범위 안에 있다고 할 수 있겠지요? 그렇지만 많은 협회에서는 특정 자격을 가진 사람만 멤버로 받아들이기 때문에 판매업은 등록하지 못합니다. 즉, 회계사협회에 등록하려면 회계사여야 한다는 뜻입니다.

하지만 현재는 많은 협회가 준회원제를 마련하려 합니다. 준회원을 모집해 더 많은 회비 수입을 거둬 정회원에게 더욱 다양하고 풍부한 거래처를 제공할 수 있기 때문입니다. 준회원은 어떤 협회가 한정한 비즈니스나 전문직종이 아니어도 등록할 수 있습니다. 판매업자를 회원으로 받아들이는 단체에서는 경쟁이 치열하겠지요. 많은 판매업자가 동시에 특정한 의도를 가지고 정회원에게 접근하기 때문에 정회원들이 마다하는 경우도 있습니다.

타깃으로 하는 시장을 가진 단체가 아니라 자신의 전문분야 협회의 회원이 되는 것도 효과가 있습니다. 같은 전문분야라고는 하지만, 조금은 분야가 다른 회원이나 큰 프로젝트를 맡아 지원이 필요한 회원과 연결되어 비즈니스 기회를 얻을 수도 있습니다. 양질의 리퍼럴이란 어디에서 날아올지 예상할 수 없기 때문에 이런 기회를 소중하게 여기십시오.

또한 자신의 전문분야 협회에서는 동종 업체의 회원과 함께 활동하기 때문에 그들의 광고책자나 프레젠테이션을 보고 참고할 기회도 얻을 수 있습니다. 동종 업체의 장점을 주의깊게 관찰해 자신의 팸플릿이나 명함, 프레젠테이션을 개선할 수 있습니다.

이런 단체의 예로는 다음과 같은 단체를 들 수 있습니다.

- 인사협회
- 보험대리점협회
- 전문행사주최자협회
- 법조협회(변호사회)
- 의사협회
- 전문연설가협회

　구 단위에서는 지역신문의 비즈니스 관련 이벤트란이 여러 분야의 네트워킹(점심모임 등)에 관한 정보의 보고라고도 말할 수 있습니다. 신문에는 모임이 열리는 그룹의 이름, 모임의 장소, 참가비, 의제, 대표자의 이름과 전화번호까지 모두 실려 있습니다.

5. 소셜 그룹 또는 비즈니스 그룹

　비즈니스나 사교를 목적으로 하는 새로운 그룹은 거의 일상적으로 탄생합니다. 독신자 혹은 사업가를 대상으로 하는 단체에서는 사교 활동과 비즈니스나 네트워킹을 조합한 활동을 합니다. 일에만 치우치지 않고 여가도 즐길 수 있는 네트워킹을 해볼 기회도 있습니다.
　일과 사교를 조합한 활동에 관심이 있다면 청년회의소의 활동이 맞겠네요. 대부분의 청년회의소는 목적의식과 프로 정신이 높은 사람들이 모여 있습니다.

6. 여성단체 또는 지역 · 민족단체

여성단체나 지역 · 민족단체도 네트워킹 분야에서 중요한 단체 중 하나입니다. 여성사업가가 늘어난 1970~80년대는 남성 전용 네트워킹 그룹에 여성이 들어가는 것이 어려웠습니다. 때문에 많은 여성들 스스로 네트워킹과 지원 제공을 목적으로 조직적이고 체계적인 여성단체들을 설립했습니다. 이들 단체는 대부분 사회봉사를 목적으로 하는 단체가 아닌 네트워

비즈니스를 목적으로 하는 여성단체 또는 지역 · 민족단체의 체계나 구성은 다양하고 복잡하지만 공통점은 네트워킹뿐만 아니라 교육 및 업무능력 개발을 목적으로 한다는 점입니다. 교류를 목적으로 하는 네트워크가 있다면 리퍼럴을 목적으로 하는 그룹도 있습니다. 예를 들면, 건설업계에서 일하는 여성들의 모임으로 범위를 한정한 협회의 형식을 취한 곳도 있습니다. 멤버가 됨으로써 얻을 수 있는 특전은 그룹에 따라 다릅니다.

많은 여성에게 이런 그룹은 안심하고 비즈니스를 성장시킬 수 있는 환경입니다. 놀랍게도 남성의 가입을 허가하는 여성단체도 존재합니다. 남성이 전문가로서의 의식을 가지고 행동하는 것이 전제됩니다만, 여성 사이에서 몇 안 되는 남성 멤버는 눈에 띄기 때문에 가입하면 좋은 인맥을 쌓는 것도 가능합니다.

킹을 목적으로 하는 단체입니다. 실제로 많은 단체가 네트워킹을 중심으로 활동하고, 그 외의 활동은 부수적으로 수행합니다.

7. 온라인 및 SNS를 이용한 네트워킹

비즈니스의 관점에서 이상적인 SNS 사용법은 자신을 브랜드화하고 온라인상에서 만난 사람에게 신뢰를 얻기 위한 도구로 사용하는 것입니다. 온라인상에서 만난 사람이나 팔로워에게 가치 있는 정보를 제공할 때는 개인적 견해를 적절히 섞어 균형을 맞춰 발언함으로써 신뢰관계를 구축하는 것이 중요합니다. 신뢰관계의 중요성은 직접 얼굴을 마주하는 네트워킹이나 온라인 네트워킹이나 다르지 않습니다.

SNS에서는 전략을 세우는 것이 중요합니다. 온라인 마케팅을 할 현실적인 시간을 확보해 일관성을 유지하는 것이 열쇠입니다. 계획성 없는 인터넷 사용은 여기저기 되는 대로 클릭하는 경향이 있는데, 그러다 보면 시간은 눈 깜짝할 새 지나가 버립니다. 아무것도 하지 않은 채 두세 시간이 지나가도록 해서는 안 됩니다. 이런 상황에 빠지지 않으려면 우선 계획을 세워 실행해 봅시다. 그리고 SNS를 사용하는 빈도와 시간을 정합니다.

SNS에 투자할 구체적 날짜와 시간을 일주일 단위로 계획합니다. 현실적이고 자신의 비즈니스에 의미 있는 계획을 세워 그것부터 실행합니다. 트위터를 예로 들어 봅시다. 매일 9시, 13시, 17시에 한 번씩 글을 올리고, 매주 월요일과 수요일 10시, 15시에 10분씩 댓글을 쓰기로 정하는 식입니다. 수요일과 목요일 10시와 15시에는 각각 10분씩 도움이 될 만한 글을 리트윗해 공유하거나 자신의 글을 리트윗해준 사람에게 감사를 전합니다.

이런 식으로 시간을 나눠 자신의 상황에 맞는 SNS를 사용한 마케팅 전략을 세울 필요가 있습니다.

다음으로는 시간을 유용하게 활용해야 합니다. SNS에 들이는 노력과 시간을 줄이기 위한 방법도 많으니, 이들을 활용합시다. 예를 들면, 같은 내용의 업로드를 트위터나 페이스북을 포함하는 다수의 SNS에 한 번에 모아서 올려주는 사이트도 있습니다. 페이스북이나 트위터 등 다수의 계정을 하나의 데스크톱 어플로 모아주는 웹사이트도 존재합니다. 어플을 사용해 모든 SNS 계정에 업로드하고, 게다가 '친구'의 글이나 반응을 관람할 수도, 자신의 글을 올릴 수도 있습니다. 이런 기능을 사용하면 다수의 소셜 네트워크에 로그인할 필요 없이 모든 계정을 한 번에 관리할 수 있습니다.

사전에 업로드할 글을 설정해 시간이 되면 자동으로 업로드해주는 웹사이트도 있어서 온라인 상태가 아니어도 업로드가 가능합니다. 저도 늘 이동시간이 많고 항상 온라인만 할 수 없기 때문에 이런 기능들을 유용하게 활용합니다.

당신이 온라인 네트워킹에 투자한다면 그만큼의 결과를 간절히 원할 것입니다. 중요 포인트는 앞에서 말한 것처럼 "네트워킹은 사냥보다 농사에 가깝다"는 것입니다. 이것은 온라인 네트워킹에서도 마찬가지입니다. 네트워킹이란 신뢰관계를 키워가는 것, 즉 시간을 들여야 합니다. 당신이라는 브랜드에 대한 신뢰는 하루아침에 쌓이는 것이 아닙니다.

온라인상에서의 투자수익률(ROI)은 다음 (1)투자한 돈(온라인상의 유료 마케팅) (2)투자한 시간 또는 노력(유익하다고 판단한 블로그 등 SNS에 존재감을 확립, 침투하기 위해 사용) 가운데 어느 한 쪽과 상관관계가 있습니다. 비즈니스타입에 따라 타깃을 좁혀 주력하는 것이 훨씬 효과적인 경우도 있습니다. 전체 접속자는 적어도 최종적으로 고객이 될 확률이 높은 경우도 많이 있기 때문입니다.

넓고 얕은 네트워크로는 비즈니스를 성장시킬 수 없습니다. 넓고 깊은 네트워크를 구축하는 것이 중요합니다. 온라인에서의 노출을 높여 진실한 대화를 나누는 것으로도 넓고 깊은 네트워크를 만들 수 있습니다. 시간을 들여 이런 노력을 쌓는다면 신뢰도가 높아지고 브랜드가 확립되어 매출을 늘릴 수 있을 것입니다. 최종적으로는 온라인 마케팅에서 나올 수 있는 최고의 ROI를 낼 수 있게 됩니다.

지금까지는 비즈니스에서 결과를 내기 위해 실천해야 할 효율적인 SNS 활용법에 대해 말씀 드렸습니다. 하지만 성공하기 위해서는 피해야 할 점도 있습니다. 이제부터 SNS를 사용한 네트워킹에서 가장 저지르기 쉬운 실수에 대해 말씀 드리겠습니다. 다음 다섯 가지의 실수를 피하기 위해 최대한 주의해 주십시오.

SNS를 사용한 네트워킹에서 가장 저지르기 쉬운 5가지 실수

1. 좋아하는 사이트에 시간을 너무 많이 들여 그 사이트가 시간 대비 최적의 결과를 내는지 정확하게 평가가 안 되고 있다.
2. 일 때문에 SNS에 접속함에도 신경은 온통 친구가 올린 재미있는 글이나 답신에 가 있다.

3. SNS에 관한 특정한 역할을 어느 시점에 타인에게 맡겨야 비용대비 효과가 좋을지 명확하게 판단할 수 없다.
4. 블로그, 페이스북, LinkedIn, 트위터 등의 계정을 만들어 놓기만 하고 업로드하지 않는다(정기적으로 신선한 주제를 올리는 것이 성공의 비결)
5. SNS가 대화의 장소임을 잊고, 단지 영업만 한다.

온라인 네트워킹은 대면 네트워킹을 보강하는 역할을 할 수 있습니다. 다만 너무 깊게 빠져들지 않도록 주의합시다. 효과 좋은 네트워킹은 관계를 넓히기보다 깊게 하는 것입니다.

나에게 맞는 네트워크를 선택하라

지금까지 여러 타입의 네트워크를 설명했습니다. 하지만 정기적으로 네트워킹을 위해 모임에 나갈 시간이 없다고 말하는 사람도 있습니다. 그렇다면 지금 당장 이 책을 집어 던지고 전화영업을 하면 됩니다. 더 많이 광고를 내기 위해 예산을 늘려도 됩니다. 그러나 리퍼럴을 통해 비즈니스를 성공시키기를 진심으로 바란다면 지름길은 없습니다. 계획적이고 체계적인 방법으로 네트워킹을 할 필요가 있습니다.

어떤 그룹에 참가해야 할까요? 진지하게 생각해서 시간과 노력을 들일 그룹을 선택해야 합니다. 열쇠는 다양성입니다. 하나의 네트워킹 그룹이 모든 필요를 충족시킬 수는 없습니다. 그러므로 하나의 그룹에 모든 자원을 쏟아 붓지는 마십시오. 균형 잡힌 그룹을 선택하기 위한 의식이 필요합니다. 비슷한 그룹 여러 곳에 가입하는 것도 피하십시오. 공동 경영자나 비즈니스 파트너, 종업원 등이 속한 그룹을 살펴보고 가입할 그룹을 선택하는 것도 방법이겠지요.

당신이 사업가가 아니라 직원일 경우

당신이 어느 회사의 직원이라면 네트워킹 그룹에 참가하는 것으로 비즈니스를 성공시킬 수 있다고 고용자를 설득해야 합니다. 저는 고용주를 설득하는 것이 가능하다는 것을 경험을 통해 증명할 수 있습니다.

어느 날 저는 한 은행의 지점장을 만났습니다. 그는 BNI에 참가하는 것이 지점에 큰 이익이 될 것이라고 자신의 상사를 열심히 설득했습니다. 상사는 부하직원이 외부 모임에 나가는 것에 소극적이었지만 시험 삼아 그의 BNI 가입을 허가했습니다.

수개월 후 지점장은 멤버로부터 매우 질 좋은 리퍼럴을 받았습니다. 소개받은 사람은 자신이 이용하는 은행의 서비스에 만족하지 못하는 남성이었습니다. 지점장이 그 남성의 직장으로 방문했더니 그 남성은 현재 이용하는 은행에 대한 불만을 토로했습니다. 지점장은 자신의 은행은 서비스에 자신 있다고 열변을 토하며 뭔가 문제가 있으면 집에서든 직장에서든 언제든 연락 가능하도록 자신의 연락처를 알려주었습니다.

이틀 뒤 오전 9시, 그 남성은 수표장과 예금통장을 가지고 지점을 방문했습니다. 지점장은 입구에서 그를 맞이하고 지점까지 직접 와준 것에 감사함을 전했습니다. 남성은 지점장의 태도에 감복하여 모든 계좌를 지점장의 은행으로 옮기겠다고 했습니다. 남성의 예금액은 당좌예금계좌, 보통예금계좌, 투자용 계좌 등을 모두 합쳐 95만 달러나 되었습니다. 지점장은 깜짝 놀랐습니다. 모든 계좌의 이동을 완료하고 나서 그 남성은 지점장을 소개해준 자신의 친구에게 고맙다는 말을 전했습니다.

저는 이 이야기를 남부 캘리포니아에서 지점장과 같은 계열의 은행에 근무하는 지점장들이 연이어 제게 전화하는 바람에 알게 되었습니다. 이들 지점장은 모두 그 지역 BNI 지부에 관해 알고 싶어 했습니다. 알고 보니 무려 95만 달러의 리퍼럴을 받은 지점장이 상사에게 리퍼럴의 출처에 대해 설명하자 상사가 휘하의 모든 지점장에게 2주 이내에 각 지역 BNI 지부에 가입하라고 지시했다는 것이었습니다.

이 상사는 처음에는 휘하 지점장의 BNI 가입에 소극적이었습니다. 즉, 사업주가 아닌 직원인 경우 네트워킹 그룹에서 얻을 수 있는 혜택에 대해 설명함으로써 상사를 설득할 수 있습니다. 비교적 최근의 일입니다. 네트워킹 그룹에 가입하기를 원하는 한 영업사원과 이야기를 나눌 기회가 있었습니다. 회사의 상사는 회비를 내주지 않겠다고 선언했습니다. 영업사원은 "제가 우선 회비를 내고 30일 이내에 2건의 리퍼럴을 실제 매출로 연결시킨다면 회비를 내 주시겠습니까?" 하고 물었습니다. 상사는 "물론이지. 2건을 매출로 현실화시킨다면 회사에서 비용을 내주겠네"하고 대답했습니다.

이후 어떤 일이 일어났으리라 생각하십니까? 동기가 확실했던 이 영업사원은 약속한 30일이 지날 무렵 이미 3건의 리퍼럴을 매출로 연결하고,

나아가 네 번째 리퍼럴을 받은 상태였습니다. 그 영업사원은 제게 이렇게 말했습니다.

"결국 회사는 기분 좋게 회비를 내주었습니다. 바로 어제도 갱신 회비를 내주었습니다."

당신이 사업주가 아니라 영업사원이나 일반 직원이더라도 꼭 새 비즈니스를 소개받을 수 있는 그룹을 찾아보십시오.

가입할 네트워킹 그룹을 선택하라

리퍼럴 마케팅을 통한 결과는 가입하는 네트워킹 그룹에 직접 영향을 받습니다. 네트워킹 활동을 시작하는 5가지 비결을 소개하겠습니다.

우선 가입하고 싶은 혹은 가입할 필요가 있는 그룹의 종류를 특정합니다. 예를 들면 교류를 목적으로 하는 그룹, 리퍼럴을 목적으로 하는 그룹, 사회봉사단체 등의 그룹에서 각각 하나씩 가입하는 등 밸런스를 맞춰 선택하는 것이 중요합니다. 적어도 3개의 그룹에 참가해 보십시오. 단지 같은 종류의 그룹에는 복수로 가입하지 않도록 합시다. 가입한 그룹이 많을수록 좋다는 생각도 금물입니다. 3가지 이상의 그룹에 가입하는 것을 추천하지만 무턱대고 많은 그룹에 가입해야 하는 것은 아닙니다. 중요한 것은 가입한 그룹의 활동에 얼마나 적극적으로 참가하느냐이지, 가입하는 그룹의 수가 아닙니다. 효과 있는 네트워킹은 관계를 넓히기보다 깊게 하는 것입니다. 네트워킹에 사용할 수 있는 시간을 진지하게 고려해 참가할 그룹을 결정합시다.

둘째, 지역 네트워크 조직을 점검해 보는 것입니다. 조건에 맞는 그룹이 있다면 몇 개를 선택해 방문해 보십시오.

셋째, 가능한 한 많은 그룹을 방문해 그룹의 종류를 파악하십시오.

넷째, 방문한 그룹의 멤버로부터 체험담을 들어보십시오.

다섯째, 최종적으로 가입하기 전에 한 번 더 방문해 보십시오. 한 번의 방문으로는 그 그룹을 알기에 충분하지 않을 수 있습니다. 다만 가입하고자 하는 모임이 리퍼럴을 목적으로 하는 그룹이고, 당신의 전문분야 멤버가 공석일 경우 그 포지션을 다른 사람에게 빼앗기기 전에 빨리 가입할 필요가 있습니다(이 부분에 대해서는 다시 자세하게 설명하겠습니다).

결정을 망설이면 얻을 수 없다

BNI의 설립자인 저자의 경험에서 얻은 교훈을 소개하겠습니다.

각 전문문야에서 한 명밖에 가입할 수 없는 그룹을 방문했는데, 그 그룹이 마음에 들고 자신의 전문분야에 공석이 있다면 주저하지 말고 가입합시다. 몇 년 전 저는 코네티컷주 하트포트에 BNI 지부를 만들었습니다(BNI에서는 각 전문분야에 한 명밖에 가입할 수 없습니다). 발족 이벤트가 마무리될 즈음 두 명의 부동산업자가 구석에서 이야기하고 있었습니다. 저는 그들에게 다가가 가입할 의사가 있는지 물었습니다. 두 명은 서로 아는 사이인 듯했습니다. 그 중 한 명이 다른 한 명을 보고 물었습니다.

"어떻게 할까요? 당신은? 가입할 겁니까?"

"아직 정하지 않았습니다. 조금 더 생각해보고요. 당신은 어떻게 할 겁니까?"

"저도 아직 결정 못했습니다."

처음의 부동산업자는 이 말을 뒤로 하고 다른 일정이 있다며 그 자리를 떠났습니다. 그가 방을 나가기도 전에 남아있던 부동산업자는 말했습니다.

"가입하겠습니다."

그는 즉시 지부에 가입신청서를 제출했습니다.

이벤트가 끝나고 30분쯤 후 처음의 부동산업자로부터 전화가 왔습니다.

"생각해봤는데 가입하기로 결정했습니다. 찰리가 마음이 변해 가입한다고 말하기 전에 가입하겠습니다."

"죄송하지만 찰리는 당신이 그곳을 떠나기도 전에 가입 절차를 끝냈습니다."

"이런!"

불만을 토로한 처음의 부동산업자는 말했습니다.

"남아있는 자리를 원한다면 서두르지 않으면 안 된다는 것을 알게 됐습니다."

그때의 경험에서 저는 이전에 들은 이야기가 떠올랐습니다. 어느 날 사이 좋은 두 명의 라이벌이 숲을 걸어가고 있었습니다. 코너를 돌았는데 바로 앞에 큰 곰이 나타났습니다. 그 곰은 두 다리로 서서 울부짖었습니다.

키가 2m도 넘고, 무게는 400~500kg은 돼 보이는 그 곰은 한눈에도 화가 난 듯 했습니다.

두 라이벌 중 한 명이 천천히 배낭을 땅에 내려놓았습니다. 곰을 놀래키지 않게 하려고 천천히 배낭을 열어 운동화를 꺼냈습니다. 한쪽 신발을 신기 시작하자 다른 한 명이 속삭였습니다.

"이 곰은 힘도 엄청 셀 뿐 아니라 발도 빠를 것 같아."

"알고 있어."

처음 한 명은 한쪽 운동화를 다 신고 나서 다른 한쪽을 신기 시작했습니다.

"이런 종류의 곰은 단거리라면 시속 50km 정도도 달릴 수 있을걸. 우리는 이 녀석보다 빨리 뛰어서 도망칠 수 없어."

다른 한 명은 아무것도 하지 않는 것이 좋다고 말했습니다.

처음 한 명은 "그것도 알고 있어"라며 운동화를 다 신었습니다.

"알고 있다면서 왜 운동화를 바꿔 신는 거지?"

다른 한 명이 물었습니다.

"난 저 곰으로부터 도망칠 필요 없어. 너보다 빨리 달리기만 하면 돼."

처음 한 명은 이렇게 말하고는 등을 돌려 달리기 시작했습니다.

이 두 이야기로부터 얻을 수 있는 교훈은 라이벌에게 추월당하지 않으려면 결정을 주저하지 말아야 한다는 것입니다. 마음에 드는 리퍼럴 그룹에 공석이 있다면 망설이지 말고 가입하십시오.

시간의 투자

네트워킹을 통해 비즈니스를 성장시키는 비결은 더 많은 시간을 투자하는 것입니다. 물론 현실은 그렇게 간단하지는 않다는 것을 저도 압니다. 왜냐하면 성과를 내기 위해서는 적절한 사람들에게 적절한 일을 하는 데 시간을 써야 하기 때문입니다. '리퍼럴 인스티튜트'가 최근 비즈니스 네트워킹에 관한 조사를 했습니다. 네트워킹에 투자하는 시간과 그에 따른 비즈니스 양의 관계에 대한 조사였습니다. 그 결과 아래 그림과 같은 결과가 나왔습니다.

이 중에서 특히 흥미로운 결과를 소개하겠습니다. 조사에서 '자신의 사업 성공에 네트워킹이 도움이 된다'고 답한 사람은 주당 평균 6.5시간을 네

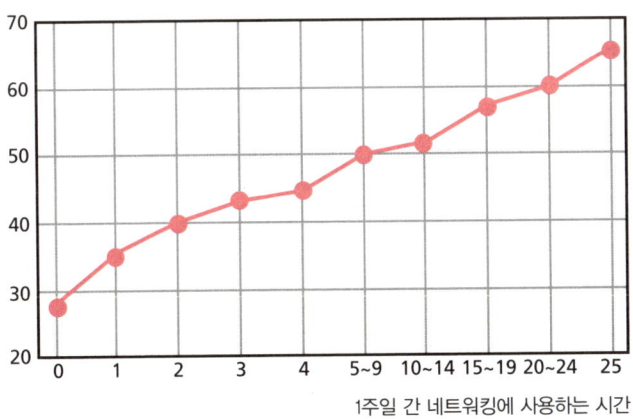

네트워킹에서 얻을 수 있는 비즈니스 성과의 비율

1주일 간 네트워킹에 사용하는 시간

트워킹 활동에 할애했습니다. 반대로 '자신의 사업 성공에 네트워킹이 도움이 안 된다'고 응답한 사람은 주당 평균 2시간 이하의 시간밖에 네트워킹에 사용하지 않았습니다.

결국 네트워킹에 사용한 시간과 네트워킹에 의한 비즈니스의 성장은 직접적인 상호관계가 있다는 것을 알 수 있습니다. 이 관계를 잘 알 수 있게 표시한 그래프를 봐주시길 바랍니다. 네트워킹을 통해 얻은 비즈니스가 차지하는 비율과, 네트워킹에 사용한 시간의 관련을 보여줍니다. 평균은 일주일에 5~9시간을 네트워킹에 사용하며, 이들은 비즈니스의 50%를 네트워킹에서 얻습니다.

일주일에 20시간 이상을 네트워킹에 투자한 사람은 비즈니스의 70% 가까이를 네트워크의 리퍼럴을 통해 얻습니다.

시간을 만들어라

네트워킹에 투자하는 시간에 대해서는 아무리 강조해도 지나치지 않을 정도입니다. 비즈니스를 목적으로 하는 네트워킹 그룹에 참가할 시간은 없지만, 비즈니스를 더욱 성장시킬 필요가 있다고 말하는 사람이 있습니다. 그런 사람들에게 저는 이렇게 말합니다.

"그렇습니까? 그렇다면 광고비용을 몇 배로 늘리시렵니까? 전화영업을 할 직원을 고용하면 어떻겠습니까? 그렇다면 네트워킹에 시간을 들일 필요가 없습니다."

질 높은 사업가와 정기적으로 얼굴을 마주하지 않는 한 리퍼럴로 비즈니스를 성공시키는 것은 불가능합니다. 네트워킹은 '접촉 스포츠'입니다, 단단하고 다양하며 신뢰할 수 있는 네트워킹을 위해서는 견고한 신뢰관계 구축이 전제돼야 합니다.

향후 미션

여러 타입의 네트워킹 그룹을 견학하고 다음과 같은 점을 고려해 봅시다.

1. 설립연도
2. 조직의 이념
3. 회원수
4. 멤버의 질
5. 네트워킹 이외의 다른 형태의 마케팅과 비교했을 때의 비용, 미팅의 빈도
6. 그룹의 멤버는 그룹에 대해 어떻게 느끼고 있는지
7. 그룹 전체의 인상

17장

나 대신 홍보하게 하라

누군가로부터 "비즈니스에 관해 도움이 필요하시면 연락주세요"라는 말을 들어본 적이 있지는 않으십니까? 그때 "감사합니다. 사실 몇 가지 부탁할 일이 있어서….'라고 대답하셨습니까? 아니면 "감사합니다. 그럼 부탁할 일이 생기면 연락 드릴게요"라고 대답하셨습니까?

대부분의 사람은 누군가 도움을 주겠다고 할 때 도움을 받을 만한 구체적인 준비가 되어 있지 않습니다. 자신이 필요로 하는 도움에 대해 충분히 생각해두지 않으면 기회를 놓쳐버리고 맙니다. 혹은 자신이 필요로 하는 특정 상품/서비스를 제공해줄 만한 사람과 연결되어 있지 않은 경우도 있습니다. 누군가가 도움을 주겠다고 할 때 필요한 도움에 대해 구체적으로 말할 수 있는 준비가 되어 있다는 것은 큰 장점입니다.

이 장에서는 비즈니스 또는 직업상 필요로 하는 것들에 맞춰 네트워크를 구축하는 방법을 알려 드리겠습니다. 문제가 발생하거나 'VCP 프로세스'를 발전시키고자 할 때 필요한 구체적인 지원을 제공해줄 수 있는 기업 또는 개인을 따로 정해 놓으십시오. 어떤 도움을 원하는지 미리 생각해 보는 것도 좋습니다.

도움을 받는 방법 - 도움을 주는 방법

구체적인 리퍼럴 마케팅을 위해서는 어떤 도움이 필요한지 혹은 원하는지 가능한 한 명확히 정리해 놓을 필요가 있습니다. 도움을 주는 방법은 많습니다. 비즈니스의 프로모션을 진행하거나 리퍼럴을 제공받기 위한 15가지 방법을 소개합니다. 간단하고 비용이 발생하지 않는 방법부터 복잡하고 비용과 시간이 필요한 방법도 있습니다.

1. 마케팅 자료나 상품을 전시한다

리퍼럴 제공자가 자신의 사무실이나 자택에 당신의 마케팅 자료나 상품을 전시하게 하는 방법입니다. 카운터나 게시판에 제품을 잘 전시해 놓는다면 방문객이 제품에 관해 질문하거나, 제품 관련 정보를 읽을 수도 있습니다. 방문객 중에는 당신이 준비한 자료를 다른 사람들에게 보여주는 사람도 있을 것입니다. 그렇게 된다면 당신의 인지도도 향상될 것입니다.

2. 정보를 퍼뜨리게 한다

리퍼럴 제공자로 하여금 당신의 마케팅 관련 정보를 유포하게 하는 방법입니다. 예를 들면 당신의 광고지를 우편물에 넣거나 회의 참가자에게 나눠 주는 것입니다. 어떤 세탁소는 클리닝 봉투 한 장 한 장에 근처 미용실 쿠폰을 붙여 주었습니다. 또 어떤 식료품점에서는 쇼핑 봉투나 영수증의 뒷면에 다른 사업자의 마케팅 메시지를 실어 주기도 합니다.

3. 공지하게 한다

리퍼럴 제공자로 하여금 모임이나 강연에서 당신과 관련 있는 행사를 소개하거나 당신의 상품/서비스를 공지, 게시하게 함으로써 당신의 인지도를 높이는 방법입니다. 당신을 초대해 직접 발표하게 할 수도 있습니다.

4. 행사에 초대하게 한다

각종 훈련이나 세미나는 당신의 기술이나 지식, 인지도나 인맥을 넓힐 기회입니다. 당신이 속해있지 않은 개인 모임 또는 비즈니스 단체의 행사나 프로그램에 당신을 초대하게 하십시오. 잠재적 인맥을 형성하거나 고객을 만날 기회가 될 것입니다.

5. 상품/서비스를 추천하도록 한다

당신의 상품이나 서비스에 어떤 좋은 점이 있는지 다른 사람들에게 이야기하게 하십시오. 또는 프레젠테이션이나 일상의 대화 속에서 당신을 추천하게 함으로써 다른 사람들로 하여금 당신의 상품/서비스를 이용하도록 설득하는 방법입니다. 당신의 사업 홍보용 노래를 녹음하거나 녹화해 자신의 홈페이지에서 활용한다면 더없이 좋겠지요!

6. 수상 후보로 추천하게 한다

사업이나 지역 활동에 뛰어난 실적을 남겼다면 관련 단체로부터 표창을 받을 수도 있습니다. 가치 있는 활동을 위해 무료로 시간이나 자원을 제공했을 때는 지인에게 부탁하여 당신을 관련 상의 수상 후보로 추천하게 하십시오. 지역을 위해 봉사하여 감사장을 받았다는 사실이 알려지면 인지도는 더욱 높아질 것입니다. 또한 말이나 지면으로 당신을 칭찬하는 입소문을 내도록 할 수도 있습니다. 나아가 새로운 상을 만들어 당신의 성과를 칭찬하게 할 수도 있습니다.

7. SNS를 활용하여 정보를 발신하게 한다

리퍼럴 파트너에게 페이스북, 블로그, 카카오스토리, Linkedin, 플락소(Plaxo)·트위터 등을 이용하여 당신에 대한 감사나 추천의 말을 하도록 만드십시오. 또한 당신의 웹사이트로 연결되는 링크를 걸게 하거나 당신의 신상품이나 새로운 서비스에 대해 알리도록 할 수도 있습니다. 그들이 보내는 메시지 내용은 당신의 동의를 얻은 것이어야 한다는 점이 중요합니다. 또한 그들이 온라인상에 올릴 수 있는 사진을 제공해줄 때는 항상 전문가다운 이미지를 고려해야 합니다.

8. 리퍼럴을 제공하게 한다

당신이 무엇보다 원하는 도움은 물론 리퍼럴을 제공받는 것입니다. 즉, 당신의 상품/서비스를 필요로 하는 특정 개인을 소개받는 것입니다. 또는 리퍼럴 제공자가 잠재고객에게 당신의 이름과 전화번호를 전달하게 하는 방법도 있습니다. 제공받는 리퍼럴이 늘어난다면 리퍼럴로 인해 얻는 비즈니스도 늘어날 것입니다.

9. 잠재고객과 접촉하게 한다

리퍼럴 제공자로 하여금 잠재고객의 전화번호나 주소를 단순히 당신에게 전달해 주는 것을 넘어 먼저 잠재고객에게 연락하거나 직접 만나 당신을 알리도록 하는 방법도 있습니다. 이렇게 하면 당신이 연락했을 때 잠재고객은 이미 당신에 관한 정보를 아는 상태에서 당신의 연락을 기다리고 있을 것입니다.

10. 잠재고객과 만남을 주선하게 한다

당신과 잠재고객의 만남을 주선하게 함으로써 신속하게 잠재고객과 인간관계를 구축할 수 있게 됩니다. 이때 미리 리퍼럴 제공자로부터 잠재고객에 관한 중요한 정보를 들어두면 좋겠지요. 또한 리퍼럴 제공자로 하여금 잠재고객에게 당신이나 당신의 비즈니스, 당신과 만나게 된 계기, 잠재고객과 당신의 공통점, 당신의 상품/서비스의 가치에 대해 이야기하도록 하십시오.

11. 잠재고객과 미팅 기회를 마련하도록 한다

당신이 반드시 만나야 할 사람을 소개받았을 경우 그 사람을 만날 수 있는 기회까지 제공받는다면 큰 도움이 될 것입니다. 전화나 그 밖의 방법으로 날짜와 장소를 정하게 하는 것을 넘어 리퍼럴 제공자까지 만남에 참가하도록 만드는 것이 가장 이상적입니다.

12. 제공한 리퍼럴을 관리하도록 만든다

당신과 잠재고객이 만난 후에는 그 만남을 지속적으로 관리하도록 만드는 방법입니다. 만남의 경과를 들려주고 궁금한 점이나 우려사항에 대한 답을 들으십시오. 당신이 신뢰할 만한 사람이라는 것을 잠재고객에게 말하도록 함으로써 잠재고객을 안심시키십시오. 또한 당신이나 당신의 상품/서비스에 대하여 잠재고객으로부터 들은 이야기를 전달받을 수도 있습니다. 이 피드백은 당신이 직접 물어보기 힘든 정보일 수 있습니다.

13. 당신에 대한 정보를 출판물에 싣도록 한다

당신이나 당신의 비즈니스에 관한 정보를 출판물에 싣도록 하는 방법입니다. 당신의 지인이 구독하는 출판물의 내용을 결정할 수 있는 자리에 있다거나 어떤 형태로든 영향력을 끼칠 수 있는 사람에게 당신이나 당신의 비즈니스에 관한 정보를 싣도록 하는 방법입니다. 예를 들면 어떤 협회에 속해 있는 사람에게 그 협회의 소식지 편집자를 설득하여 당신에 대한 기사를 싣도록 하는 것입니다.

14. 프로그램이나 이벤트를 후원하도록 한다

당신이 주최하는 프로그램이나 이벤트에 출자하거나 후원하도록 하는 방법입니다. 예를 들면 회의실이나 필요한 비품을 빌려주도록 만드는 것입니다. 또는 그들의 회사 이름을 사용할 수 있도록 허락하게 하거나 그 밖의 자원을 무료로 제공하도록 만드는 것입니다.

15. 당신의 상품/서비스를 판매하도록 한다

많은 도움 중에서도 특히 결과로 직결되는 방법은 당신의 상품/서비스를 판매하도록 하는 것입니다. 당신의 상품을 구입하겠다는 계약을 성사시키게 만든 후, 당신이 상품을 보내면 됩니다. 신속하고 성실하게 응대하다 보면 새로운 단골손님을 얻을 수 있을 것입니다.

마케팅의 1인자인 제이 에이브러햄은 비즈니스를 같이하는 사람들로부터 리퍼럴을 받아내는 절정의 기술을 보여줍니다(아래에 소개하는 사람들보다 더 영향력 있는 사람들을 모아 도움을 받는 것은 정말 어려울 것입니다). 나이팅게일 코난트사의 대표를 맡은 빅 코넌트는 '친구에게(Dear Friend)'라는 유명 이메일 매거진에 제이가 얼마나 극적으로 자신의 비즈니스와 인생을 변화시켰는지 소개했습니다. 그러면서 제이의 세미나 관련 자료를 동봉하며 독자에게 참가를 권했습니다. 세계적인 자기계발 전문가인 앤서니 로빈스도 자신의 독자들에게 비슷한 메일을 보내며 제이의 저서를 소개했습니다. 데니스 웨이트리는 제이의 오디오 테이프를 내보내 주었습니다.

친하게 지내는 기존 고객으로부터 당신의 상품을 사고 싶어하는 사람을 알고 있다는 연락이 왔다고 가정해 봅시다. 이때 당신은 어떻게 반응하면 좋을까요? 그 사람에게 전화를 부탁한다고 전해달라고 하는 것이 좋을까요? 아니면 그 사람의 연락처를 물어보는 것이 좋을까요? 어느 쪽도 정답이 아닙니다. 정답은 잠재고객이 높은 관심을 보이는 지금, 기존 고객으로 하여금 그 사람에게 당신의 상품을 판매하도록 유도하는 것입니다. 물론, 곧 만날 예정이라는 전제 하에 하는 말입니다.

그 밖의 지원

이외에도 비즈니스의 성공을 위해 지인에게 요청할 수 있는 지원이 있습니다. 예를 들자면 정보 · 조사 · 유통업자 · 인재 등에 관련된 지원입니다. 필요한 사항의 목록을 작성해 항상 가지고 다니십시오. 필요할 때마다 그때그때 적어 두어야 합니다. 제 11장에서 말한 것처럼, 자신의 필요와 그에 적합한 지원자를 연결하는 것이 필요한 지원을 얻는 핵심입니다.

필요한 것이 무엇인지 정확히 이해하고, 이를 손쉽게 참고할 수 있도록 목록으로 만들어 항상 가지고 다니다 보면 기회를 발견하거나 지원받는 일이 놀랍도록 간편해집니다. 또한 누군가가 "제가 도와 드릴 수 있는 일이 있다면 알려주세요"라고 했을 때 이전보다 훨씬 정리된 대응을 할 수 있을 것입니다.

절대 잊어서는 안 되는 것은, 이것은 쌍방통행이라는 점입니다. 이 장에서 소개한 15가지의 지원을 받을 수 있는 방법은 당신이 지인의 비즈니스를 돕거나 리퍼럴을 만들어 내기 위한 방법이기도 합니다. 지인이 필요로 하는 것을 목록으로 만들어 가지고 다녀도 좋을 것입니다. 그들의 목표달성을 지원하는 것은 효과적이며 서로에게 도움이 되는 인간관계를 만드는 데 크게 도움이 됩니다.

> **향후 미션**
>
> 1. 15가지의 지원 방법 가운데 실천하기 쉬운 3가지를 골라 당신의 가장 중요한 리퍼럴 파트너들에게 같은 방법으로 도움을 주겠다고 제안해 보십시오.
> 2. 그리고 당신에게도 똑같이 해줄 것인지 물어보십시오. Yes라고 대답하면, 그들이 더 쉽게 당신을 도울 수 있도록 도와줍시다.

18장

네트워킹 동료를
깊게 이해하라

하비 맥케이는 〈상어와 함께 수영하되 잡아 먹히지 않고 살아남는 법(원제: Swim with the Sharks Without Being Eaten Alive)〉이라는 책에서, 영업을 성공시키기 위해서는 고객에 대해 잘 알아야 한다고 말했습니다.

"정확한 지식으로 무장하면 매출, 매니지먼트, 동기, 협상 등의 경쟁에서 이길 수 있다."

리퍼럴을 성공적으로 만들어 내기 위해서도 리퍼럴의 소스, 즉 당신의 네트워크 멤버들에 대하여 잘 아는 것이 지극히 중요합니다.

여기까지 읽으셨다면 이미 당신은 당신의 네트워크에 끌어들이고 싶은 몇 사람의 명단을 만들었을 것입니다. 하지만 그들을 네트워크의 일원으로 끌어들이기 전에 먼저 올바른 선택을 했는지 평가해 봐야 합니다. 이들의 배경이나 전문성에 대한 정보와 추천은 정확한지, 각각의 사람과 인간관계는 어떠한지, 서로 얼마나 아는지, 상대를 충분히 신뢰할 만큼 아는지, 이들 한 명 한 명의 인간관계는 상생의 관계인지 등을 파악해야 합니다.

이 장에서는 네트워크의 멤버와 공유해야 할 5가지 정보에 대해 말하고자 합니다. 나아가 정보를 입수하는 방법과, 그것을 활용하여 새로운 사람과의 인간관계는 물론 기존 멤버들과의 인간관계를 강화하는 방법을 알아봅니다. 여기에는 다음과 같은 방법이 있습니다.

- 문제해결의 힘을 향상시킨다
- 가치 있는 자원에 대한 접근성을 향상시킨다
- 다른 사람에게 영향이나 영감을 불러일으킬 수 있는 능력을 키운다
- 자원을 더욱 효과적으로 활용한다
- 자신이나 지인에게 좋은 비즈니스 기회를 알아볼 수 있는 능력을 키운다
- 영향력의 범위를 확대시킨다
- 'VCP 프로세스'(제 7장 참조)를 발전시킨다

'게인스(GAINS) 교환'의 5가지 요소

누군가와 인간관계를 형성하고 싶을 때는 다음의 5가지 항목을 반드시 알아야 합니다. 이것은 사업상 알게 된 사람뿐 아니라 고용자, 종업원, 단

체의 리더나 멤버들, 그리고 사적인 지인에게도 적용됩니다. 이들 5가지 항목은 비밀스러운 것이 아닙니다. 눈에 잘 띄지만 거의 주목받지 못하는 것들입니다. 이러한 정보들을 공유하는 데서 얻는 이익에 대해 모르기 때문입니다.

아래 5가지 항목의 정보를 교환하는 것을 각각의 머리글자를 따서 '게인즈 교환(GAINS Exchange)'이라고 합니다.

1. Goals(목표)
2. Accomplishments(성취)
3. Interests(취미·관심)
4. Networks(인맥)
5. Skills(기술)

상대방의 GAINS를 파악하고 그것을 유효하게 활용함으로써 인간관계를 강화하고 더욱 강력한 조직을 만들어 나갈 수 있습니다. 더욱 보람 있고 생산적이며 즐거운 삶을 살 수 있게 됩니다. 물론 이 또한 쌍방향으로 작동해야 하므로 상대방의 GAINS를 알았다면 자신에 대한 똑같은 정보를 상대방에게 제공해야 합니다.

5가지 게인즈(GAINS)

1. 목표(Goals)

목표에는 돈에 관한 목표, 비즈니스의 목표, 학업의 목표, 그 외에 개인적 목표 등이 있습니다. 목표란 자신이나 소중한 사람을 위하여 달성하고 싶은, 그렇게 해야 할 필요가 있는 것을 뜻합니다. 이것들은 해결하고 싶은 문제이기도 하고, 결정하고 싶은 일이기도 합니다. 또한 당장 해야 하는 것일 수도 있고, 장기적으로 이뤄나가야 하는 것일 수도 있습니다.

- 10Kg 감량
- 사무실 이전
- 6개월 이내 전직
- 노숙자를 위해 1,000달러 모으기
- 매월 25명의 잠재고객 관리하기
- 올해 안에 200장의 책을 쓰기

어떠한 목표든 명확하고 구체적으로 정해야 합니다. 또한 다른 사람의 목표에 대해서도 명확히 이해해야 합니다. 상대방이 중요한 목표를 달성할 수 있도록 도와주는 것이야말로 인간관계를 구축하는 최선의 방법입니다. 그렇게 되면 당신이 목표를 달성하기 위해 도움이 필요할 때 그들 역시 당신이 도와줬던 사실을 기억할 것입니다. 그들을 도움으로써 당신은 그들 한 명 한 명에게 가치 있는 자원이 될 것이며, 그들과의 인간관계는 더욱 단단해질 것입니다.

친구나 직장 동료 중에는 당신이 목표를 달성하기 위해 필요한 정보나 자원을 가지고 있는 사람이 있을 수도 있습니다. 그들의 도움을 받기 위해서는 미리 당신의 목표를 그들에게 알려주어야 합니다. 그러니 당신이 원하는 것이나 필요로 하는 것을 명확히 정리해 두십시오. 이 장의 마지막에 기술한 'GAINS 프로필(이하 게인즈 프로필)'을 참고하십시오. 성취 · 취미/관심 · 인맥 · 기술을 목록으로 작성할 때도 이 프로필을 참고할 수 있을 것입니다.

2. 성취(Accomplishments)

상대방에 대해 알려면 그 사람이 달성한 목표나 프로젝트, 그 사람이 자신이나 다른 사람을 위해 한 일 등이 무엇인지 알아야 효과적입니다. 학생으로서, 종업원으로서, 조직의 일원으로서, 부모로서, 친구로서, 스포츠 팬으로서, 혹은 이웃으로서 등 어떠한 것이어도 상관없습니다. 이것들은 그 사람의 마음가짐이나 태도 이상으로 그 사람을 드러내 보여주기 때문입니다. 당신의 지식 · 기술 · 경험 · 성격 · 가치관 · 신조 등은 당신의 성취에 모두 반영돼 있습니다. 이는 채용담당자가 구직자의 가능성을 평가할 때 성취를 근거로 삼는 것과 같은 이치입니다.

신문이나 방송에 보도될 정도의 성취가 아니어도 괜찮습니다. 간단한 성취라고 할지라도 당신의 목표나 그 목표를 달성하는 방법에 대해 많은 것을 보여줍니다. 예를 들어 다음과 같은 것입니다.

- 글이 잡지에 게재되었다
- 벽돌로 벽을 세웠다
- 〈전쟁과 평화〉를 완독했다
- 저녁 메뉴로 프랑스 요리를 만들었다

- 4명의 아이를 키웠다
- 5마일을 걸었다
- 마케팅 플랜을 세웠다

사람들은 보통 자신이 자랑스러워하는 것에 대해 이야기하고 싶어합니다. 인맥에 넣고 싶은 사람과 가벼운 대화를 나누어 보십시오. 그들이 자신의 성취에 대해 한 이야기는 당신의 인맥에 적합한지 아닌지 판단할 수 있는 자료가 됩니다.

지인이나 새로 만나는 사람에게 자신의 성취에 대해 바로 이야기할 수 있도록 정리해 두십시오. 보통은 자신의 성취를 평가절하하기 쉽습니다. 그것이 겸손이라고 생각하거나, 높게 평가하기에는 성취가 부족하다고 여기거나, 자신의 성취에 만족하지 못하기 때문입니다. 하지만 반드시 기억해야 할 점은 다른 사람은 당신이 생각하는 것보다 당신의 성취를 높게 평가한다는 것입니다.

'게인즈 프로필'에 성취에 대해 기록할 때는, 특히 자랑스럽게 생각하는 것뿐만 아니라 당신이 이룬 성과를 모두 기록하십시오.

3. 취미 · 관심(Interests)

당신의 취미/관심(좋아하는 물건, 좋아하는 화제, 좋아하는 음악, 수집품 등)은 다른 사람과 관계를 형성하는 데 많은 도움이 됩니다. 일반적으로 사람들은 취미/관심이 일치하는 사람이나 관련 지식을 가진 사람과 시간을 보내

게인즈 프로필

자신이나 자신의 네트워크에 속한 사람, 또는 관계를 구축해 나가고 싶은 사람의 '게인스(GAINS, 목표·성취·취미/관심·인맥·기술)를 다음 서식을 이용해 기록해 두십시오. 다른 항목을 추가해도 됩니다. 사람마다 한 장의 용지를 사용합니다. 공간이 부족할 경우 페이지를 늘려도 좋습니다. 용지에 기입할 때는 어느 시점의 정보인지 알 수 있도록 날짜도 기입하십시오.

이름 율리시스 그랜트

날짜 1862년 4월 4일

목표 테네시 주 서부의 존 스톤 장군이 이끄는 군대와 대립을 완전히 끝낸다. 제프 스튜어트를 북쪽 군대에 영입한다. 대통령에 입후보한다(종전까지 기다리기).

성취 철물점을 경영하였다. 헨리 요새를 탈취하였다. 켄터키 주까지 진군하였다.

관심 시가담배, 버번위스키, 군대 역사

인맥 미국장군협회, 증류주 애호가클럽

스킬 대규모 비숙련 노동자 집단의 감독, 갈등을 만들어 내거나 해결하는 것, 물류, 재고의 최적화 관리고 싶어하기 때문입니다. 취미/관심에는 다음과 같은 것들이 있습니다.

- 스포츠
- 독서
- 머그잔 모으기
- 퀴즈 채널 보기
- 컨트리뮤직 감상
- 해외여행

다른 사람의 취미/관심이 무엇인지 안다면, 그 사람이 좋아할 만한 선물이 무엇인지도 알 수 있습니다. '선물'에는 상대방에게 가치 있는 정보도 포함됩니다. 상대방에게도 당신의 취미/관심을 알려주십시오. 취미/관심을 공유하는 것만으로도 강력한 인간관계로 발전할 수 있습니다. 취미/관심 중에서도 그 사람이 현재 열정을 쏟는 일이 가장 중요합니다. 다른 사람이 응원하거나 칭찬하지 않아도 하루 종일 하고 싶어하는 일 말입니다. 반드시 무언가를 잘해야만 열정을 갖게 되는 것은 아닙니다. 또한 당연한 말이지만 열정이 있다면 반드시 실력이 늘게 마련입니다.

당신의 취미/관심은 무엇입니까? 지금 당신이 열정을 쏟는 일은 무엇입니까? 당신이 가장 좋아하는 일은 무엇입니까? '게인즈 프로필'을 활용하여 당신의 취미/관심을 정리해 보십시오.

4. 인맥(Networks)

인맥에는 일적으로나 개인적으로 관련 있는 공식적 또는 비공식적 그룹 · 조직 · 기관 · 기업 혹은 개인이 포함됩니다. 특정 대학 출신이라면 그 대학은 인맥 중 하나가 됩니다. 대형 마트에서 일한 적이 있거나 딸이 걸스카우트에서 활동한다면 그 대형 마트와 걸스카우트는 인맥의 일부분이 됩니다. 심지어 어떤 특정한 해에 일어난 자연재해의 피해자라면 당신은 그 자연재해 피해자들의 인맥 중 한 사람이 되는 것입니다.

흔히 "무엇을 알고 있는지가 아니라 누구를 알고 있는가가 중요하다"고 말합니다. 이 아는 사람들에 '당신의 네트워크에 소속된 아는 사람들'을 덧붙일 수 있습니다. 우리 주위에는 활용하지 않는 사람들로 넘쳐납니다. 당신의 인맥 안에 있는 개개인은 대부분 여러 네트워크에 소속돼 있습니다. 당신의 인맥이 될 사람들 한 명 한 명은 직접 혹은 간접적으로 몇 백, 아니 몇 천 명의 당신이 알지 못하는 사람들과 연결됩니다. 이처럼 아직 보지 못한 인맥자원을 활용할 수 있다면 다음과 같은 일이 가능해집니다.

- 인맥 확대와 네트워킹으로 이익을 얻을 가능성을 극적으로 증가시키기
- 인맥이 제공할 수 있는 도움의 활용법이나 가치를 평가하기
- 가장 이득이 되는 인맥을 더욱 효과적으로 선택하기
- 인맥을 더욱 생산적으로 활용하기
- 인맥이 될 것 같은 사람에게 더욱 좋은 리퍼럴 제공자가 되기

5. 기술(Skills)

당신의 인맥에 속한 사람들의 재능이나 기술, 자원에 대해 알아두면 당신이나 당신의 지인이 도움을 필요로 할 때 질 좋은 서비스를 손쉽게 제공받을 수 있습니다. 다른 사람에게 당신의 기술을 잘 알리면 비즈니스 기회를 얻거나 단순히 인지도를 높이는 데 성공할 가능성이 높아집니다.

기술의 예
- 협상 기술
- 인터뷰 기술
- 예산편성 기술
- 자금조달 기술
- 판매 기술
- 운전 기술
- 하이킹 기술

경영자나 기업가가 되려 하거나, 개업을 구상 중이거나, 구직하려는 사람들을 오랫동안 지켜본 결과, 이들 중 많은 사람이 자신의 기술을 제대로 파악하지 못하고 있었습니다. 어쩌면 당신도 그러할지 모릅니다. 서비스를 제공하거나 일을 하면서 사용하는 지식이나 기술에 대해 스스로 의식하지 못할 수도 있습니다. 이 장 뒷부분에서 소개하는 '기술 목록'을 사용해 자신의 기술을 정확하고 온전한 목록으로 작성해 보십시오. 그런 후 '게인즈 프로필'에 옮겨 기록하십시오.

다음은 기술의 예입니다. 당신은 지금까지 일하면서 어떠한 기술을 사용하셨습니까? 당신의 기술 중에서 가장 강력한 것(가장 성공한 것, 잘하는 것)은 무엇입니까?

게인즈 프로필에 기술을 나열할 때는 먼저 다음에 나열한 것부터 시작하십시오. 그 다음 목록에 없는 기술을 추가하십시오. 물론 간단히 되지 않는 경우도 있을 것입니다. 하지만 개인의 취미/관심(혹은 열의를 가진 일이라면 더욱)이 무엇인지 알게 된다면 더욱 강력한 인간관계 구축에 활용 가능합니다. 특히 취미/관심이나 열정을 가진 일이 같다면 더욱 그러합니다.

- 조직 관리
- 자금 배분
- 정보 분석
- 조직의 니즈 분석
- 문제 분석
- 가치 평가
- 사교행사 기획
- 비품준비
- 회계감사
- 업무감사
- 브레인스토밍
- 서비스 평가
- 비품 관리
- 기록 보존
- 추천
- 조직 매니지먼트
- 상품·서비스 마케팅
- 중재
- 진행관리
- 종업원의 의욕 향상
- 교섭·계약
- 기계 조작

- 수치 데이터 처리
- 정밀도 점검
- 코칭
- 커뮤니케이션
- 데이터 편찬
- 회의 운영
- 컴퓨터 네트워크 구축
- 작업 조정
- 문자 주고받기
- 카운셀링
- 직장환경 구축
- 업무 위탁
- 정보시스템 설계
- 프로젝트 개발
- 프로그램 운영
- 정보 확산
- 상품 배부
- 편집
- 오락 제공
- 기준 설정
- 결과 평가
- 작업계획
- 설득
- 행동계획
- 광고
- 보고서 작성
- 아이디어 제안
- 프로그래밍
- 이벤트 프로모션
- 자산 보호
- 자금 조달
- 정보 기록
- 채용
- 비품 수리
- 조사
- 일정 짜기
- 판매
- 협의사항 작성
- 규정 작성
- 문제 해결
- 분쟁 해결
- 그 외 목록에 없는 기술

다른 사람의 게인즈를 알아두라

당신의 인맥에 들거나, 당신과 연관될 수도 있는 사람들의 게인즈 정보를 모으는 데는 몇 가지 방법이 있습니다. 모두 간단한 방법들입니다. 특별한 기술도 필요 없습니다.

이야기를 듣기

상대방에 대해 알 수 있는 가장 간단한 방법은 그 사람과 일상적인 대화를 하는 것입니다. 주의 깊게 상대방의 이야기를 듣다 보면 상대방이 해결하고자 하는 문제(목표)나 그 사람이 끝내고 싶어 하는 프로젝트(성취), 어제 본 농구시합(취미·관심), 변호사를 하는 딸의 이야기(인맥), 사용하는 소프트웨어(스킬) 등을 알 수 있습니다.

관찰하기

인맥에 넣고 싶은 사람에 대해 더 자세히 알고 싶다면 '탐정'이 되어 봅시다. 그 사람이 어디에 가는지, 누구와 시간을 보내는지 조사해 보십시오.

- 어떤 차를 타는지?
- 차에 붙인 스티커에는 뭐라고 적혀 있는지?
- 어떤 책을 읽는지?
- 입고 있는 옷은 무슨 색인지?

- 사무실 밖에서 만났을 때 무엇을 들고 있었는지? 테니스 라켓? 어린 아이? 가방? 비료포대?
- 번지점프장 이름이 적힌 티셔츠를 입었는지?

등 눈에 보이는 모든 것을 관찰하는 것만으로도 놀랄 만큼 많은 정보를 알 수 있습니다.

질문하기

인맥에 넣고 싶은 상대방과 친밀하고 열린 관계입니까? 그렇다면 그 사람의 게인즈를 알 수 있는 가장 간단한 방법은 직접 물어보는 것입니다. 너무 직접적이다 싶으면 대화를 하면서 간접적으로 질문하는 방법도 있습니다. 이번 주에 뭔가 재미있는 일이 있으셨나요? 최근에 좋은 영화 보신 적 있으세요? 올해는 어떠세요? 이러한 대화들은 우리가 보통 친구나 지인과 나누는 대화입니다.

자료 확인하기

상대방의 게인즈를 알 수 있는 또 하나의 방법은 상대방이 광고에 사용하는 자료들을 하나씩 검토해 보는 것입니다. 팸플릿 · 명함 · 소식지 · 보도자료 · 메모, 손에 넣을 수 있는 모든 것들을 말입니다. 상대방이 자신의 지식이나 기술로 책을 출판하거나 오디오/비디오 교재를 제작할 경우 그것을 입수하여 주의 깊게 살펴보십시오.

다른 사람에게 질문하기

당신의 인맥에 넣고 싶은 사람에 대해 알고자 한다면 그 사람과 관련 있는 사람이나 당신과 관련 있는 사람이 중요한 정보원이 될 것입니다. '형사'처럼 보이지 않도록 주의하면서 두 사람의 관계에 대해 물어보십시오. 예를 들면 다음과 같은 질문들입니다.

- ○○씨를 언제부터 아시나요?
- ○○씨를 얼마나 잘 아시나요?
- ○○씨와 어떤 일을 하셨나요?

당신의 게인즈를 알려라

당신이 먼저 당신의 게인즈를 상대방에게 제공한다면 상대방도 당신에게 자신의 게인즈를 제공하기가 쉬울 것입니다. 주도적으로 목표 · 성취 · 취미/관심 · 기술 등을 상대방에게 알려주십시오. 아마 상대방도 친절히 응할 것입니다. 현재 당신이 몰두하는 일에 관한 것부터 이야기를 시작하십시오. 그러고 나서 다음과 같이 물어보십시오. "이번 주 아니면 이번 달 당신이 우선적으로 하고자 하는 일은 무엇입니까?"

게인즈를 기록하라

관심이 있는 상대방의 게인즈가 무엇인지 알았다면 그것을 기록해 두십시오. 그렇지 않으면 중요한 정보를 잊어버릴 수 있습니다. 이 장 마지막 부분에 소개하는 '게인즈 프로필'을 활용하십시오. 게인즈 프로필을 가지고 있지 않을 때는 따로 자세히 메모해 두십시오(핸드폰에 음성을 녹음할 수도 있습니다). 각각의 요소에 G, A, I, N, S의 라벨을 붙여 알아보기 쉽게 정리합니다. 그러고 난 후 그 정보를 게인즈 프로필에 기록하거나 간단한 메모로 작성하여 상대방의 정보가 저장된 파일에 넣어 보관하십시오.

다음은 '게인즈 교환'의 가치에 대해 말해주는 저자 아이번 마이즈너의 체험입니다.

저는 예부터 '게인즈 교환'이 실제로 사업자 간의 네트워킹 관계를 변화시킬 수 있다는 사실을 확인할 수 있었습니다. 두 사업가가 같은 네트워킹 그룹에 참가했습니다. 두 사람 모두 꽤 오래 전부터 그룹에 참가했으나 깊은 인간관계를 만들어 나가지는 못하였습니다.

그들은 투덜거리면서도 제 충고에 따라 게인즈를 교환하였습니다. 그 결과 성취 · 취미/관심 · 성적 · 성공사례 등에서 꽤 많은 공통점이 있다는 것을 알게 되었습니다! 두 사람 모두 아들이 속한 소년축구팀의 코치를 맡고 있었습니다. 또한 두 사람 모두 스포츠팀 모자를 수집하는 취미가 있었습니다. 게다가 같은 분야의 학위를 가지고 있었습니다.

서로에게 무관심했던 두 사람은 이후 급속하게 가까워졌고, 매우 사이 좋은 네트워킹 멤버로 발전하였습니다. 당연히 두 사람 사이의 리퍼럴도 급격히 증가했습니다! 리퍼럴 파트너와 이렇게까지 친해진다는 것은 꿈같은 이야기일 수도 있습니다. 하지만 게인즈 교환을 통해 이 꿈 같은 이야기가 실현되는 것입니다!

여기까지 읽으셨다면 '네트워킹이란 기술을 갖추기보다 마인드를 갖추는 것'이라는 말이 어떤 의미인지 이해되셨으리라 생각합니다. 네트워킹을 성공시키기 위해서는 '해야 하는' 많은 일이 있습니다. 하지만 이런 할 일 목록만큼 중요하거나 어쩌면 더 중요한 '이런 사람이 되어야 한다'는 덕목도 아주 많습니다.

게인즈는 너무 쉽다?

자신과 관련된 사람의 게인즈를 아는 것이 너무 쉬워서 좀 더 어려운 도전을 해보고 싶다면 다음 2가지 방법을 추천합니다.

- 자신의 네트워크 안에 있는 모든 사람의 게인즈를 놓고 각각이 누구의 것인지 맞춰 보십시오.
- 더 어려운 도전을 하고 싶다면 하비 맥케이의 〈상어와 함께 수영하되 잡아 먹히지 않고 살아남는 법(원제: Swim with the Sharks Without Being Eaten Alive)〉이라는 책을 구해 그가 질문한 66가지 문항의 '맞춤

프로필'을 사용해 당신의 네트워크 중에서 가장 중요한 사람에 대한 정보를 얼마나 아는지 시험해 보십시오.

하비 맥케이의 가장 훌륭한 점은 언제나 이전에 나눈 대화 내용을 기억한다는 사실입니다. 저는 지금까지 하비와 수많은 대화를 나눴습니다. 그 때마다 저를 놀라게 했던 사실은 그가 이전에 나눴던 대화의 거의 대부분을 기억한다는 점입니다. 하비의 저서를 읽어 보아서 알지만, 그가 '천재적인 기억력'을 갖고 있지는 않다고 생각합니다.

그렇다면 어찌된 일일까요? 제가 아는 바로는 그는 다음번에 만났을 때 이전의 대화 내용을 기억해 내기 위해 중요한 포인트를 기록해 놓는 시스템을 가지고 있습니다. 제게는 그것으로 충분했습니다. 깊은 감명을 받았으니까요.

질 높은 시간

네트워크에 끌어들이고 싶은 사람에 대해 얼마나 많이 아시나요? 아마도 따로 조사해야 할 것입니다. 그러나 따로 조사한다고 해서 그 사람에 대한 모든 것을 파악할 수는 없습니다. 그래서 게인즈 프로필 교환에서 중요한 '5가지 항목'에 주목할 필요가 있습니다.

이미 알고 있는 사람과 더 많은 시간을 보내십시오. 특히 잘 안다고 생각하는 상대방과 말입니다. 다음 5가지 중요 항목(목표, 성취, 취미/관심, 인맥, 기술)에 대한 정보를 얻는 것에 집중하십시오. 어쩌면 새로운 점을 발견할 수도 있을 것입니다.

지식이나 취미/관심이 겹치는 항목을 찾으십시오. 이때 당신에 관하여 똑같은 정보를 상대방에게 알려주는 것을 잊지 마십시오. 당신에 대해 잘 알게 될수록 당신의 상품/서비스, 지식, 기술, 경험을 살릴 수 있는 기회가 생겼을 때 누구보다 당신의 이름을 빨리 떠올릴 것입니다.

당신의 '필요(Needs)'와 '필요를 충족해줄 수 있는 사람'을 연결하라

당신에게 필요한 도움을 명확히 정리한 후 당신의 네트워크 안의 멤버에 대해 더욱 깊이 알게 된다면 당신이 필요로 하는 도움을 제공해줄 수 있는 사람이 누구인지 어느 정도 파악했다고 볼 수 있습니다.

네트워크의 멤버에 대해 알고 있는 정보를 바탕으로 각 멤버에게 받았으면 하는 도움을 분류하십시오. 이때 각 멤버의 자격(당신에게 필요한 특

필요와 잠재적 제공자 연결하기

필요한 도움	연락할 인맥
광고 관련	알 셰프턴
보험 관련	로이드 워서
교통 관련	크레이그 브리드라브

정 상품/서비스를 제공할 수 있는지 여부)을 우선적으로 고려하십시오. 이 외에도 당신이 필요로 하는 도움과 그 도움을 제공할 수 있는 사람을 결합시키는 일에 영향을 미칠 만한 요소로는 그 멤버가 시간을 내줄 수 있는지, 유연하게 대처해줄 수 있는지, 얼마나 관심을 보이는지 등이 있습니다. 유능한 사람이라고 해도 당신을 돕는 일에 관심을 보이지 않거나 시간을 내줄 수 없다면 적임자라고 할 수 없습니다.

당신이 필요로 하는 모든 것을 만족시켜줄 만한 사람을 정하기까지는 아직 정보가 충분하지 않을 수도 있습니다. 하지만 적어도 어떠한 부분을 집중적으로 알아야 하는지는 잘 알게 되었으리라 생각합니다. 도움을 줄 수 있을 것 같은 사람들에 대해 더욱 깊이 알게 될수록 연결이 쉬워질 것입니다. 그러고 나면 상대방이 기대만큼 기술을 가지고 있지 않거나, 생각지도 못했던 기술을 가지고 있다는 사실을 발견하게 될 것입니다.

향후 미션

1. 당신의 '게인즈 프로필'을 작성해 보십시오.
2. 당신과 리퍼럴을 가장 많이 주고받는 상위 5명의 '게인즈 프로필'을 확인해 보십시오.
3. 앞의 5명 모두와 '게인즈 프로필' 정보를 교환하십시오.

게인즈(GAINS) 프로필™

| 상대방의 이름 | | 날짜 |

개인에 관한 정보

- 별명
- 생년월일 및 출신지
- 좋아하는 색, 음식
- 친구
- 멘토, 존경하는 인물
- 좋아하는 TV프로그램 · 음악, 취미
- 표창 · 수상경력
- 애완동물, 교통수단

목표
Goals

성취
Accomplishment

취미 · 관심
Interests

인맥
Networks

기술
Skills

19장

네트워킹 동료에게
동기를 부여하라

　여기까지 읽으셨다면 당신의 전략적 협력자(당신의 네트워크 멤버)를 정할 수 있게 되었으리라 생각합니다. 그렇다면 그들로부터 정보, 지원, 리퍼럴을 이끌어내기 위해서는 어떻게 해야 할까요?

　'희망전략'이라는 전략을 사용하는 사람도 있습니다. 질 높은 상품/서비스를 제공한 후 리퍼럴이 오기만을 마냥 기다리는 전략입니다.

　다행스러운 것은 이런 수동적 전략도 어찌됐든 효과를 발휘하기는 한다는 것입니다. 당신의 상품/서비스에 만족한 고객은 다른 사람에게 입소문을 내게 되어 있기 때문입니다. 그리고 다른 사람에게 추천할 일이 생긴다면 틀림없이 당신의 이름을 말할 것입니다.

　하지만 이보다 더 솔깃한 소식을 알려 드리죠. 한층 더 능동적인 전략을 사용한다면 당신은 정보, 지원, 리퍼럴을 더욱 쉽게 손에 넣을 수 있습니다. 의욕이 솟구치지 않으십니까? 기업가라면 앉아서 어떤 일이 일어나기를 기다리기보다 스스로 일을 만들어 나가는 것을 더 좋아하기 때문입니다.

이 장에서는 네트워크 멤버의 모티베이션을 끌어올리는 18가지 전술을 소개하겠습니다. 여기에는 구체적으로 비즈니스상의 지원이나 리퍼럴을 요구하는 직접적 방법과, 어떤 행동을 함으로써 리퍼럴이나 지원을 촉진하는 간접적 방법이 있습니다. 먼저 제시하는 14가지 전술은 인간관계 구축과 관련된 것이고, 나머지 4가지는 리퍼럴을 만들어 내는 것과 직접 관련된 전술입니다. 각각의 전술에 대한 설명은 크게 다음 4가지 측면에서 말씀드리겠습니다.

1. (전술의) 목적

도움을 받기 위해 누군가에게 연락하려면 면목이 없겠지요. 특히 오랫동안 연락하지 않던 상대라면 더욱 그렇습니다. 이런 경우 원하는 결과를 얻지 못할 수도 있는데, 상대가 자신이 이용당한다고 느낄 수 있기 때문입니다. 때문에 네트워크 멤버에게는 평소 다른 이유(직접적 도움이나 사업기회 같이 상대방에게 가치 있는 무언가를 제공하는)로라도 정기적으로 연락할 필요가 있습니다. 이렇게 함으로써 인지도를 높이고 존경과 감사의 마음을 얻을 수 있습니다. 아래 소개할 전술 중 하나를 이용해 상대에게 가치 있는 무언가를 제공하면, 보통 그 속에는 당신이 그 보답으로 무언가를 받을 것이라는 뚜렷하거나 암묵적인 이해가 있습니다. 당신이 어떤 전술을 쓰느냐에 따라 이 관계의 성공 여부가 결정됩니다.

2. (전술의) 이점

누군가에게 연락해서 18가지 전술 중 어느 한 가지를 적용할 때 당신은 어떠한 이익을 얻으리라는 기대를 할 것입니다. 당신이 기대하는 결과가 당신의 전체적인 미션과 일치하도록 하십시오.

3. (전술의) 핵심적인 행동 절차

전술이 작동하도록 하려면 계획을 세우고 일련의 단계를 거칠 필요가 있습니다. 이 부분에서 각각의 전술에 대해 우리가 설명해 놓은 단계는 어디까지나 가이드라인일 뿐 엄격한 법칙은 아니라는 것을 기억해 주십시오. 당신이 직면한 상황에 맞도록 여기서 소개한 단계들을 적절히 바꾸어 적용하십시오.

4. (전술의) 적용과 필요사항

사람에 따라 특히 잘 먹히는 전술이 있습니다. 각 전술의 소개를 통해 누구에게 어떤 전술이 가장 적절할지 선택할 수 있을 것입니다.

전술 1: 봉사활동 하기

목적

네트워크 멤버가 추진하는 프로젝트나 일에 도움을 제공함으로써 협력 관계를 강화할 수 있습니다. ('전술 15:협력하기', '전술 16:후원하기', '전술 17:프

로모션 하기' 참조)

이점

　네트워크 멤버가 중요한 목표를 달성할 수 있도록 당신을 지원한다면 그들에게 연락을 취하거나 함께 시간을 보낼 수 있는 정당한 이유를 제공합니다. 한 번의 만남으로 끝내는 것이 아니라 지속적으로 만날 약속을 하고, 상대방의 조언을 듣고, 행동을 취하기 전에 허락을 받고, 진행 상황을 그때그때 보고합니다. 상대가 당신이 약속한 것을 얼마나 성실히 지키는지 볼 기회가 많아질수록 그만큼 더 당신을 신뢰하게 될 것입니다.

　이 전술을 사용하는 데에는 다음의 두 가지 이익이 있습니다. 봉사활동이 당신의 전문분야나 비즈니스와 관계 없는 경우에는 적어도 신용, 신뢰, 우정을 쌓을 수 있습니다. 반면 봉사활동이 당신의 전문분야나 비즈니스와 관련 있는 경우 비즈니스상의 신뢰도를 높이게 되므로 장래 비즈니스 기회나 리퍼럴을 받을 수 있는 가능성을 높입니다.

절차

- 봉사활동의 내용을 전략적으로 고를 것
- 지원을 자청하기 전에 해야 할 일이 무엇인지 알아볼 것
- 단기 혹은 장기에 걸쳐 시간을 내겠다고 제안하여, 네트워크 안의 멤버와 함께 시간을 보내며 조언해 준다거나, 목표 달성을 도와주거나, 현재 상대방이 맡은 프로젝트가 성공할 수 있도록 도와줄 것
- 당신의 전문분야나 비즈니스와 관계 있든 없든 상대가 필요로 하는

것이라면 무엇이든 네트워크 안의 멤버가 필요로 하는 도움을 제공할 것

적용 조건과 필요사항

- 제공할 수 있는 도움의 범위를 명확히 한 뒤, 그런 조건에도 도움을 필요로 하는지 확인합니다.
- 도움을 제공하기 전에 상대방이 이 일에 어느 정도 헌신하는지 확인합니다.
- 상대방과 지속적인 연락이 필요한 일을 구합니다.
- 당신에게는 쉬운 일이지만 상대방에게는 큰 가치가 될 만한 지원 방법을 찾아봅시다.
- 약속을 지킵니다. 그러지 않으면 상대는 당신을 의지할 만한 인물이 아니라고 생각할 것입니다.

전술 2: 채용하기

목적

공식적이든 비공식적이든, 단기적이든 장기적이든 상관없이, 상대방이 당신의 비즈니스에서 명예롭거나 영향력 있는 역할을 맡는다면 상대에게는 권위나 그 밖의 이익이 생길 수 있습니다. 네트워크 안의 멤버에게 자문위원회나 이사회의 멤버로 활동할 수 있는 기회나 중요한 사람들 앞에서 프레젠테이션을 할 수 있는 기회, 중요한 출판물에 기사를 낼 수 있는 기

회, 당신이 후원하는 콘테스트의 심사위원을 맡을 기회를 제공하십시오.

이점

많은 사람이 중요한 역할을 맡는 것을 영광으로 여깁니다. 적극적으로 참여하는 존경할 만한 리더로서의 이미지를 향상시킬 수 있기 때문입니다. 더하여 상대가 당신이나 당신의 지인을 더 잘 알 수 있도록 함으로써 그들에게 정기적으로 연락할 수 있는 이유와 권리를 얻을 수 있습니다. 이러한 접근은 네트워크 안의 멤버에게 당신의 비즈니스나 전문분야를 더욱 확실히 알리는 데 도움이 됩니다.

단계

- 당신이 제공하는 역할이나 과제를 정한다.
- 각 역할을 맡기고 싶은 사람을 정한다.
- 전화로 역할이나 과제를 제안한다. 역할이나 필요한 시간, 상대를 선택한 이유, 상대가 받을 이익, 언제까지 답을 주어야 하는지 등에 대해 알려준다.

적용 조건과 필요사항

- 그 일에 관여함으로써 상대가 얻을 이익에 대해 명확히 알려줍니다.
- 상대에게 금전적 의무가 발생하지 않도록 합니다. 상대가 투자해야 하는 시간은 최소한으로 합니다.
- 정말 하고 싶은 경우에만 역할을 수락해야 한다고 알려줍니다. 얼마

간 한번 해보라고 권하고, 역할이 부담스럽다면 언제든지 그만둘 수 있다고 알려줍니다.
- 강력한 신뢰관계를 만든 후 이 방법을 쓰는 것이 좋습니다.

전술 3: 조사하기

목적

이 전술의 목표는 네트워크 안의 멤버를 어떤 조사에 참가하도록 하는 것입니다.

이점

이 전술은 당신의 타깃 마켓이나 필요에 대해 더욱 잘 이해하기 위한 것입니다. 잘만 진행되면 조사를 계기로 상대가 당신의 전문분야에 관심을 갖게 될 수도 있습니다. 또한 상대의 지식을 넓힘과 동시에 당신이나 당신의 직업에 대해 유익한 입소문을 만들어낼 수도 있습니다. 어쩌면 당신의 비즈니스에 관한 새로운 아이디어를 만들어낼 수도 있습니다.

단계

- 조사 프로젝트를 디자인합니다. 단순한 설문이나 복잡한 조사여도 상관없습니다. 당신의 전문분야에 관한 주제 중 상대가 관심을 보일 만한 것으로 결정하십시오.

- 당신이 하는 조사에 참여할 생각이 있는지 확인합니다. 조사 과정이나 목표, 결과의 이용법 등 배경이 되는 정보를 제공합니다.

적용 조건과 필요사항
- 조사는 짧고 단순하며 흥미롭게 설계하십시오.
- 이 전술에서는 상대에게 무언가를 요구하기 때문에 끝난 후 감사의 마음을 전하거나 결과를 알려주는 등의 관리가 매우 중요합니다.

전술 4: 기사 쓰기

목적
기자의 역할을 하는 것은 네트워크 안의 멤버로부터 정보나 조언을 끄집어낼 수 있는 좋은 방법입니다. 기사를 쓴다는 명분을 앞세워 상대방이 익히 알고 있는 테마에 대해 조사하면서 인터뷰를 시도하는 방법입니다.

이점
이 전술에는 다음의 2가지 이점이 있습니다. 하나는 네트워크 안의 멤버를 더욱 잘 이해하게 된다는 것, 다른 하나는 상대방의 노출 빈도를 높여줌으로써 상대로부터 감사를 받게 된다는 것입니다. 이렇게 함으로써 다른 상황에서 만나거나 협력을 얻기가 쉬워집니다. 또한 다른 사람들이 당신을 한 분야의 권위자로 여기고 조언을 요청하거나 당신에게 기사 집필이나 조사를 의뢰하게 됩니다. 사업가들은 대중에게 자신이나 자신의 사업이 노출되는 것을 좋아합니다. 특히 그런 노출이 무료인 경우에 말입니다.

단계

- 상대방을 인터뷰하여 기사로 만들 만한 가치 있는 정보를 이끌어 냅니다. 그 사람이 하는 일이나 성취, 단순한 의견이라도 상관없습니다.
- 기회를 살려 상대방의 사진을 찍거나 상대방과 함께 사진을 찍을 것.
- 학교 신문, 교회 신문, 커뮤니티 신문, 지역 소식지, 업계 소식지, 전국 소식지 등 어떠한 출판물이든 가능한 한 많은 사람을 대상으로 정보를 발신할 것.

적용 조건과 필요사항

- 가능하다면 네트워크 안의 멤버가 정보를 제공한 기사 또는 조사에 그 멤버의 이름을 사용하십시오.
- 상대방이 중요하다고 생각하는 사람에게 기사나 조사 결과를 선물로 보내 줍니다.
- 당신이 쓰는 것이 반드시 기사화될 것이라고 약속하지 않습니다.

전술 5: 협력자 찾기

목적

협력자가 되어줄 만한 사람에게 연락하여 그들의 지인 가운데 당신의 어떤 목표 달성에 도움을 줄 수 있는 사람을 소개하도록 하는 전술입니다. 예를 들어, 조력자에게 다음과 같은 사람을 소개해 달라고 요청합니다.

- 문제 해결을 도와줄 사람
- 당신이 원하는 것을 판매하는 사람
- 당신이 원하는 것을 가지고 있는 사람
- 특정 지역에 지인이 있는 사람
- 당신이 가고 싶은 곳에 가본 적이 있는 사람

이점

이 방법을 이용하면 시간과 돈을 절약할 수 있고, 협력자를 늘려 질 높은 협력자나 기회를 얻을 수 있게 됩니다. 또한 협력자의 인적 네트워크에 관해 더 많이 알게 됩니다.

단계

- 자신이 필요로 하는 것을 정하고 가능한 한 명확히 한다.
- 적절한 인물을 추천해줄 협력자를 정한다.
- 두 사람 이상에게 연락한다. 문제 해결에 도움을 줄 수 있는 사람을

여러 명 발견할 수 있다.
- 어느 정도 선택지를 검토한 후 최종 판단할 것인지 협력자에게 미리 알려준다.

적용 조건과 필요사항
- 여러분의 협력자 중에서는 자신의 네트워크에 속해 있는 사람에 대해 쉽게 말해주지 않는 사람도 존재한다는 사실을 명심하십시오. 그들의 이름이나 전화번호를 알려주는 대신 당사자에게 확인해 보겠다고 말하는 사람도 있을 것입니다.
- 이 전술은 상대에게 무언가를 요구하는 방법이기 때문에 감사의 마음을 전하거나 진행 상황을 알려주는 등 사후관리가 매우 중요합니다. 당신이 최종적으로 어떤 결정을 했는지 반드시 상대방에게 알려주십시오.

전술 6: 조언 구하기

목적

이 전술의 목적은 명확합니다. 필요한 조언을 네트워크 내의 멤버로부터 얻는 것입니다.

이점

사람들은 대부분 다른 사람이 자신의 의견이나 조언을 듣기를 원합니다. 네트워크 내의 멤버로 하여금 이야기를 하게 함으로써 그들의 지식이나 의사결정능력, 태도에 대해 더욱 잘 이해할 수 있습니다. 조언을 받으면 다시 연락해 감사의 마음을 표하고, 앞으로의 계획을 이야기해줄 명분을 갖게 됩니다. 이는 그들에게 당신의 사정을 알리고 당신이 하는 일에 대한 그들의 의견을 들을 수 있는 훌륭한 방법이 됩니다.

절차

- 네트워크 내의 멤버가 흥미를 갖고 이야기할 만하며 대답을 줄 수 있을 만한 문제에 대해 조언이나 의견을 물어봅니다.
- 경청하고 적절히 응대합니다. 상대가 이야기한 것에 대해 다시 질문합니다. 예를 들어 "방금 고성장투자에 대해 말씀하셨는데, 최근 자주 거론되는 'OO펀드'에 대해서는 어떻게 생각하시나요?" 하는 식이다.

적용 조건과 필요사항

- 어떤 정보를 알아야 하는 합리적 이유를 갖춥니다.
- 물의를 일으킬 우려가 있거나 민감한 화제는 피합니다.
- 상대가 유료로 제공하는 서비스에 대해서는 조언을 구하지 말아야 합니다.
- 사람들은 대부분 다른 사람의 이야기보다 자신의 이야기를 더 오래 기억하게 마련입니다. 상대방이 당신과 나눈 대화를 기억하기를 바란다면 상대방으로 하여금 당신보다 더 많이 이야기하게 하십시오.

전술 7: 조언 제공하기

목적

이 전술은 잠재적 협력자에게 가치 있는 조언(가능하다면 당신의 전문분야나 직업과 관련된 일)를 제공하는 방법입니다. 예를 들면, 업무 순서 개편에 관해 미리 알려주거나 변화를 주도하기 위한 정보, 만족감을 느끼거나 성공으로 연결될 만한 정보를 제공합니다. ('작전 6: 조언 구하기'와 '작전 8: 공지하기' 참조)

이점

이 전술이 노리는 것은 네트워크 멤버에게 당신이 일급 정보를 많이 가지고 있다는(즉, 당신이 조직의 핵심 인물이라는) 이미지를 심어주는 것입니다. 잠재적 협력자에게 조언을 제공함으로써 이후 당신에게 조언을 요청하게 하거나, 당신이 자신들을 위해 최선을 다한다는 인상을 심어주어야 합니다. 이 전술은 잠재적 협력자가 당신이 하는 일을 기억하게 만드는 탁월한 방법입니다.

절차

- 당신이 자신있게 조언할 수 있는 일의 목록을 작성합니다. 각각의 주제에 관한 조언이 필요할 만한 멤버의 명단을 작성합니다.
- 이 전술을 '뉴스레터'처럼 공식적인 형태로 진행할 것인지, 개인 이메일이나 SNS 등 비공식적 형태로 진행할 것인지 정합니다.

- 어느 정도의 빈도로 업데이트된 정보를 송신할지 정합니다.
- 당신의 조언이 도움이 될 만한 사람을 협력자로부터 추천받습니다.

적용 조건과 필요사항
- 당신의 조언이 실제로 도움이 되는지 정기적으로 잠재적 협력자에게 물어봅니다.
- 잠재적 협력자에게 정보 업데이트를 받고 싶지 않을 때는 알려 달라고 말합니다.

전술 8: 공지하기

목적

행사나 이런저런 기회에 관한 정보를 제공하는 것은 인맥을 만들고 유지하는 데 많은 도움이 됩니다. 상대가 마음에 들어 할 만한 행사라면 업무적인 것이든 개인적인 것이든 상관없습니다.

이점

공지하기 전술을 사용하면 사람들은 당신을 정보통이라고 생각하고 다른 행사에 대해서도 문의하게 됩니다.

절차

- 잠재적 협력자가 필요로 하지만 현재 얻지 못하는 정보를 정합니다.
- 당신이 제공할 정보의 가치를 아는 개인이나 그룹을 정합니다.
- 모임이나 대규모 회의 등에 참가하거나 주최할 때 다른 회의 · 세미나 · 쇼 · 모임 · TV 프로그램 · 콘테스트 등의 참가신청 기한이나 그 밖의 행사 등에 대해 공지합니다.
- 이 전술을 쓸 때는 이메일이나 그 밖의 다른 방법을 사용해 공지문을 배포해도 좋습니다.

적용 조건과 필요사항
- 상대가 이미 아는 사항을 다시 전달하지 않도록 합시다. 다른 정보원으로부터 얻을 가능성이 낮은 정보일수록 좋은 정보입니다.
- 한 번에 두세 가지 이벤트에 대해 공지합니다.
- 한 자리에서 모든 정보를 공개하지 말고, 자세한 것은 당신에게 개별적으로 물어보도록 유도합니다.

전술 9. 쇼핑하기

목적
상대방에게 동기를 부여하는 좋은 방법 중 하나는 그 사람이 제공하는 상품/서비스를 살 계획이 있음을 알리는 것입니다. ('작전10: 구입하기' 참조)

이점

돈은 가장 유효한 네트워킹 도구 중 하나입니다. 사업가라면 당신에게 큰 관심을 보이며 상품/서비스를 판매하고자 할 것입니다. 이렇게 함으로써 더 큰 규모의 협력관계로 이어지거나 정보, 지원, 리퍼럴을 공유할 수 있는 기회가 되기도 합니다.

절차

- 구매를 결정하기 전에 몇 개의 선택지를 비교 및 검토할 것이라고 알립니다.
- 상대방의 기존 고객에게 상대가 고객을 어떻게 대하는지 물어봅니다.
- 합리적인 시간 안에 구매를 결정합니다.
- 어떤 요인이 결정에 영향을 주었는지 상대에게 알려줍니다.

적용 조건과 필요사항

- 생명보험이나 주택 등 일회성 거액거래일 경우 일단 구매하면 당신에 대한 상대방의 관심도가 낮아질 수 있습니다. 잠재고객으로 있는 동안 상대방이 보이는 관심을 최대한 활용합니다.
- 이 전술을 사소한 구매에 쓰지 않습니다. 예를 들어 치약을 구입한다고 상대의 헌신을 이끌어내지는 못합니다.
- 상대방을 시험하는 듯한 행동은 금물입니다. 상대방의 상품이나 서비스에 관심이 없다면 기대감을 갖게 해서는 안 됩니다.

- 이 전술을 통해 상대방의 인내심이나 태도를 알 수 있습니다. 상대방이 당신의 요구를 충족시키고자 노력합니까? 아니면 단지 계약에만 관심이 있습니까?

전술 10: 구입하기

목적

금액의 많고 적음에 상관없이 상대방의 상품/서비스를 구입하는 것은 인맥으로 연결되기 위한 가장 우호적이고 자연스러운 방법입니다. 상품/서비스가 상대방의 본업에 관련된 것이 아니어도 상관없습니다. 예를 들어, 모금행사의 티켓이나 중고차 · 컴퓨터, 심지어 상대방의 딸이 만든 걸스카우트 쿠키 같은 것을 사도 됩니다.

이점

네트워크 내의 멤버에게 무언가를 구입하면 그 사람의 고객이 됩니다. 고객이 되면 이 멤버의 우선순위 명단에서 당신의 이름이 높은 순위를 차지합니다. 그러면 이 멤버는 당신과 비즈니스를 함께하거나 당신에게 정보, 지원, 리퍼럴을 제공해줄 가능성 또한 높아집니다. 이 전술을 사용하면 상대방은 더욱 당신을 알고 싶어하고 관계를 이어 나가고 싶어할 것입니다.

절차

- 당신이 현재 돈을 어떻게 사용하는지 분석합니다.
- 얼만큼의 돈을 쓸지 정합니다.
- 현재 구입처와의 관계를 점검합니다. 그들이 당신에 대해 알고 있습니까? 그들과 거래함으로써 이익을 얻습니까?
- 협력자가 제공하는 상품/서비스 중 필요한 것이 무엇인지 확인합니다. 장기적으로 비즈니스에 도움이 되는 구매는 무엇이 있는지 확인합니다.

적용 조건과 필요사항

- 현재 당신이 상품/서비스를 구입하는 개인이나 조직이 당신을 그저 여러 거래처 가운데 하나로 여기나요? 그들이 당신의 이름을 아나요? 당신을 자신들의 고객으로 여기나요? 대형 백화점의 수많은 고객 중 하나인 것과 동네 구두가게의 고객인 것에는 큰 차이가 있습니다.
- 구매력을 잘 활용해 더 나은 이익을 취하고 신뢰관계를 구축합니다. 상품/서비스를 구입할 때 적어도 절반 정도는 잘 아는 사람에게 구입하십시오. 이때 상대방도 그 대가로 당신으로부터 무언가를 사야 한다고 느끼게 하지는 말아야 합니다.

전술 11: 연결하기

목적

네트워크 내 멤버의 비즈니스 네트워크, 혹은 개인적 친구나 인맥을 넓히는 데 도움이 되도록 디자인된 전술입니다.

이점

네트워크 안의 멤버가 성공이나 만족감을 달성하는 데 어떠한 도움을 제공하면 그 사람과 유대가 강화될 뿐 아니라 탁월한 문제해결 능력을 지닌 넓은 인맥의 소유자라는 이미지를 만들 수 있습니다.

절차

- 네트워크 안의 멤버에게 이익이나 관심을 공유하거나 필요한 정보·자원·서비스·지원·영감을 제공할 수 있을 만한 사람을 소개합니다.
- 네트워크 안의 멤버와 소개해 주고 싶은 상대의 만남을 주선합니다. 두 사람에게 상대방에 대한 정보를 충분히 알려줘 **빠르게 생산적인 신뢰관계를 구축할 수 있도록 돕습니다.**
- 소개할 때는 이름·직업과 함께, 당신과 어떻게 만났는지, 어떤 관계인지, 두 사람이 아는 사이가 되면 어떤 좋은 점이 있는지 알려줍니다.

적용 조건과 필요사항

당신의 잠재적 협력자가 어떤 사람을 알고 싶어하는지 아는 것이 무엇보다 중요합니다. 잘 모른다면 직접 물어보십시오. 자신과 같은 직업을 갖고 있거나 비즈니스에 도움이 되는 상생직군의 사람을 소개받고 싶어할 가능성이 큽니다.

전술 12: 초대하기

목적

잠재적 협력자를 행사에 초대함으로써 인맥을 넓혀 나가는 전술입니다. 당신이 참석하거나 주최하는 행사, 혹은 당신이 게스트·출품자·패널·수상자 등의 자격으로 참가하는 행사에 초대해도 좋습니다.

이점

잠재적 협력자를 행사에 초대함으로써 당신의 활동에 관한 정보를 그들에게 제공할 수 있습니다. 그 행사가 당신의 전문성을 보여주거나 당신의 업적을 인정해주는 행사라면 이 전술을 통해 당신은 성공적이고 전문지식을 가진 사람이라는 이미지와 함께 신뢰를 얻을 수 있습니다. 또한 당신이 목표로 하는 사람들과 당신의 지인을 만나게 함으로써 단순한 비즈니스 관계였던 사이를 친구관계로 발전시킬 수 있습니다.

절차

- 참가 예정인 행사와 초대할 네트워크 내 멤버의 명단을 작성합니다.
- 잠재적 협력자 후보 한 명 한 명을 전화나 서면으로 이벤트에 초대하며, 초대하는 이유를 설명합니다.
- 이 경우 참가비는 당신이 부담해야 합니다.

적용 조건과 필요사항

- 잠재적 협력자를 초대하는 행사는 그 사람에게 이익을 주는 것이어야 합니다. 상대방이 평소 흠모하던 사람과 만날 기회가 되거나, 그 사람이 즐기는 엔터테인먼트가 있거나, 공개적으로 인정 혹은 칭찬받는 기회가 되거나 하는 식으로 말입니다.
- 가능하다면 그들 또한 다른 사람을 초대할 수 있도록 허락합니다.
- 참가하지 않을 것 같은 사람도 초대하십시오. 당신의 활동에 관한 정보를 끊임없이 제공하는 것 또한 이 작전의 목적 중 하나라는 것을 명심하십시오.

전술 13: 표창하기

목적

당신이 어떤 비즈니스에서 성공할 수 있도록 도움을 준 상대방을 표창함으로써 그들의 이미지나 인지도 향상에 도움을 주는 전술입니다.

이점

제3자가 당신의 잠재적 협력자에게 표창을 받은 사안에 관해 질문하다 보면 대화는 자연스럽게 그 사람과 당신, 또는 당신의 사업에 대한 이야기로 진행되며, 이는 당신의 다른 인맥에 관해서도 좋은 입소문이 퍼지도록 촉진합니다. 누군가가 당신을 신뢰한다는 메시지가 다른 사람이나 다른 협력자에게 전해진다면, 그들 역시 더욱 쉽게 당신을 신뢰하고 돕도록 할 것입니다.

절차

- 도움을 주었거나, 고객 발굴에 필요한 정보를 주었거나, 리퍼럴·정보·비즈니스를 제공해준 상대방을 공개적으로 칭찬하거나 감사의 마음을 전하고 그에 상응하는 상을 줍니다. 예를 들어 '이 달의 고객'이라는 콘테스트를 열어 상장을 수여하고 게시판에 사진을 게재하거나 지역신문 등에 그 사람과 관련된 기사가 실릴 수 있도록 합니다.

적용 조건과 필요사항

- 상이나 상품이 적절한지, 수상자가 받을 자격이 있는지 확인합니다.
- 진정성 있게 칭찬해야 합니다. 표창을 받았다는 사실을 상대방이 좋은 인상을 주고 싶어하는 사람들에게 알리십시오.
- 지나치지 않도록 주의합시다. 도를 넘은 칭찬이나 말은 오히려 상대방을 부끄럽게 만들거나 진정성이 없어 보이게 합니다.

전술 14: 자화자찬하기

목적

자화자찬함으로써 당신이 특히 자랑스러워하는 성취를 상대방에게 전달하는 전술입니다.

이점

적절히 사용하면 사람들로 하여금 당신이나 당신의 사업에 관심을 갖게 만듭니다. 나아가 당신의 지식이나 신뢰성을 믿고 도움을 청하거나 질문하게 합니다. 이 전술은 인맥으로 만들고자 하는 사람들과 당신이 공통적으로 갖고 있는 필요나 관심사, 업적을 찾아내는 데 도움이 됩니다. 단순한 자랑이 되지 않도록 주의한다면 상대방이 당신의 상품/서비스에 대해 더 잘 알게 되는 기회가 되기도 합니다.

절차

- 일상의 대화나 전화, 자기소개를 할 때 당신의 성취 · 계획 · 자산 · 네트워크에 대해 가볍게 알려주십시오.
- 메일이나 편지라면 좀더 자연스럽게 자화자찬할 수도 있습니다.

적용 조건과 필요사항

이 전술의 목적은 단순한 자랑질이 아니라는 것을 잊지 마십시오. 당신의 성취를 잠재적 협력자에게 겸손하게 나누는 것 뿐입니다.

전술 15: 협업하기

목적

상호 이익을 위해 비공식적 파트너십을 맺기를 원할 때 쓸 수 있는 전술입니다.

이점

상대방의 헌신을 이끌어 내는 가장 좋은 방법은 자원이나 노력을 공유하겠다는 약속을 하는 것입니다. 협력은 믿을 만하고 헌신적인 정보 · 지원 · 리퍼럴 공급원을 만듦으로써 쉽고 빠르게 목표를 달성할 수 있도록 도와줍니다.

필자의 베스트셀러인 〈리퍼럴 비즈니스(원제: Business By Referral)〉의 공저자 로버트 데이비스는 로라 밀러와 함께 〈토털 퀄리티 인트로덕션(원제: Total Quality Introduction)〉이라는 성공적인 오디오 프로그램을 개발하였습니다. 두 사람 모두 이전에는 상품을 갖고 있지 않았으나, 자신들이 트레이너나 강사로 더 크게 성공하려면 이 상품을 개발해야 한다고 생각했습니다. 비용 · 시간 · 자원을 공유하고 서로 격려하면서 두 사람의 인간관계는 더욱 강화되었습니다. 이 프로젝트는 약 1년 정도 걸렸지만, 혼자 개발하는 것보다는 훨씬 빠르게 테이프를 완성할 수 있었습니다. 그 이후 이들은 독자적으로 테이프와 상품을 개발하지만, 지금의 이들을 있게 만든 것은 바로 처음의 협업이었습니다.

절차

- 정보 · 지원 · 리퍼럴 등 어떤 종류의 자원이 필요한지 결정합니다.
- 협력자가 될 만한 사람을 정합니다.
- 협력자와 만나 어떤 종류의 파트너십을 유지할 것인지, 서로의 필요와 자원에 대해 의논합니다.
- 어떤 자원을 어떤 방식으로 얼마동안 공유할지 등 파트너십의 작동 체계를 비공식적으로 합의합니다.

적용 조건과 필요사항

- 서로 원하는 것, 상대방에게 기대하는 것이 아주 명확해야 합니다. 신뢰할 수 있고, 목표 달성에 당신과 똑같은 에너지를 쏟아 부을 수 있는 사람을 선택합니다.
- 가능하다면 장기적인 협력관계를 맺기 전에 먼저 시험 삼아 협력해 보십시오.

전술 16: 후원하기

목표

이 전술의 목적은 상대방이 관여하는 프로젝트나 프로그램에 금전 혹은 기타 자원으로 뒷받침해 상대방을 도와주는 것입니다.

이점

프로그램이나 행사의 후원은 잠재적 협력자나 잠재고객과 일정 기간 함께 활동할 수 있는 기회입니다. 행사나 활동을 후원함으로써 이메일이나 개인적 소개, 판촉자료, 간판, 현수막 등을 통해 많은 사람과 소통할 수 있습니다. 이렇게 함으로써 잠재고객이나 영향력 있는 개인, 또는 사업상의 지원이나 리퍼럴을 제공해줄 가능성이 있는 사람들에게 자신을 알릴 수 있습니다. 판촉물을 게시하거나 배부하는 등 또 다른 혜택을 협상으로 얻을 수도 있습니다.

절차

- 후원하고자 하는 조직이나 개인을 선정합니다.
- 어떠한 방식으로 도울 것인지 정합니다.
- 주고받을 혜택을 협상합니다.

적용 조건과 필요사항

- 자신의 신념, 가치관, 이념, 목표와 일치하는 프로젝트나 프로그램을 고르는 것이 무엇보다 중요합니다.
- 이 방법은 타깃 마켓에 속한 개인이나 조직과 단단한 신뢰관계가 있는 협력자에게 사용합니다.

전술 17: 홍보하기

목적

　이 전술은 협력자를 홍보해 줌으로써 그로부터 정보·지원·리퍼럴을 얻고, 당신이 그들을 잘 알고 신뢰한다는 것을 보여주며, 그들과 당신의 인맥 사이에 신뢰관계를 구축할 수 있도록 디자인 되었습니다. 다만 이 전술은 간접적인 접근법이므로, 대가로 홍보 지원이나 리퍼럴을 돌려받는다는 보장이 없다는 것을 잊지 마십시오.

이점

　협력자가 비즈니스를 얻을 수 있도록 도와주면 그들도 당신이 비즈니스를 얻도록 도와줄 가능성 또한 높아집니다. 그들을 위해 당신이 어떠한 행동을 취했는지 분명히 전달하십시오. 그렇게 함으로써 그들에게 당신을 위해 어떻게 비즈니스를 만들어 낼 수 있는지 모델을 제공해 주는 것입니다.

절차

- 네트워크 내의 멤버를 다른 멤버나 지인에게 소개합니다. 네트워크 내의 멤버의 배경과 비즈니스, 얼마나 훌륭한 성과를 내고 있는지 등을 알려 줍니다.
- 당신의 지인이 당신의 네트워크 안의 멤버가 제공하는 상품이나 서비스를 필요로 한다면 주저하지 말고 그 멤버에게 연락하라고 합니다.

- 그 멤버가 있든 없든 가능하면 자주 그 멤버와 관련한 프로모션을 진행합니다. 예를 들어 그 멤버를 수상 후보로 추천하거나 당신의 프레젠테이션이나 자기소개에서 그 멤버의 이야기를 사례로 사용합니다.

적용 조건과 필요사항
- 이 방법은 신중하게 적용해야 합니다. 네트워크의 멤버를 신뢰해야 하고, 사실에 입각해서 프로모션을 실행해야 합니다. 아무나 띄워주는 것은 적절하지 않습니다.
- 당신이 상대방과 관련한 프로모션을 한다거나 비즈니스를 만들어 냈으니 상대방도 똑같이 당신에게 해 주어야 한다는 의무감을 느끼게 해서는 안 됩니다.
- 인내를 가지고 전략적으로 상대방에게 공헌해야 합니다. 그러면 당신이 원하는 지원이나 리퍼럴을 얻을 수 있을 것입니다.

전술 18: 설문조사하기

목적

이 전술은 2단계로 되어 있습니다. 먼저 고객으로부터 당신의 상품/서비스를 이용한 소감을 받습니다. 받은 정보가 긍정적이라면, 다시 한 번 연락하여 프로모션 활동에 협력해 달라고 요청합니다. 또한 그 사람들의 피드백을 프로모션 캠페인에 사용할 수 있도록 허락을 구합니다.

이점

이 전술을 사용하면 누가 진심으로 당신을 신뢰 혹은 지지하는지 알 수 있습니다. 서비스를 어떻게 개선해야 할 것인지 아이디어를 얻을 수 있고, 새로운 기회를 발견하거나 문제를 초기에 발견하는 데도 도움이 됩니다. 무엇보다 체험담이나 추천, 리퍼럴을 만들어 내는 데 도움이 된다는 사실입니다.

절차

- 구두 혹은 서면으로 하는 통계조사나 앙케트를 기획합니다.
- 조사 대상 그룹을 정합니다.
- 상품/서비스를 제공하는 과정이나 제공한 직후 그 질에 관한 의견을 받습니다.

적용 조건과 필요사항

- 이 전술은 당신의 상품/서비스를 직접 이용한 경험이 있는 사람에게 사용해야 합니다. 또한, 상품/서비스 제공 후 가능한 한 빨리 의견을 받는 것이 좋습니다.
- 받은 의견을 어떻게 활용할 것인지, 반드시 상대방에게 알려주도록 합시다.

나에게 가장 잘 맞는 전술을 고르자

이 장에서는 네트워크 내의 멤버로 하여금 당신에게 정보·지원·리퍼럴을 제공하고 싶게 만드는 18가지 전술을 살펴보았습니다. 어떠한 멤버에게 어떤 전술을 쓸 것인지는 당시의 상황이나 당신의 개인적 혹은 업무상의 스타일, 기대하는 결과에 따라 달라집니다.

향후 미션

1 인맥상의 어떤 사람을 대상으로 사용할 수 있을 만한 전술을 3가지만 고릅니다.
2 고른 전술을 적용해 보면서 반응을 추적합니다.
3 또 다른 3가지 전술을 골라 같은 과정을 반복합니다.

고객을 홍보대사로 만드는 방법

Referral Marketing

⑤ 리퍼럴 화수분 이렇게 만들어라

사무용 가구 판매 사업을 하는 이순신 대표의 주요 고객은 사무실을 이전하면서 책상과 의자를 수십 개 이상 구매하는 기업들입니다. 이런 기업을 찾아 담당자를 알아내고 담당자와 만나서 신뢰를 쌓고 판매까지 하는 것은 아주 어렵습니다. 시간이 오래 걸릴 뿐 아니라 경쟁도 치열해서 담당자 또는 고객사 차원에서 페이백 머니, 즉 뒷돈을 요구하기도 합니다.

혼자서 영업하는데 지친 그는 좀더 효과적으로 영업을 할 방법을 궁리했습니다. '내가 타겟으로 하는 회사들에게 제품이나 서비스를 공급하는 다른 회사들과 협업하면 좋지 않을까?' 기업통신, 사무실 임대를 도와주는 부동산 중개 회사, 인테리어 회사, 에어컨 회사 등과 협력이 가능해 보였습니다. 그는 그런 업체의 대표들을 중심으로 정기적으로 만나서 고객을 함께 발굴하고 협업해서 고객에게 더 좋은 서비스를 제공하는 모임을 조직했습니다.

자신이 아는 사업가들에게 이런 모임의 취지를 얘기하고 참여해 보라고 제안을 했지만 많은 사람들에게 거절을 당했습니다. 대부분의 사업가들이 혼자서 사업을 해 왔기 때문에 다른 사업가와 함께 사업하는 것을 낯설어 했습니다. 더구나 이들은 네트워킹이라고 해 봐야 친목을 목적으로 만나서 술을 마신다든가 봉사를 목적으로 하는 단체에 들어가 활동하면서 언젠가는 사업으로 연결이 될 것이라는 막연한 기대를 갖고 해 왔던 수준이었습니다. 매주 만나서 대놓고 자신의 사업을 소개하고 서로 사업을 도와주는 네트워크를 구축하고 협력하는 것을 낯설어 했습니다.

그럼에도 이 대표는 포기하지 않고 뜻이 맞는 사업가들을 한 명 한 명 모았습니다. 각자의 사업과 개인 정보를 정리한 자료를 만들어 서로 공유하고 정기적으로 일대일로 만나서 서로에 대해 알아 가는 시간을 가졌습니다. 그런 만남이 10회, 20회 늘어가자 네트워크의 한 명 한 명과 이 사람은 내 중요한 고객을 소개해 줘도 되겠다는 신뢰가 만들어졌습니다. 이 대표는 팀을 만든지 두 달 후에 5천만 원의 리퍼럴을 받았습니다. 4개월이 지나 4억 원 규모의 리퍼럴을 받았습니다. 활동 1년 후에는 총 9억 5천만 원 규모의 리퍼럴을 받았습니다. 업계에서는 보통 소개를 하면 5~10%의 리베이트를 주어야 하지만 서로 도와주기로 한 팀으로부터 받은 소개였기 때문에 리베이트를 줄 필요가 없었습니다. 이대표도 팀 동료를 위해 뛰어서 20억 가까운 비즈니스를 소개해 주었습니다.

지금 이 대표의 팀은 돌아 가면서 각자의 중요한 고객을 팀 전체에 소개하는 미팅을 주선합니다. 고객들도 이미 신뢰하는 회사가 검증하고 추천하는 협력사라는 것 때문에 훨씬 빠르게 의사결정을 해 주었습니다. 각자의 고객을 나누니 갑자기 잠재고객이 몇 배로 증가하였습니다. 이 대표는 혼자서 영업하며 겪었던 어려움을 협력사의 네트워크로 멋지게 극복하였습니다.

20장

나에게 리퍼럴을 제공할 후보자를 찾아라

앞 장에서 소개한 전술 중 몇 가지를 실행해본 결과 실제로 매우 많은 리퍼럴을 받았다고 가정해 봅시다. 그렇다면 이제 무엇을 해야 할까요? 단순히 앉아서 돈이 흘러 들어오기만을 기다리면 될까요? 말도 안 되는 소리입니다! 아직 해야 할 일이 많이 남아 있습니다.

많은 리퍼럴을 받은 것은 매우 훌륭한 일입니다. 하지만 그것은 잠재고객이 실제로 구입하기 전까지는 '잠재적' 매출에 지나지 않습니다. 실제 고객으로 바뀐 리퍼럴의 수야말로 당신의 노력과 그 성과를 가늠하는 기준이 됩니다. 이번 장과 이어지는 장에서는 리퍼럴을 만들어 내고, 그것을 실제 고객이나 비즈니스 기회로 바꾸는 방법을 알려드리려고 합니다. 우선 리퍼럴을 만들어내고 활용하는 데는 5단계가 있습니다.

1. 리퍼럴 제공자 후보 찾기
2. 리퍼럴 제공자와 만나기
3. 잠재고객을 준비시키기(리퍼럴 제공자가 할 일)
4. 잠재고객과 연락하기
5. 리퍼럴 제공자에게 진행상황을 알리고 보상하기

리퍼럴 네트워크를 활용하기 위해서는 위의 5단계가 필요합니다. 미리 5단계를 파악해 놓으면 이 장에서 이야기하고자 하는 방법을 더욱 쉽게 이해할 수 있고, 그것을 실행함으로써 즐거움을 느낄 수 있게 됩니다. 이 장에서는, 첫 단계인 '리퍼럴 제공자 후보 찾기'에 대해 설명하겠습니다.

수동적이 아닌, 능동적으로!

리퍼럴을 만들어 내는 유일한 방법은 다른 사람을 통하는 것입니다. 이 5단계는 새로 관계를 맺은 사람이나 신뢰를 쌓아가는 사람들에게도 효과가 있지만, 기본적으로는 강력한 신뢰관계가 형성돼 있고, 오랜 기간에 걸쳐 공통의 이해관계와 관심을 유지해온 사람들에게 적용하도록 디자인되었습니다.

이 방법과 관련하여 가장 중요한 것은 능동적으로 리퍼럴 제공자 후보를 찾는다는 점입니다. 물론 당신의 상품/서비스를 필요로 하는 사람이 있다는 말을 들은 시점부터 이 시스템을 작동시킬 수도 있습니다. 그러나 아무런 행동도 취하지 않고 단순히 리퍼럴이 오기만을 기다리지는 마십시오. 나가서 직접 리퍼럴을 찾으십시오. 더 많은 양질의 리퍼럴을 만들어 낼수록 당신의 사업도 잘될 것입니다.

다음의 6가지 조건을 충족하는 리퍼럴 제공자를 찾아라

1. 당신을 돕기를 원하거나 돕도록 동기부여를 할 수 있는 사람
2. 당신을 도울 시간이 있거나 시간을 낼 의향이 있는 사람
3. 당신이 부탁하려는 일을 수행할 능력이 있거나 훈련 과정을 거치면 그 일을 할 수 있는 사람
4. 당신을 돕기 위해 필요한 리소스를 가진 사람
5. 당신이 고객으로 만들고 싶은 사람들과 인맥으로 연결돼 있는 사람
6. 당신이 아는 사람에게 소개해도 좋은 상품/서비스를 제공할 사람

지속가능한 신뢰관계를 구축하기 위해서는 이상의 6가지 조건을 모두 충족시킬 필요가 있습니다. 오랫동안 우리는 당연히 받아야 마땅한 리퍼럴을 왜 받지 못하는지 이해되지 않는다며 속상해하는 많은 사업가들을 코칭했습니다. 그들은 얼핏 보면 리퍼럴을 받기 위해 필요한 행동을 하는 듯 보입니다. 하지만 코칭을 하면서 자세히 살펴보면 그들은 리퍼럴 제공자들과의 인간관계가 'VCP 프로세스'에서 어느 단계인지 잘 모르거나, 열심히 일하기는 하지만 그 대상이 위에서 언급한 6가지 조건을 모두 충족하

지 못하는 사람들이라는 것을 깨닫게 됩니다.

 이 책에서 말하는 내용을 충분히 이해하고 각 장에서 부여한 과제와 실천사항을 완수했다면 리퍼럴을 실제 비즈니스로 바꾸기 위해 필요한 준비는 거의 마쳤다고 할 수 있습니다. 그렇다면 당신은 이미 리퍼럴 제공자 후보들을 찾았을 것입니다. 그들과 관계를 강화하기 위해 그들의 GAINS에 대해 더 많은 것을 알고자 하거나, 당신의 GAINS에 대해서도 더욱 자세히 이해하고자 노력했을 것입니다. 그리고 그들로부터 구체적으로 어떤 도움을 받고 싶은지도 생각해 보았을 것입니다. 강력한 신뢰관계야말로 리퍼럴을 만들어 내는 최고의 요소입니다. 하지만, 여기서는 그것과 더불어 또 다른 전술도 활용해 보기로 합니다. 상대에게 동기를 부여하는 최고의 방법 중 하나는 여기에 소개된 리퍼럴 생성 시스템을 적용하여 그들이 자신의 고객이나 비즈니스 기회를 얻도록 도와주는 것입니다.

최초의 연락

 우수한 리퍼럴 제공자 후보의 명단을 만들었다면 다음으로 해야 할 일은 그들에게 연락을 취하는 것입니다. 그들에게 메시지를 전달하는 최선의 방법은 무엇일까요? 편지를 보내는 게 좋을까요? 아니면 이메일이나 팩스? 직접 만남을 약속하는 것이 좋을까요? 어떤 방식이든 괜찮습니다. 하지만 첫 소통은 전화로 하는 것이 가장 좋습니다. 서면으로 메시지를 보내는 것보다 더욱 부드럽고 친근하게 느껴지면서도 직접 만나 이야기하는 것보다 당신이나 리퍼럴 제공자 후보 쌍방에게 모두 편리한 방법이기 때문입니다.

　전화하기 전에 계획을 잘 세워야 합니다. 어떤 주제로 이야기할 것인지 미리 정해 놓도록 합니다. 잊지 마십시오. 전화의 목적은 리퍼럴을 만들어 내는 데 도움을 요청하고, 당신의 계획을 간단히 설명하고, 더욱 자세한 이야기를 하기 위해 만날 날짜를 정하는 일입니다. 아래는 전화통화에 관한 가이드라인입니다.

- 적절한 인사와 세상 돌아가는 이야기로 시작합니다.
- 전화를 건 목적과, 어느 정도의 시간이 필요한지 말합니다.
- 지금이 전화하기 좋은 시간인지 확인합니다.
- 바로 대화의 핵심으로 들어가 먼저 상대방에게 가치 있는 제안을 합니다. 말하려는 내용이 상대방에게 어떻게 도움이 될 수 있는지 설명합니다.
- 비즈니스를 위해 리퍼럴을 만드는 데 도움을 받았으면 한다고 말하고 자세한 내용을 상의하기 위해 만나고 싶다고 말합니다.
- 대면만남 혹은 전화통화 약속을 정합니다.
- 검토해 주기를 바라는 자료가 있다고 알립니다(이것에 관해서는 다음 장에서 설명하겠습니다).

전화통화 대본을 만들어라

대본에 적혀 있는 대로 기계적으로 행동할 필요는 없습니다만, 첫 연락이 어떠한 방향으로 흘러갈지 예상해보기 위해 대본을 만들면 도움이 됩니다. 마크 스타 박사라는 가공의 인물을 들어 설명하겠습니다. 마크 스타 박사는 트루디 그로스맨이라는 여성을 리퍼럴 제공자로 만들고 싶습니다. 트루디의 친구 중에는 클리어 채널의 라디오 토크쇼에서 인터뷰 진행을 맡은 에셀이라는 여성이 있기 때문입니다. 마크 스타 박사는 새로 펴낸 책을 홍보하기 위해 에셀의 라디오 토크쇼에서 인터뷰하고 싶습니다. 트루디라면 에셀에게 말해줄 수 있을지도 모릅니다. 다음은 이 같은 가정 아래 작성한 전화통화 대본의 예입니다.

인사: "여보세요? 트루디인가요? 마크 스타입니다."

세상 이야기: "잘 지내시죠?… 가족들도 건강히 잘 지내시겠죠?… 주말에 어디 다녀오셨어요? …"

목적: "실은 제가 이번에 낸 책을 홍보하기 위해 라디오 토크쇼에서 인터뷰를 했으면 하는데 도움을 주실 수 있을까 해서 전화드렸습니다. 그리고 또 한 가지, 당신의 비즈니스 리퍼럴을 만들어 내도록 제가 어떻게 도와드릴 수 있는지 알려드리고 싶습니다. 지금 제 아이디어를 간단하게 설명해 드리고 어떻게 생각하시는지 의견을 듣고 싶습니다. 지금 잠깐 시간이 어떠세요? 괜찮으시다면 지금 간단히 통화하고, 더 자세한 이야기는 따로 만나 하면 좋겠습니다."(상대방이 허락했다면 계속

이어 나간다)

개요: "아시겠지만, 소개는 비즈니스를 만들어 내는 가장 좋은 방법 중 하나지요. 최근에 아이번 마이즈너 박사와 마이크 마세도니아가 고안한 체계적으로 비즈니스의 소개를 만들어 내는 방법에 대해 읽었는데, 더 많은 고객이나 비즈니스 기회를 이끌어 내는 데 도움이 되었으면 하는 생각에서 저도 한번 계획을 세워 봤습니다. 실용성 있고 중요한 내용은 다 들어 있다고 생각합니다. 관심이 있으시다면, 트루디 당신의 사업을 위해 이 시스템을 쓰는 방법을 알려드리고 싶은데 어떠신가요?"(상대방이 흥미를 보인다면 계속 이어 나간다)

만날 날짜 결정: "잘됐네요. 그럼 가능한 한 빨리 만나 뵙고 제 아이디어를 말씀 드리고 싶네요. 다음 주나 다다음주는 어떠신지요? 약 1시간 정도 걸릴 것 같은데 언제가 제일 좋으세요?"

대화 마침: "그럼, 말씀 드리고 싶은 내용의 개요와 시스템이 어떻게 작동하는지 이해하시는 데 도움이 될 만한 자료를 보내드릴게요. 내일이나 모레쯤 받으실 수 있을 겁니다. 혹시라도 다음 만남 전에 궁금한 점이 있으시면 부담 없이 전화 주세요. 당신과 이야기를 나눌 수 있어서 정말 좋았습니다. 그럼, 다음 만남은 ○○월 ○○일 ○○시 ○○분에 하겠습니다. 잘 부탁드립니다."

제1단계 완료

위에 예시한 가이드라인과 전화통화 대본을 바탕으로 리퍼럴 제공자가 되어줄 것 같은 사람과 첫 통화의 대략적인 흐름을 정리해 보십시오. 이 과정의 나머지 4단계를 확인했다면 대본을 퇴고한 후 바로 전화합니다.

리퍼럴 파트너라는 '핵심 역할'을 할 사람을 찾아라

여기까지 비즈니스에 도움이 되는 여러 가지 리퍼럴 관계에 대해 이야기했습니다. 리퍼럴 마케팅 계획이 한층 가다듬어지면 리퍼럴을 통한 성공에 큰 영향을 끼칠 만한 인물을 찾고, 그와 신뢰관계를 구축하기 시작할 것입니다. 많은 경우, 이러한 특별한 리퍼럴 관계의 대상은 우리가 '리퍼럴 파트너'라고 부르는 사람들입니다. 이에 해당하는 사람들은 앞에서 말한 6가지 조건을 모두 충족할 뿐 아니라, 당신과 'VCP 프로세스'의 마지막 단계인 '수익(P) 단계'에 있는 사람들입니다. 이들이야말로 '핵심'이 되는 사람들입니다.

아래 그림은 리퍼럴 기회를 동심원으로 나타낸 것입니다. 가장 바깥쪽에 있는 원이 리퍼럴 소스(리퍼럴 제공자가 될 수 있는 모든 사업가)입니다. 제13장에서, 8종류의 리퍼럴 제공자 후보를 특정해 보았습니다. 당신에게 리퍼럴을 제공해줄 수 있는 사람 모두가 여기에 포함됩니다.

그 안쪽의 원은 '상생직군(컨택트 스피어)'에 속하는 직업들을 포함합니다.

리퍼럴 네트워크

리퍼럴 소스

상생직군
(컨택트 스피어)

파워팀

리퍼럴 파트너

이전에 설명했듯 '상생직군'은 비즈니스에서 당신과 경쟁적이지 않고 상호 보완적인 직업들을 말합니다.

다음 원은 13장에서 말씀 드린 '파워팀'에 속하는 사람들을 포함합니다. '파워팀'은 당신과 신뢰관계에 있는 사람들 중에서 당신의 상생직군에 포함돼 적극적으로 서로 리퍼럴을 주고받는 관계입니다.

가장 안쪽의 원은 리퍼럴 파트너입니다. 이들은 리퍼럴 제공자의 6가지 조건을 모두 충족시키는 사람들입니다. 이렇게 리퍼럴 제공자의 6가지 조건을 모두 충족하고, 신뢰관계는 'VCP 프로세스'에서 '수익(P) 단계'인 몇 명의 리퍼럴 파트너만 있어도 대부분의 사업가는 놀라울 정도의 리퍼럴을 받을 수 있습니다. 리퍼럴 마케팅에서는 '단순하지만 쉽지 않은' 일들이 있는데, 이런 리퍼럴 파트너의 확보가 그 중 하나입니다. 하지만 이 '핵심'에 정확히 초점을 맞춘다면 당신에게 어울리는 리퍼럴 파트너를 발견할 수 있을 것입니다.

8가지 리퍼럴 소스

1. 상생직군(컨택트 스피어)에 속하는 사람
2. 만족한 고객
3. 당신의 비즈니스가 잘되면 자신의 비즈니스도 혜택을 받는 사람들
4. 네트워킹 그룹에 속한 사람들
5. 당신과 어떤 형태로든 거래하는 사람

6. 종업원이나 스태프

7. 당신이 리퍼럴을 제공하는 사람

8. 당신에게 리퍼럴을 제공해 주는 사람

상생직군(컨택트 스피어)

서로 경쟁하지 않고 보완관계에 있는 비즈니스나 직업으로 구성된 그룹을 말합니다.

파워팀

당신과 신뢰관계에 있는 사람들 중에서 당신의 상생직군에 속하고, 적극적으로 리퍼럴을 주고받는 관계인 사람들을 말합니다.

리퍼럴 파트너

리퍼럴 소스의 6가지 조건을 모두 충족하고 당신과의 신뢰관계가 'VCP 프로세스' 중에서 '수익(P) 단계'에 있는 사람들을 말합니다.

다음의 6가지 조건을 충족하는 리퍼럴 제공자를 찾아라

1. 당신을 돕기를 원하거나 돕도록 동기부여를 할 수 있는 사람
2. 당신을 도울 시간이 있거나 시간을 낼 의향이 있는 사람
3. 당신이 부탁하려는 일을 수행할 능력이 있거나 훈련하면 그 일을 할

수 있는 사람
4. 당신을 돕기 위해 필요한 리소스를 가지고 있는 사람
5. 당신이 고객으로 만들고 싶은 사람들과 인맥으로 연결된 사람
6. 당신이 아는 사람에게 소개해도 좋은 상품/서비스를 제공하는 사람

향후 미션

1. 당신의 '파워팀'에 속하는 사람들의 명단을 작성해 봅시다.
2. 리퍼럴 소스의 6가지 조건을 모두 충족하는 네트워크 멤버의 명단을 작성해 봅시다.
3. 당신의 리퍼럴 네트워크에 속한 사람들 중에서 리퍼럴 파트너로 발전할 가능성이 있는 사람들의 명단을 작성해 봅시다.
4. 위의 조건에 해당하는 사람과 만나 리퍼럴 파트너가 될 기회에 대해 이야기해 봅시다.

21장
리퍼럴 제공자를 훈련시켜라

리퍼럴을 받기는 했는데 단지 잠재고객의 이름과 전화번호뿐이라면 어떨까요? 아마도 잠재고객에게 이런 식의 전화를 걸겠지요.

'여보세요, ○○씨. 저는 xx라고 합니다. △△씨에게 소개받아 연락 드리게 됐습니다. 저는 회계사이고…'

눈치채셨겠지만 리퍼럴을 이런 식으로 처리하면 좋은 결과를 기대할 수 없습니다. 반면 리퍼럴 제공자로부터 다음과 같은 도움을 받는다면 리퍼럴을 고객으로 바꿀 수 있는 가능성이 훨씬 커집니다.

- 먼저 리퍼럴 제공자가 잠재고객에게 연락해 무엇을 필요로 하는지 알아냅니다. 가능하면 당신이 연락할 것이라고 미리 말해 놓습니다.

- 잠재고객에게 당신이나 당신의 비즈니스에 관한 정보를 미리 알려줍니다.
- 당신과 리퍼럴 제공자의 관계를 알려줍니다.
- 잠재고객에게 당신의 상품/서비스에 대해 간단하게 설명하고 추천의 말을 합니다.
- 잠재고객을 당신에게 소개하는 만남을 주선합니다.
- 당신이 잠재고객에게 연락한 뒤 추가 조치가 필요한지 잠재고객과 추적해서 살펴봅니다.

하지만 이런 것들을 구체적으로 요청하지 않으면 리퍼럴 제공자는 그런 행동을 취하지 않을 가능성이 큽니다. 이런 행동을 하고 싶지 않아서가 아니라 이런 행동이 결과에 얼마나 큰 영향을 미치는지 모르기 때문이기도 하고, 당신이나 당신의 비즈니스에 대해 충분한 정보가 없어서 그럴 수도 있으며, 단순히 무엇을 어떻게 해야 하는지 몰라서 그럴 수도 있습니다.

리퍼럴 제공자를 위한 계획을 세워라

당신이 해야 할 일은 크게 두 가지가 있습니다
1. 리퍼럴 제공자가 어떤 행동을 취하기를 원하는지 알린다
2. 그 일을 하는 데 필요한 모든 자료를 제공한다

구체적으로 다음과 같은 일을 하십시오. 이것은 리퍼럴 제공자에 대한 당신의 책임입니다.

- 간단한 설명을 위한 만남의 안건을 준비한다.
- 리퍼럴을 찾아 고객으로 전환시키는 데 리퍼럴 제공자가 어떤 도움을 줄 수 있는지 보여준다.
- 리퍼럴 제공자를 위해 샘플 이메일이나 대본, 인쇄물을 작성한다.
- 리퍼럴 제공자가 잠재고객과 접촉할 때 사용할 수 있는 간단한 지침이나 대략적인 윤곽을 보여주는 자료를 준비한다.
- 무엇을 해줬으면 좋을지 리퍼럴 제공자에게 명확한 지침을 준다.
- 타이핑 등 기타 사무적인 지원을 한다.
- 우표값, 전화비, 판촉물 제작비 등 당신을 돕기 위해 지출한 모든 경비를 지불한다.
- 당신을 돕는 것을 정말 쉽게 만든다.

그렇다면 이런 책임을 다하기 위해서는 구체적으로 무엇을 어떻게 하면 좋을까요? 리퍼럴 제공자 후보에게 브리핑할 때는 다음 4가지 단계를 거칩니다.

1단계

리퍼럴 제공자 후보에게 처음 전화를 걸어 도움을 요청할 때 당신이 리퍼럴을 받기 위해 어떻게 하는지 대략적으로 설명합니다.

2단계

첫 만남 전에(전화로 미리 약속한) 정보와 자료 묶음을 리퍼럴 제공자 후보에게 보냅니다. 자료 묶음에는 다음을 포함시킵니다.

- 사전 만남을 위한 포괄적인 내용
- 리퍼럴 제공자의 역할과 당신의 역할에 대한 설명
- 잠재고객과의 대화 견본, 대본, 그 외 자료

첫 만남 전에 반드시 전화해서 리퍼럴 제공자 후보가 이들 자료를 받았는지 확인합니다. 만나기 전에 자료들을 읽도록 다시 상기시킵니다. 예를 들면 자료와 관련된 질문이 없는지 물어보면 됩니다. 미리 그 사람이 자료를 읽으면 그만큼 만남에서 그 사람을 '훈련'하는 것도 빠르고 원활하게 이뤄질 수 있습니다.

3단계

리퍼럴 제공자 후보를 교육하고 훈련합니다. 만남을 공식적으로 할지 비공식적으로 할지, 1 대 1로 할지 몇 명의 리퍼럴 제공자 후보를 모아 교습할지는 처한 상황이나 스타일, 리퍼럴 제공자 후보의 필요에 따라 결정합니다. 적어도 첫 만남에서는 당신이 트레이너 역할을 합니다. 그 다음에는 우수한 리퍼럴 제공자를 선택해 그에게 새로운 리퍼럴 제공자의 훈련을 맡겨 도움을 받으면 효과적입니다. 물론 이들의 훈련 비용은 당신이 부담해야 합니다.

리퍼럴 제공자 후보에게 설명하는 단계는 리퍼럴 프로세스 전체의 핵심입니다. 적당히 하려 해서는 안 됩니다. 이 단계의 목적은 리퍼럴을 고객으로 만들기 위해 리퍼럴 제공자들이 도움을 주는 방법을 알려주는 것입니다.

미리 보낸 자료를 리퍼럴 제공자와 함께 확인합니다. 이 때는 대충 훑어봅니다. 훈련은 가능하면 1~2시간 안에 끝내는 것이 좋습니다. 더 시간이 필요한 경우는 여러 차례에 나누어 진행합니다. 리퍼럴 제공자에게 당신의 인성, 비즈니스, 그들이 할 수 있는 지원 방법 등에 대해 한 가지라도 더 알려 주고자 노력해야 합니다. 다만 상대의 귀중한 시간을 너무 많이 빼앗아서는 안 됩니다.

리퍼럴 제공자를 훈련하기 위해 '리퍼럴 인스티튜트'의 파트너 겸 부사장인 돈 라이온즈(Dawn Lyons)는 BNI의 회의에서 저녁모임을 진행했습니다. '리퍼럴 인스티튜트'는 각 지역으로 확장하기 위해 우수한 트레이너와 코치를 찾고 있었습니다. 회의에 참가한 BNI의 디렉터는 '리퍼럴 인스티튜트'에는 최고의 리퍼럴 제공자입니다. 설명회는 약 2시간으로, 100명 이상의 디렉터가 참가했습니다. 그 중에서 돈 라이온즈는 참가자들에게 다음과 같은 정보를 제공했습니다.

- '리퍼럴 인스티튜트'가 제공하는 프로그램에 대한 간단한 설명
- BNI의 디렉터가 '리퍼럴 인스티튜트'를 도와줄 수 있는 방법 목록
- '리퍼럴 인스티튜트'가 BNI를 도와줄 수 있는 방법 목록

아래 박스는 돈 라이온즈가 진행한 저녁모임의 대략적인 내용입니다.

저녁모임 진행 과정과 의제들

도입

인사말

미팅의 목적

- 리퍼럴을 찾아 고객으로 전환하기 위해 어떻게 도와줄 수 있는지 설명한다
- 리퍼럴 제공자로서 행동하기 위해 알아야 할 것을 가르친다
- 리퍼럴 제공자로서 역할을 수행하기 위해 필요한 도구를 제공한다
- 실천계획을 수립한다

전체 의제 리뷰

미리 보낸 보충자료 리뷰

비즈니스 개발 목표

– 나의 상품/서비스 개요

– 타깃 마켓

얻을 수 있는 이점

5단계의 시스템을 사용하는 이점

5단계의 시스템의 구조

– 정의

– 필요요건

– 5가지 단계

그 외 도움을 줄 수 있는 방법

당신에게 도움이 되도록 이 시스템을 활용하는 방법

추천하는 실천계획

질의응답

실천계획의 최종 결정

결론

역할

「자신의 역할 목록(발췌)」

미팅 전

- 타깃 마켓을 선택한다
- 원하는 도움을 정한다

미팅 중

- 당신을 위한 훈련을 기획하고 제공
- 당신에게 상품/서비스의 견본을 무료 제공

미팅 후

- 당신에게 필요한 보충자료와 모든 경비를 정산하기 위한 자금 제공

「부탁하고 싶은 일 목록(발췌)」

- 잠재고객에 관한 정보를 수집해 제공한다
- 나에게 연락하기 전에 잠재고객에게 연락한다
- 잠재고객에게 배경정보를 전달하고 나의 상품/서비스를 추천한다
- 취합된 정보를 정리하여 잠재고객에게 보낸다

모임은 대성공이었습니다. 돈 라이온즈에게 그 모임은 필요한 지원을 얻는 데 도움이 됐습니다. 뿐만 아니라 '리퍼럴 인스티튜트'의 일이나 그 성공을 지원하는 방법에 대해 리퍼럴 제공자의 이해를 높일 수 있었습니다. 돈 라이온즈는 다음 BNI 국내 회의와 BNI 국제 회의에서 같은 모임을 열 계획을 세우고 있습니다.

4단계

리퍼럴 제공자에게 추가로 필요한 자료·정보·지원을 제공합니다. 전화나 보충설명, 상황보고(특히 리퍼럴 제공자가 잠재고객에게 몇 번인가 전화를 건 뒤) 등을 통해 훈련을 계속합니다. 이 경우 다음과 같은 효과가 있습니다.

- 혼자 수집하기 어려운 중요 정보를 수집하기 쉬워진다.
- 리퍼럴 소스가 당신의 상품/서비스에 대해 더 깊게 이해하게 되어 그 가치를 다른 사람에게 더욱 쉽게 전달할 수 있다.
- 당신이나 당신의 상품/서비스에 관한 중요한 질문에 대신 대답할 수 있게 된다.

당신은 혹시나 이런 생각을 하고 있지 않습니까?

'아이고, 나를 위해 이걸 다 해달라고 부탁하라고요? 못해요. 훈련을 받게 한다고요? 아무리 생각해도 그분들은 그럴 시간도 없고, 이렇게 많은 작업을 부탁하면 그분들이 무보수로 일하는 종업원처럼 느끼실 거라고요.'

제일 처음 설정한 조건을 떠올려보세요. 이 프로세스는 장기적이고 강력한 인맥이나 높은 신뢰관계가 있는 사람, 또는 상호 이익을 위해 서로 이런 일들을 해주기로 합의한 사람들에게만 사용해야 합니다. 사실 이런 사람들은 당신의 비공식적인 동업자들입니다. 당신과 이 사람들은 서로 상대방의 비즈니스를 돕기 위해 무상으로 활동하는 것에 동의했다는 의미입니다. 리퍼럴 조직에서 볼 수 있듯, 종종 이런 비공식적인 동의가 조직 차원에서 이뤄집니다.

아직 명확한 동의가 없는 경우는 리퍼럴 제공자가 될 만한 사람에게 리퍼럴로 비즈니스를 만들어 내기 위한 과정을 알려 주고 싶다고 말합니다. 당신이 사업상의 목표, 신규 고객 획득 방법에 관해 어떤 일을 하는지 명확히 알려 주고, 상대에 대해서도 같은 내용을 알고 싶다고 설명합니다. 그러면 다음의 두 가지 결과를 기대할 수 있습니다.

- 상대가 새로운 리퍼럴을 보내 준다.
- 상대가 리퍼럴을 만드는 과정을 개선하여 당신에게 리퍼럴을 받게 된다.

지름길

당신이 맺은 관계 중에는 지금까지 설명한 공식적인 훈련을 할 수 있을 정도로 가깝고 신뢰하는 관계에는 미치지 못한 경우도 많을 것입니다. 가끔은 한 번도 만난 적이 없는 사람에게 리퍼럴을 받는 경우도 있습니다. 이 두 가지 극단의 어디쯤에 대부분의 관계들이 폭넓게 분포돼 있습니다. 각각의 관계에 맞게 당신과 당신의 제품 혹은 서비스에 대한 정보를 제공하고 그것을 잠재고객에게 전달하도록 하는 적절한 방법을 써야 합니다. 또한 이전에 설명한 '동기부여 전략'의 많은 부분도 어느 정도는 리퍼럴 제공자를 대상으로 하는 훈련의 한 형태로 사용할 수 있습니다.

여기서 당신의 상품/서비스에 관한 유익한 정보를 리퍼럴 제공자에게 전하기 위한 공식적인, 혹은 비공식적인 방법을 소개하겠습니다. 이들 정보를 리퍼럴 제공자가 잠재고객에게 전달하면 비즈니스 리퍼럴로 이어질 수 있습니다.

리퍼럴 제공자에게 전단지 · 팸플릿 · 비디오/오디오테이프 · 이력서 등 당신의 마케팅 자료에서 개선점을 알려 달라고 합시다. 마케팅 자료는 완성본이 아닌 초안을 보냅니다. 왜냐하면 개선의 여지가 있는 상태에서 조언을 받는 것은 상대방으로 하여금 당신의 비즈니스에 대해 더 많이 알게 해서 당신에 대해 더 많은 사실을 기억하게 하기 때문입니다.

- 리퍼럴 제공자에게 뉴스레터를 보냅니다. 뉴스레터에서는 상대방에게 익숙하지 않은 주제를 다뤄도 상관없습니다. 상대방은 뉴스레터의 일부, 또는 전부를 당신과 비즈니스가 가능할 것 같은 사람에게 전송할 수 있습니다.
- 프레젠테이션을 할 수 있도록 당신을 소개해줄 수 있는지 리퍼럴 제공자에게 부탁합니다. 리퍼럴 소스는 당신을 잘 소개하기 위해 당신에 대해 더 많은 정보가 필요할 것입니다. 추가 자료를 보내 도와주겠다는 약속을 합니다.
- 친구나 동료(특히 새로운 사람)에게 그들에 대해 더 알고 싶다고 전합시다. 상대방의 일 · 직업 · 흥미/관심 · 조직 · 인맥 · 취미에 대한 정보를 구합시다. 동시에 당신의 프로필을 제공합니다. 당신의 모습을

본 적이 없는 사람에게는 사진도 첨부합니다.
- 당신에 대해 더 많이 알 수 있게 하는 이벤트에 초대합니다. 예를 들면 시상식·오픈하우스·상품 시사회·사교행사 등이 있습니다. 초대를 통해 당신에 대해 뭔가를 알릴 수 있도록 합시다. 당신이 이벤트의 후원자이고 사람들이 그 행사에 참가하는 주된 이유가 아닌 경우에는 메인 프레젠테이션 후에 몇 분간 당신의 비즈니스에 대해 이야기할 수 있는 시간을 갖도록 하십시오. 재무설계사나 보험설계사는 종종 강연을 후원하는데, 그런 행사를 활용해 자신의 서비스에 관해 간단한 프레젠테이션을 하기도 합니다.

당신에 관한 정보를 전화 자동응답 메시지에 녹음해 놓습니다. 어떤 사업가는 다음과 같은 메시지를 입력해 놓습니다.

"전화 주셔서 감사합니다. 여기는 체스니 커뮤니케이션입니다. 저희 회사는 비즈니스 텔레비전의 방송 '윈도즈 온 월스트리트'를 제작합니다. 사본 제작 서비스에 관한 문의는 1번을, 영상 제작에 관한 문의는 2번을, 그 외의 문의는 3번을 눌러주세요."

- 리퍼럴 제공자를 당신의 그룹에 초대해 상대가 알고 있는 일이나 하는 일에 대해 이야기를 들어보는 시간을 갖습니다. 그렇게 해서 상대방에게 당신이나 당신의 조직에 대해 질문하도록 유도합니다.
- 리퍼럴 제공자에게 당신의 웹페이지를 방문하게 합니다. 새로운 웹페이지의 안내를 보내고 피드백을 받아보십시오. 상대가 당신의 비즈니스를 이해하는 데 도움이 될 만한 정보를 포함하도록 합니다.
- 메일의 마지막에는 닉네임, 당신이 현재 맡고 있는 직책, 저술한 책,

수상경력 등의 정보를 포함한 '서명'을 넣습니다. 이 목록은 10줄 이내로 합니다. 가끔 내용을 변경하면 정기적으로 메일을 주고받는 상대라 해도 당신에 대해 더 많이 알 수 있는 기회가 될 것입니다.

- 리퍼럴 제공자에게 조언을 구합니다. 상대방이 당신의 상품/서비스를 추천할 말을 쉽게 정리할 수 있도록 배경이 될 만한 정보를 적절하게 전합시다.

아래는 이 책의 공동 저자 마이크 마세도니오의 메일 서명입니다. 어떤 정보를 넣으면 좋을지 참고하십시오.

마이크 마세도니오

〈뉴욕타임스〉 베스트셀러 작가

'리퍼럴 인스티튜트' 대표 · 파트너

Creating Referrals For Life ™

사무실 : 707-78-8110

www.referralinstitute.com

mikem@referralinstitute.com

'리퍼럴 인스티튜트'가 창업가(잡지명)

연간 프랜차이즈 500(Entrepreneur's Annual Franchise 500)에서 5년 연속 '톱 500'에 선정되었습니다.

서로에 대해 알아가라

'게인즈(GAINS) 방법'에서 배운 것처럼, 리퍼럴 제공자를 알아가는 것은 쌍방향으로 진행됩니다. 당신은 리퍼럴 제공자에 대해 잘 알아둬야 합니다. 그러면 상대가 어떤 잠재고객을 소개할지 예측할 수 있고, 상대의 비즈니스나 업계의 틀 안에서 협력할 수 있습니다. 리퍼럴 제공자 역시 당신에 대해 잘 알고 있어야 합니다. 그래야 당신의 상품/서비스에 적합한 잠재고객을 선택하고 당신의 강점이나 전문분야를 그 잠재고객에게 추천할 수 있습니다.

혜택을 누리는 것도 쌍방향입니다. 좋은 리퍼럴을 제공해준 리퍼럴 제공자가 당신을 도와준 대가로 혜택을 받도록 합니다. 이것을 달성하는 데는 여러 가지 방법이 있습니다. 이것에 대해서는 다음 장에서 설명하겠습니다.

향후 미션

리퍼럴 제공자에게 4단계로 설명합니다.

1단계 리퍼럴 제공자 후보에게 도움을 요청하는 첫 전화를 해서 당신이 리퍼럴을 획득하기 위해 어떤 방법을 쓰는지 간단하게 설명합니다.

2단계 정보/자료묶음을 리퍼럴 제공자 후보에게 보냅니다. 전화에서 미리 이 자료를 보내겠다고 약속합니다. 자료묶음에는 다음을 포함합니다.

– 사전 만남을 위한 자세한 의제

– 리퍼럴 제공자의 역할과 당신의 역할을 기술한 내용

– 대화 내용 견본, 대본, 그 외 자료

3단계 리퍼럴 제공자에게 교육과 훈련을 실시합니다.

4단계 필요에 따라 리퍼럴 제공자에게 추가 자료 · 정보 · 지원을 제공합니다.

22장

리퍼럴 제공자를
실전에서 코칭하라

리퍼럴 네트워크를 작동시키기 위한 세 번째 단계는 리퍼럴을 고객으로 바꾸는 과정에서 성공을 좌우하는 가장 중요한 단계입니다. 동시에 이 단계는 전체 과정에서 유일하게 당신 이외의 사람이 실행합니다. 잠재고객에게 먼저 접촉하여 당신이 연락하는 이유를 알려주는 것은 잠재고객과 안면이 있는 리퍼럴 제공자의 역할입니다. 당신이 아닌 리퍼럴 제공자가 연락해야 하는 확실한 이유가 있습니다. 미리 신뢰할 수 있는 제3자로부터 당신에 대해 이야기를 듣는다면 잠재고객이 당신의 이야기를 듣거나, 당신의 상품/서비스를 구입하거나, 당신에게 비즈니스 기회를 제공할 가능성이 더욱 높아집니다.

리퍼럴 제공자가 잠재고객에 대한 약간의 조사, 즉 그 사람이 당신의 상품/서비스를 필요로 하는지, 갖고 싶은지, 관심이 있는지 알아본다면 리퍼럴 제공자가 잠재고객에게 연락할 가능성은 더 높아집니다. 당신의 비즈니스가 잠재고객에게 도움이 된다는 것을 리퍼럴 제공자가 알게 됐다면 리퍼럴 제공자는 잠재고객에게 당신에 대해 이야기할 것입니다. 그렇지 않다면 당신에 대해 이야기하지 않습니다.

질문하는 스킬을 훈련시켜라

리퍼럴 제공자가 잠재고객에 대해 조사할 때 가장 효과적인 방법은 질문하는 것입니다. 당연히 당신보다 리퍼럴 제공자가 잠재고객으로부터 답을 얻기가 쉽습니다. 여기서는 앞의 20장에서 사용한 예를 사용해 생각해봅시다. 스타 박사의 리퍼럴 소스인 트루디 그로스맨(리퍼럴 제공자)이 스타 박사를 위해서 자신의 친구이자 라디오 쇼의 진행자로 일하는 에셀 클리어채널(잠재고객)에게 다음과 같은 질문을 합니다.

- 쇼의 게스트 선정 방법은 무엇인가? 최종결정자는 누구인가?
- 다루고 싶은 주제는 무엇인가?
- 앞으로 몇 개월간 어떤 주제를 다룰 예정인가?
- 제안받을 용의가 있는가? 소개할 사람이 있는데 관심이 있는가?
- 게스트가 정해지지 않은 날은 언제인가?

이들 질문에 대해 잠재고객이 어떻게 대답했는지 리퍼럴 제공자로부터 듣습니다. 그렇게 하면 당신이 잠재고객과 접촉할 때 어떻게 하면 좋을지 더욱 명확해집니다. 시간과 상황을 고려해 연락하겠다고 잠재고객에게 전해 줄 것을 리퍼럴 제공자에게 요청합니다.

사후관리하도록 코칭하라

리퍼럴 제공자는 잠재고객과 이야기한 다음 서면으로 사후관리를 해야 합니다. 그렇게 함으로써 잠재고객은 당신이 연락하기 전에 당신에 대해 좀 더 알 수 있습니다. 또한 리퍼럴 제공자로부터 당신에 대해 들은 것을 잊어버렸다고 해도 다시 상기하게 됩니다. 사후관리를 할 때는 첨부파일을 곁들여 당신의 경력이나 비즈니스 내용을 기록한 팸플릿 등의 자료(두 번째 단계에서 공들여 준비한 리퍼럴 제공자에게 제공한 자료)를 보냅니다.

다음은 리퍼럴 제공자가 사후관리를 위해 잠재고객에 보낸 편지의 예입니다. 이 예에서는 트루디 그로스먼(리퍼럴 제공자)이 스타 박사를 위해 자신의 친구인 라디오 쇼 진행자로 일하는 에셀(잠재고객)에게 편지를 보냅니다.

사후관리를 위한 편지의 예

에셀에게

안녕하십니까? 지난번 대화는 매우 즐거웠습니다. 지역 단체의 부대표에 지명됐다고 들었어요. 축하합니다. 일이 잘되는 것 같아 기쁩니다.

지난번 약속한 대로 마크 스타 박사의 자료를 동봉합니다. 말씀드린 대로 그는 당신 쇼의 게스트로 적합한 인물입니다. 그는 최근에 다른 라디오 쇼에 출연해 목표 달성을 위한 전략에 대해 이야기했습니다. 언제나 그렇듯 활력이 있고 프로답게 도움이 되는 이야기를 해주었습니다. 동봉한 자료를 검토해 주십시오. 괜찮으시다면 다음 주 마크가 당신에게 전화로 연락하도록 전하겠습니다.

그럼 다음 달 조찬회에서 뵙겠습니다.

2019년 1월 3일
트루디 그로스먼

참조: 마크 스타 박사

피드백 제공하기

마지막으로 리퍼럴 제공자는 당신에게 진행상황을 알려주어야 합니다. 전화 · 이메일 · 팩스 등 어떤 방법도 상관없습니다. 앞에서 말한 바와 같이 잠재고객에게 보낸 내용을 전송받는 방법도 있습니다. 중요한 것은 다음에 언제 누가 행동을 하는지 명확하게 하는 것입니다.

리퍼럴 제공자에게만 일을 시키는 것처럼 보일 수도 있습니다. 하지만 이 시스템이 잘 돌아가기 위해 무대 뒤에서 일하는 사람은 당신이어야 한다는 사실을 잊지 마십시오. 이 과정에서 리퍼럴 제공자에게도 다음과 같은 이점이 생깁니다.

- 자신의 필요 때문이 아니라 다른 일로 지인에게 연락할 기회가 된다.
- 그 사람과의 신뢰관계를 강화할 수 있다.
- 금전적 대가를 기대하지 않고 리퍼럴을 제공하는 멋진 모습을 보여 줄 수 있다.
- 벤더인 당신으로부터 자신에게 리퍼럴을 찾아 주도록 똑같이 노력할 것을 약속받을 수 있다.
- 리퍼럴 제공자로서 평판을 쌓는다.

따라서 리퍼럴 제공자에게 지원을 얻는 것은 서로에게 큰 이점이 있습니다. 더욱 중요한 것은 리퍼럴 제공자와 힘을 합치면 혼자보다 훨씬 큰 성공을 거둘 수 있다는 것입니다.

23장

내 도움이 필요한
잠재 고객에게 연락하라

본 적도, 알지도 못하는 사람이 리퍼럴을 요구하거나 비즈니스 이야기를 꺼낸 적이 있습니까? 마이애미의 BNI 멤버인 미셸 빌러로버스는 이것을 '성급한 권유'라고 부릅니다. 저도 미셸과 같은 의견입니다. 실제로 몇 번이나 '성급한 권유'의 피해자가 되었습니다.

최근 어떤 비즈니스 네트워킹 이벤트에서 강연했을 때의 일입니다. 제 발표 전에 어떤 사람이 가까이 다가와 제게 이런 말을 말했습니다. "안녕하십니까? 만나뵙게 되어 영광입니다. 리처드 브랜슨을 아시지요? 저는 전문적인 마케팅 서비스를 제공합니다, 그의 회사인 버진 엔터프라이즈사에 도움을 줄 수 있다고 확신합니다. 저를 그에게 소개해 주실 수 없을까요? 저의 서비스가 어떻게 그의 회사에 도움이 될지 프레젠테이션을 하고 싶습니다."

저는 마음속으로 이렇게 생각했습니다.

'당신 미친 것 아니오? 그래서, 알지도 못하고 어떤 신뢰관계도 없는 당신을 나도 몇 번 만난 적 없는 리처드 경에게 소개해서 내가 써본 적도 없고 정체도 모르는 상품/서비스를 당신이 리처드 경에게 팔려고 들이대도록 하란 말이오? 꿈 깨시오. 절대 그런 일은 없을 테니.'

다행히 저는 엄청난 노력으로 그 생각을 입 밖으로 내지는 않았습니다. 대신 훨씬 간접적인 방식으로 대응했습니다.

"안녕하세요? 저는 아이번 마이즈너입니다. 죄송합니다만 초면이시죠? 이름이 뭐라고 하셨죠?"

상대가 깜짝 놀라더군요. 아마 자신의 '권유'가 '성급했음'을 깨달았던 모양입니다. 그 사람에게 '저는 언제나 사람들을 제 인맥의 다른 사람들에게 소개하지만, 서비스를 제공하는 사람과 장기적인 신뢰관계를 맺은 후에야 그렇게 한다'고 설명했습니다. 그 사람은 고맙다고 인사하고는 또 다른 표적을 찾아 자리를 떴습니다.

— 아이번 마이즈너

네트워킹은 사냥이 아닙니다. 네트워킹은 농사입니다. 그것은 신뢰관계를 키우는 일입니다. '성급한 권유'를 해서는 안 됩니다. 이 사실을 기억한다면 당신은 더욱 훌륭한 네트워크를 구축할 수 있습니다.

네트워킹을 할 때 사냥하듯 접근할 경우 많은 사람이 혐오감을 느낍니다. 많지는 않지만 이렇게 행동하는 것을 우수한 네트워킹 수단이라고 착각하는 사람들이 있다는 것은 통탄할 일입니다.

놀랍게도 필자가 'Enerepreneur.com'을 위해 쓴 기사에 아래와 같은 댓글을 단 사람이 있었습니다.

"소개를 부탁하는데 굳이 그 사람과 신뢰관계가 있어야 한다고는 생각하지 않습니다. 필요한 것은 그 상품/서비스가 잠재고객에게 도움이 된다는 것을 설득할 수 있는 스토리입니다. (중략) 그 사람과 신뢰관계를 만들지 않았다는 것은 중요하지 않습니다. 당신이 소개를 통해 그 사람에게 도움을 줄 수 있는 위치에 있다는 것이 더 중요하기 때문입니다. 소개받는 사람에게 이익이 되는 것이라면 도대체 왜 그것이 문제인지 모르겠네요. (중략) 소개하는 것이 도움이 되느냐가 중요하지, 소개를 부탁하는 상대와 신뢰관계가 중요한 것은 아닙니다. 누구인가가 제 지인에게 좋은 것을 소개하겠다는데 제가 무슨 권리로 그 소개를 막는다는 말입니까?"

정말… 무슨 말을 해야 할지 모르겠네요. 그래서 '신뢰관계'는 상관없다?! 이분의 말에 따르면 훌륭한 스토리와 상품/서비스만 있으면 충분하고, 상대에게 이야기만 하면 상대는 생판 모르는 당신을 자신의 친한 지인들에게 소개해줄 의무가 생긴다는 겁니다! 정말 그럴까요? 정말 사람들이 그렇게 생각할까요? 이 댓글을 쓴 사람에 따르면 상품/서비스를 팔려는 사람을 제가 실제로 아는지, 신뢰하는지는 전혀 상관이 없다고 합니다. 그 사람이 스스로 좋은 상품이라고 말하는 것을 제공한다고 하면, 우리는 그 사람을 지인에게 소개해 주어야 합니다. 왜냐하면 그렇게 하지 않으면 '좋은 것'을 지인이 받을 기회를 '빼앗는' 일이 되기 때문입니다.

성급한 권유에 반대하는 네트워크 구축자여, 단결하라! 이것은 결코 좋은 네트워킹 방법이 아님을 사람들에게 알릴 필요가 있습니다.

리퍼럴 제공자로부터 받은 리퍼럴을 발전시키는 5단계 실천계획

1. 미래고객과 첫 소통

리퍼럴 제공자가 자기 역할을 다 해주었다고 합시다. 드디어 잠재고객과 접촉할 때가 되었습니다. 하지만 주의하십시오. 첫 접촉의 목적은 당장 판매하거나 당신의 비즈니스에 대해 질문은 없는지 묻는 것이 아닙니다. 자신의 상품/서비스에 대한 소개는 상대가 요청할 때만 합니다!

잠재고객과 첫 접촉의 목적은 다음과 같습니다.

- 신뢰관계를 구축하기 시작한다
- 잠재고객에 대해 더 알게 된다.
- 잠재고객이 당신을 더 잘 알도록 돕는다.
- 다음 접촉을 할 수 있도록 자신을 자리매김한다.
- 잠재고객이 리퍼럴 제공자가 설명한 내용과 일치하는지 확인한다.

> **구하라 그러면 얻을 것이다**
>
> 리퍼럴을 받기 위해서는 리퍼럴을 구해야 합니다. 하지만 문제는 그 방법이나 시간입니다. 그렇다면 언제가 적절한 시간이냐고요? 리퍼럴을 구하는 적절한 시간은 리퍼럴을 주고받는 관계가 '양쪽 모두' '신뢰(C) 단계'에 있을 때입니다. 네트워킹이 친구나 가족을 멀어지게 하는 구조가 되어서는 안 됩니다. 사람들과의 관계라는 계좌에서 돈을 꺼내 쓰기 전에, 즉 관계를 맺고 있는 사람에게 리퍼럴을 요청하기 전에, 계좌에 충분히 잔고가 있는지 확인하시기 바랍니다.

접촉하기 전에 충분히 준비하십시오. 시간의 여유가 있다면 당신을 대신해 리퍼럴 제공자가 잠재고객과 주고받은 메일을 모두 받아 보는 것도 도움이 됩니다. 리퍼럴 제공자에게 잠재고객에게 접촉하기 좋은 방법을 물어 보는 것이 좋습니다(전화? 편지? 메일?).

2. 얼굴을 마주하다

리퍼럴 제공자로부터 접촉해도 좋다는 사인을 받으면 기회가 사라지기 전에 행동으로 옮겨야 합니다. 72시간 이내에 잠재고객과 연락을 취합니다. 리퍼럴 제공자도 참석 가능하다면 함께 만나는 것이 가장 효과적입니다. 이 경우 리퍼럴 제공자로 하여금 당신을 소개하도록 합니다. 소개할 때 "해리, 이쪽은 빅입니다. 빅, 이쪽이 해리입니다"만으로는 부족합니다. 리퍼럴 제공자는 당신의 인성이나 상품/서비스에 대해 자세하게 설명할 필요가 있습니다. 예를 들면 다음과 같습니다.

"해리(잠재고객), 이쪽이 지난번 클럽 모임에서 이야기한 빅(당신)입니다. 빅과 저는 5년 이상 알고 지낸 사이입니다. 최근 2년 정도 여행 예약은 모두 그에게 부탁했습니다. 빅 덕분에 정말 많은 돈을 절약했어요. 공항 라운지에서 대기시간을 단축한 것은 말할 것도 없습니다. 빅은 지역 사회에서도 활발히 활동합니다. 우리는 다음 상공회의소 모임에서 그에게 공로상을 시상할 예정입니다. 빅은 훌륭한 골퍼이기도 하고, 겨울에는 스키를 자주 탑니다. 하지만 다리가 부러진 것을 본 적이 없어 진짜인지 믿기는 어려워요!"

"빅, 해리는 저의 15년 단골고객입니다. 이분 따님과 제 딸은 같은 학교에 다녔습니다. 3년 전에는 따님의 결혼식 출장뷔페를 맡겨주셨습니다…."

첫 만남에서 잠재고객은 리퍼럴 제공자에게 들은 것처럼 당신이 열의가 넘치고, 배려심이 있고, 말을 조리 있게 잘하고, 솔직담백하고, 지적인지 지켜볼 것입니다. 당신의 상품/서비스에 급한 용무가 없는 한 질문이 있어도 보통은 첫 만남에서 그에 대해 물어 보지는 않을 것입니다.

3. 서면으로 연락한다.

잠재고객과의 첫 접촉이 직접 만나는 경우가 아니라면 리퍼럴 제공자에게 한 것처럼 전화를 하기보다 편지·엽서·메일 등 글로 연락하는 것이 좋습니다. 문장이라면 잠재고객에 대해 아는 것을 더 침착하게 전할 수 있습니다. 당신이 잠재고객에게 호감을 갖고 있어서 더 잘 알기 위해 일부러 시간을 내서 이런저런 사실을 확인했다는 것을 알려주면서 신뢰관계를 발전시켜 나갈 수 있습니다. 예를 들어 그 사람이 단순히 당신의 상품/서비스가 필요하다는 사실이 아니라 다운타운 경영인협회의 멤버라는 것, 혹은 "톰이 당신을 대단한 체스선수라고 했다"는 등의 이야기를 전할 수 있습니다. 그러면서 직접 만났으면 한다고 말합니다. 서로 편한 시간에 약속을 잡기 위해 다시 전화하겠다고 미리 알려줍니다. 다만, 리퍼럴 제공자가 사전에 보낸 자료를 상대가 읽었거나 외우고 있을 것이라고 기대하지는 마십시오.

무엇보다 먼저 리퍼럴 제공자의 이름으로 시작합니다. 잠재고객이 그 이름은 알기 때문입니다. 예를 들어보겠습니다.

> 글렌 씨
> 당신의 학생인 조안 어빈에게 당신을 소개받아 편지를 드립니다. 조안에게 당신은 열렬한 나비 수집가라고 들었습니다…

첫 편지에는 비즈니스 자료나 명함을 넣지 않도록 합시다. 봉투나 편지에 정확한 연락처 정보를 넣어 잠재고객이 당신에게 연락할 수 있게 합니다. 당신이 상대를 잠재고객으로 보고 접근한다는 인상을 주는 것은 피하는 것이 좋습니다.

잠재고객이 동의하면 만나기 위한 일정을 세웁니다. 잠재고객의 동의 여부와 상관없이 추가로 정보를 제공하겠다고 제안합니다. 혹시나 잠재고객이 원한다면 바로 보냅니다. 리퍼럴 제공자에게도 잠재고객과 주고받은 내용을 보내는 것을 잊지 마십시오.

4. 전화를 거는 적기는?

리퍼럴 제공자가 추천하고 또 전화하기 가장 좋은 시간을 결정하는 데 도움을 준다면, 잠재고객에게 전화를 해도 좋습니다.

"안녕하십니까. 클리어채널 씨. 저는 마크 스타라고 합니다. 트루디 그로스먼에게 소개받아 전화했습니다."

"아, 안녕하세요? 마크. 트루디에게 이야기 들었습니다. 트루디는 당신의 책을 매우 좋아하는 것 같아요. 꼭 저의 쇼에 출연해 주시면 합니다. 다음 주 저의 스튜디오로 와 주실 수 있습니까?"

물론 위와 같이 일이 잘 풀릴 수 있습니다. 잠재고객이 당신과 바로 일하기로 결정할 수 있습니다. 사전준비를 잘 하고, 덧붙여 운이 좋으면 첫 전화에 노력의 성과가 결실을 맺는 경우도 있습니다. 하지만 대부분 잠재고객은 더 시간이 필요하다거나 당신의 상품/서비스에 대해 나중에 이야기하고 싶다고 말합니다. 그래도 영업전화나 광고, 다이렉트 메일로 처음 접촉할 때보다는 훨씬 나은 방법임에는 틀림 없습니다.

5. 사후관리

신뢰관계를 구축할 때는 첫 접촉 후 지체하지 말고 바로 사후관리에 나서는 것이 중요합니다. 72시간 이내에 (각주:한국의 경우는 24시간 이내에) 잠재고객에게 연락이 되어 감사하다는 인사를 보냅니다. 비즈니스 자료를 보내거나 영업 프로모션으로 진전시키기 위한 어떠한 행동도 아직은 시기상조입니다.

사후관리는 지체 없이 진행해야 하지만, 상대가 불편하게 느낄 정도여서는 안 됩니다. 잠재고객이 당신의 제품/서비스에 관심을 표하면 정보를 제공합니다. 하지만 억지로 정보를 들이대서는 안 됩니다. 상품/서비스의 프레젠테이션은 계속하더라도 강매는 피해야 합니다. 상대의 필요나 관심을 충족하는 일에 집중합니다. 목표는 상대에게 불쾌감을 주지 않으면서 당신의 비즈니스에 대해 인지하도록 하는 것입니다.

기억하십시오. 잠재고객이 장기적으로 충성도를 유지하도록 하여 고객으로 전환하기 위해서는 우선 관계를 구축해야 할 필요가 있습니다. 그리고 관계는 아는(V) 단계 - 신뢰(C) 단계 - 수익(P) 단계를 거칠 필요가 있습니다. 시간이 걸릴 수 있습니다. 하지만 좋은 리퍼럴 제공자를 선택하여 잘 훈련하고, 앞에서 말한 5단계 실천계획을 활용한다면 시간을 단축시킬 수 있습니다.

24장

리퍼럴 제공자에게 감사와 보답을 표현하라

리퍼럴 네트워크를 활성화하는 마지막 단계는 리퍼럴 제공자에게 리퍼럴을 준 이후 진행된 모든 일의 경과를 보고하고 감사의 마음을 전달하는 일입니다. 리퍼럴 제공자에게 감사의 마음을 전하거나 답례하는 일은 대단히 중요합니다. 리퍼럴이 실제 매출로 연결된 후에는 물론이거니와 그 이전 단계에서도 답례를 해야 합니다. 이 장에서는 이 과정을 두 부분으로 나누어 각각을 실행에 옮기기 위한 시스템을 만드는 방법을 설명합니다. 한 가지는 결과를 보고하기 위한 시스템, 다른 하나는 리퍼럴 제공자에게 감사를 전하고 답례하기 위한 시스템입니다.

결과를 보고하라

결과 보고는 정기적이고 체계적으로 하는 것이 좋습니다. 우선 공유하고 싶은 정보의 종류를 정합니다. 다음으로 그 정보를 수집하는 수단을 확보합니다. 이것에 대해서는 'Relate 2 Profit'이나 그 외의 연락처 관리 시스템에서 수집한 데이터를 기본으로 합니다. 이 외의 방법으로 수집하는 경우에는 적절한 형식의 데이터로 수정합니다. 다음으로는 전화, 팩스, 엽서나 편지 등 결과를 보고하는 수단을 정합니다. 어떤 방법을 선택하든 다음 세 가지는 반드시 해야 합니다.

1. 리퍼럴 제공자에게 간단하게 경과를 보고한다
2. 다음에 당신이 무엇을 할 계획인지 알린다
3. 수시로 경과를 보고할 것을 약속한다

세 번째가 중요한 포인트입니다. 리퍼럴 제공자가 당신이 정기적으로 연락하리라는 것을 기대하도록 할 필요가 있습니다. 약속을 함으로써 상대에게 기대감을 줍니다. 이것은 정기적으로 상대에게 연락할 의무가 생긴다는 것을 의미합니다. 반드시 이 약속을 지켜야 합니다. 관계를 '수익(P) 단계'로 이끌기 위해서는 우선 '아는(V) 단계'를 넘어 '신뢰(C) 단계'로 발전시켜야 합니다. 다음과 같이 말하면 신뢰를 강화할 수 있습니다.

"수시로 경과를 보고하기로 약속해서 연락드렸습니다. 진행상황을 알려 드리려고요."

잊지 마십시오. 이 약속을 어기면 어렵게 구축한 신뢰관계가 훼손됩니다. 신뢰관계를 돈독하게 하기 위해서는 리퍼럴 소스에게 잠재고객에 관한 내용 이외에 다른 이유를 만들어 전화나 메일을 합니다. 당신의 사생활이나 일에 관한 근황을 전하고 동시에 상대에게도 묻습니다. 가끔 마음을 담은 작은 선물을 하거나 영감을 줄 만한 메시지, 상품 견본, 기사, 그 외에 당신이 쓴 최신 서적의 발췌 등 도움이 되는 것을 무상으로 제공하십시오.

리퍼럴 제공자에게 경과를 보고하면 많은 이점이 있습니다. 예를 들어:

- 추가 지원을 받을 가능성을 높입니다. 당신이 다음 단계에 할 일을 알리면 제공자는 당신에게 지원이나 조언을 줄 수도 있고 정보 수집을 위한 루트가 되기도 합니다.
- 잠재고객과 리퍼럴 제공자가 당신의 이름을 접할 기회가 늘고, 리퍼럴 제공자와 잠재고객이 더욱 긴밀한 연락을 취할 수도 있습니다. 그리고 두 사람이 당신을 기억할 가능성이 커집니다. 리퍼럴 제공자와 잠재고객이 만났을 때 분명 당신의 근황에 대해 이야기하게 될 것입니다.
- 리퍼럴 제공자와의 신뢰관계가 돈독해집니다. 경과보고 때 자연스럽게 감사의 마음이 전달될 수 있기 때문입니다. 감사의 말을 듣고 기쁘지 않을 사람은 없습니다.
- 당신의 인성이나 비즈니스에 대한 이해도가 높아집니다.
- 결과를 보고하는 일은 리퍼럴 제공자에 대한 교육이 되기도 합니다.

당신을 향한 신뢰를 높이고, 당신을 위해 잠재고객을 찾는 능력도 키울 수 있습니다.

리퍼럴 제공자에게 답례하는 시스템을 만들어라

리퍼럴 제공자에게 공평하고 효과적으로 보답하려면 '예측 가능한' 방법으로 실행해야 합니다. 그러기 위해서는 답례에 대한 기준을 명확하고 체계적으로 정해야 합니다. 같은 행동에 대해 답례할 때와 하지 않을 때가 있으면 리퍼럴 제공자는 고마움을 모르는 사람 또는 믿을 수 없는 사람이라고 생각해 버립니다. 리퍼럴 제공자에게 인센티브를 제공하는 일관성 있는 답례 시스템을 만들려면 다음과 같은 사항을 결정해둘 필요가 있습니다.

- 언제 리퍼럴 제공자에게 보답할까?
  양질의 리퍼럴을 받았을 때는 언제나 그에 대한 인정이 있어야 합니다. 실제 비즈니스로 연결되었을 경우에 한정해서는 안 됩니다. 당신이 인정하는 것은 리퍼럴 제공자의 노력이지 리퍼럴을 비즈니스에 연결하는 당신의 능력이나 잠재고객의 구매력이 아니기 때문입니다.
- 어떤 보답을 할까?
  리퍼럴 제공자의 GAINS를 참조해서 그가 기뻐할 방법을 찾읍시다. 다만 커미션을 주는 것은 주의해야 합니다. 리퍼럴 제공자가 커미션을 받는다는 것을 잠재고객이 알게 되면 힘들게 노력한 리퍼럴에 재를 뿌리는 셈이 되어 버립니다. 게다가 리퍼럴 제공자와 잠재고객의 신뢰관계, 잠재고객과 당신의 신뢰관계에 문제가 생길 위험이 있습니다.

- 예산은 얼마나?

예산 내에서 가장 상대가 기뻐할 선물은 무엇인가?

- 리퍼럴 제공자가 가장 가치 있게 여길 답례는?

리퍼럴 제공자가 스스로 구입하지 않을 것 같은 물건이 좋을지도 모릅니다. 여기서도 GAINS에 관한 조사가 크게 도움이 될 것입니다.

- 어느 순간 어떻게 전달할까?

답례와 인센티브를 제공하는 방법에 대해서는 28장에서 상세하게 설명하겠습니다.

향후 미션

1. 연락처 관리 시스템을 이용해 모든 비즈니스가 어떤 경로로 들어오는지 추적합니다.
2. 비즈니스와 연결된 리퍼럴을 제공해준 상대에게 감사의 마음을 전하는 시스템을 확립합니다.

Referral Marketing

⑥ 끊임없이 리퍼럴이 나오는 리퍼럴 프로세스 이렇게 세워라

영업직에 종사하는 김상민 씨는 최근 다시 자신이 활동하는 리퍼럴 마케팅 단체에 시간을 더 쏟기로 했습니다. 이 단체에서 소개가 지속적으로 나와서 자신의 수입의 30% 이상을 안정적으로 확보할 수 있었던 김 씨는 덕분에 수억 원의 빚도 갚고 사업을 확장할 수 있었습니다. 하지만 최근 들어 이 단체에서 예전처럼 소개가 안 들어왔습니다. 소개의 질도 현저히 떨어져서 예전에는 한 번 계약에 수억 원 커미션이 되는 소개도 간간히 들어왔는데 이제는 작은 규모 계약만 들어왔습니다.

'무엇이 잘못되었을까?' 생각해 보니 먼저 변한 것은 자신이었습니다. 그 단체에 처음 들어 갔을 때는 멤버 한 명 한 명에게 정성을 들여 찾아 가서 만나고 그 사람과 친해지고 신뢰를 쌓기 위해 노력하고, 그 사람이 찾고 있는 소개를 내 일처럼 나서서 찾아 주었던 김 씨였습니다. 봉사할 일이 있으면 누구보다 먼저 나서서 일을 했습니다. 새로 들어오는 멤버가 있으면 빨리 적응하도록 도와주었습니다. 소외되는 멤버가 있으면 먼저 손을 내밀어 주었습니다. 심지어 다른 멤버들은 챙기지 않는 경조사까지 열심히 챙겼습니다. 그런 그의 모습에 감동을 받은 다른 멤버들이 자신들의 인맥을 흔쾌히 열어서 그에게 소개해 주었습니다.

그러나 단체의 멤버들과 친해지고 어느덧 단체의 원로가 되면서 그는 이 단체에 시간과 노력을 투자할 필요성을 점점 못 느끼게 되었습니다. '이 정도면 여기 있는 사람들하고는 충분히 신뢰관계가 구축되었으니 다른 곳을 개발해 보자' 그렇게 생각한 김 씨는 단체에서 하는 활동을 줄이고 멤버 개개인과 만나는 시간도 줄였습니다. 그러면서 원로로서 단체에서 자기 권리는 확실히 챙겼습니다.

단체에 할애하던 시간을 줄였지만 들어오는 소개는 크게 변화가 없었습니다. 하지만 어느 날 정신을 차리고 보니 소개가 현저히 줄어 있었습니다. 이미 김 씨와 친했던 멤버들이 대부분 떠났습니다. 단체를 그만 둔 멤버들은 예전처럼 자주 만나지 못하게 되고 그만큼 관계도 소원해졌습니다. 그 사이 새로운 멤버들이 단체를 주도하고 있었습니다. 그들에게 김 씨는 오래된 멤버, 활동 안 하는 멤버, 이기적인 멤버로 각인되어 있었습니다. 김 씨는 정신이 번쩍 들었습니다.

김 씨는 다시 단체에서 활동하는 시간을 늘였습니다. 예전 같으면 쳐다보지도 않았을 말단 봉사 역할에 자원했습니다. 멤버들과도 개인적으로 친분을 쌓기 위해 노력했습니다. 김 씨는 다짐했습니다. 다시는 소개를 해 주는 인맥을 당연하게 생각하지 않겠다고. 아무리 좋은 관계도 시간을 투자해서 가꾸지 않으면 소원해진다는 사실을 잊지 않겠다고 말입니다.

25장

리퍼럴 마케팅 활동에 필요한 예산과 스케줄을 짜라

체계적인 리퍼럴 마케팅을 위해서는 계획이 필수입니다. 리퍼럴 마케팅에 필요한 시간과 비용에 대한 예산을 세울 필요가 있습니다. 이 장에서는 시간계획을 세우기 위한 단계별 접근법을 소개하겠습니다. 무엇을 고려해야 하고, 무엇을 주의해야 할지도 설명하겠습니다. 그 다음 비용에 대해서도 비슷한 접근방식으로 설명하겠습니다.

'시간예산'을 세우고 배분하라

어떠한 비즈니스도 얼마나 시간이 걸리며 어떻게 시간을 사용해야 하는

지, 즉 '시간예산'을 세워야 합니다. 리퍼럴 마케팅 계획을 실행에 옮기기 전에 그만큼의 시간이 확보되는지 점검해 봐야 합니다. 이 정보를 파악해 놓지 않으면 다음과 같은 손해가 생길 수 있습니다.

- 특정 활동에 시간을 너무 사용하거나 적게 사용한다.
- 시간관리가 안 된다.
- 투자한 시간에 비해 결과물이 적거나 없다.
- 쉽게 포기해 버린다.

여기서는 7단계로 나누어 체계적인 시간예산을 세워 보겠습니다(이 방법은 단계별로 시간예산을 세우는 일에 관심이 있는 사람을 위한 것입니다. 원하지 않는 경우 이 부분을 그냥 넘어가셔도 좋습니다).

리퍼럴 마케팅의 '요소 8'을 완료하기 위한 필수작업은 처음 두 단계뿐입니다. 다만 달력에 리퍼럴 제공자와 약속을 적어 놓기 위해서는 7단계(요소 9)도 필요합니다. 더욱 자세한 접근을 하고 싶다면 3~6단계를 실행합니다.

1단계: 이용 가능한 총 시간을 계산한다

캠페인(역주: 리퍼럴 마케팅에 몰두한 기간)을 어느 정도 해야 할지는 결정하기 나름입니다. 3개월, 6개월, 9개월, 12개월, 아니면 그 이상일지도 모릅니다. 기간을 정하고 리퍼럴 마케팅에 어느 정도 시간을 사용할지 결정하십시오. 100시간, 200시간, 350시간, 아니면 500시간이 필요합니까? 이용 가능한 시간이 리퍼럴 마케팅의 방향과 질을 결정합니다. 그것이 전술·목표·자원·타깃 등의 선택사항에 영향을 끼치기 때문입니다.

우선 당신이나 네트워크의 멤버가 경험에서 얻은 정보를 토대로 필요한 시간예산을 세웁니다. 신뢰관계 구축이나 네트워킹에 과거에는 얼마나 시간을 사용했습니까? 제일 처음 캠페인을 할 때는 그런 정보가 없기 때문에 최대한 정확히 추측해야 합니다.

시간예산은 주, 월, 분기, 1년 단위로도 할 수 있습니다. 아래의 예는 1년 단위의 예입니다. 6명의 리퍼럴 제공자에게 120시간을 투자하는 경우입니다.

2단계: 기간별로 이용 가능한 시간을 계산한다

기간별로 이용 가능한 시간을 배분합니다. 여기서는 120시간을 월별로 배분합니다. 특별히 바쁜 시기가 있을 것입니다. 여름과 연말연시에는 네트워킹에 투자할 시간이 별로 없을 것이라고 가정하고 결정합니다.

월	1	2	3	4	5	6	7	8	9	10	11	12
시간	12	12	12	12	10	8	8	8	12	12	8	6

더욱 자세하게 시간예산을 세우고 싶다면 3~6단계를 실행합니다. 그럴 필요가 없다면 7단계로 넘어가 달력에 적어 놓습니다.

3단계: 시간을 리퍼럴 제공자별로 배분

사용할 수 있는 시간의 합계를 각 리퍼럴 제공자에게 배분합니다. 여기서는 연간 합계 120시간을 6명의 리퍼럴 제공자에게 배분하기로 합니다. 어느 리퍼럴 제공자에게 중점을 두느냐에 따라 시간 배분은 불균등할 수 있습니다.

리퍼럴 제공자	NO. 1	NO. 2	NO. 3	NO. 4	NO. 5	NO. 6	합계
시간	30	20	25	15	20	10	120

처음에는 시간을 투자할 리퍼럴 제공자를 10인 이하로 정하십시오. 시스템이 정리되고 익숙해지면 인원을 더 늘릴 수 있습니다.

리퍼럴 제공자	시간	캠페인 기간 중 접촉 횟수
NO. 1	30	24(한 달에 두 번)
NO.2	20	12(한 달에 한 번)
NO.3	25	17(3주에 한 번)
NO.4	15	12(한 달에 한 번)
NO.5	20	12(한 달에 한 번)
NO.6	10	6(두 달에 한 번)
합계	120	

4단계: 리퍼럴 제공자별 접촉 횟수를 정한다

4단계에서는 각 리퍼럴 제공자에게 배분한 시간을 고려해 캠페인 기간 중 몇 번 접촉할지 결정합니다. 매일, 매월, 매주, 분기, 6개월에 한 번 등 각각의 빈도를 정합니다. 1년에 두 번 이하로 접촉하는 사람은 주요한 리퍼럴 제공자라고는 말할 수 없을 것입니다.

5단계: 1회 접촉에 필요한 시간을 정한다

3단계에서는 리퍼럴 제공자별로 시간을 배분하고, 4단계에서 접촉 횟수를 배분했습니다. 여기에서는 12개월에 30시간을 배분한 NO.1 리퍼럴 제공자를 예로 들어 24회 접촉하기로 정합니다. 그렇다면 24회 접촉을 위해 30시간을 어떻게 나누어야 할까요? 시간을 균등하게 배분하여 24회 모두 1시간 15분씩 만난다는 것은 현실적이지 않습니다. 여기서는 단순화해서 1시간 만남을 18회, 2시간의 만남을 6회로 정해 보겠습니다.

리퍼럴 제공자	시간	캠페인 기간 중 접촉 횟수	
NO.1	30	1h x 18번	2h x 6번
NO.2	20	1.5h x 18번	2h x 4번
NO.3	25	1h x 9번	2h x 8번
NO.4	15	1h x 9번	2h x 3번
NO.5	20	1.5h x 8번	2h x 4번
NO.6	10	1.5h x 4번	2h x 2번
합계	120		

스케줄 기술

접촉은 몇 번 해야 좋을까요? 어느 정도의 빈도로 해야 좋을까요? 다음은 이런 의문에 답하고 효과적으로 결실을 맺는 신뢰관계를 구축하는 방법입니다.

1. **접촉 횟수를 늘린다.** 신뢰관계의 정도에 관계 없이 리퍼럴 제공자와 접촉은 많을수록 효과적입니다. 장시간의 만남을 한 번 갖기보다 짧은 만남을 두 번 갖는 것이 더욱 효과가 있습니다. 매회 만남이 신뢰관계를 돈독히 하는 기회가 되기 때문입니다. 자주 만남으로써 신뢰관계를 형성해 인지도를 높일 수 있습니다. 그리고 상대는 당신을 더욱 잘 기억하게 될 것입니다.
2. **예측 가능하게 스케줄을 짠다.** 리퍼럴 제공자와 정기적이고 지속적인 연락을 취하는 것이 좋습니다. 언제 당신과 접촉이 있을지 예측하도록 상대를 '훈련'합시다. 이것은 상대에게 적극적인 기대를 갖게 하기 위한 작전입니다. 예를 들면 분기마다 첫 주에 항상 연락한다면 상대는 매 분기 첫 주에 당신으로부터 연락이 올 것이라고 예측하고 시간을 확보해 놓을 수도 있습니다. 연락이 없다면 걱정돼 당신에게 연락할 수도 있습니다!
3. **기존의 활동과 결부시킨다.** 새로운 습관을 들이는 것이 쉬운 일은 아닙니다. 좋은 습관을 들이기 위한 가장 빠르고 확실한 방법은 기존의 습관과 연결시키는 것입니다.

4. **만남에서 다음 약속을 정한다.** 만남이나 전화를 끝내기 전에 다음 번 접촉 날짜를 정하는 것이 좋습니다. 문자로 연락할 경우는 다음 연락이 언제가 될지 적어 놓으면 됩니다. '45일 이내에 정보를 보내겠습니다' 하는 식입니다. 일단 약속하면 그것을 실행에 옮길 가능성이 커집니다. 이렇게 만날 때마다 다음 약속을 정합니다.

5. **자신부터 적극적으로 접촉한다.** 당신이 지원을 필요로 할 때 상대가 연락하도록 할 수는 없지만, 당신의 행동은 조종할 수 있습니다. 적극적으로 리퍼럴 제공자와 연락을 이어가야 합니다.

6. **계획대로 진행한다.** 리퍼럴 마케팅이 궤도에 올라 리퍼럴 제공자와 연락을 주고받게 되면 주도적으로 행동을 취하는 리퍼럴 제공자가 나올 수 있습니다. 그런 상황에서도 어디까지나 세워 놓은 접촉 스케줄을 지키는 것이 좋습니다. 상대가 주도적으로 실행한 접촉은 미리 계획한 접촉 횟수에 포함시키지 마십시오. 자신의 스케줄을 지키면 리퍼럴 제공자를 훈련해서 계획대로 진행되도록 할 수 있습니다.

6단계: 활동마다 시간을 정한다

리퍼럴 마케팅 계획을 실행에 옮긴다는 것은 다음의 6가지 활동 중 한 가지를 하고 있다는 의미입니다.

5단계에서 접촉을 위해 확보한 시간은 위의 활동을 위해 쓰입니다. 예를 들면 NO.1 리퍼럴 제공자와 최초 접촉에 2시간을 배분한 경우, 앞의 6가지 활동에 각각 20분을 배분하게 됩니다. 즉 조사 · 계획 · 준비에 각각 20분씩 배분합니다. 하지만 현실적으로 각각의 활동에 걸리는 시간은 다

활동	내용
조사	필요를 조사하고 알아낸다
계획	의사결정, 예측, 예산·스케줄을 세운다
준비	실천사항을 실행할 때 필요한 도구나 자원(트레이닝을 포함)을 준비한다
실행	목표를 달성하기 위해 필요한 행동(미팅·프레젠테이션·전화·편지 등)을 한다
평가	결과의 추적조사와 평가
그 외	그 외 모든 활동

를 것입니다. 첫 접촉에서는 조사에 30분, 계획에 45분, 준비에 15분, 실행에 30분을 하는 경우도 있습니다.

7단계: 달력에 적어 넣는다

현실적이고 실행 가능한 시간예산을 세웠다면 각각의 활동을 실행할 날짜를 정합니다. 달력에 신뢰관계의 구축 및 리퍼럴 마케팅에 관한 주요 활동을 모두 적어 넣습니다. 여기에는 앞의 장에서 말한 예측이나 평가에 관한 활동도 포함합니다.

비용의 예산 책정과 분배하기

체계적인 신뢰관계 구축이나 리퍼럴 마케팅에는 활동에 필요한 비용을 예산에 책정해야 합니다. 순서는 시간예산을 세울 때와 같습니다. 처음 두 단계만으로도 비용을 책정하기에 충분합니다. 이것만으로도 리퍼럴 마케팅 계획의 '10번째 요소'를 완료할 수 있습니다. 하지만 더욱 자세하게 비용을 책정하고 싶다면 3~6단계를 실행합니다.

1단계: 이용 가능한 자금의 총액을 계산한다

이용 가능한 자금에 따라 마케팅 활동도 달라집니다. 비용을 예산에 책정하기 전에는 리퍼럴 마케팅 계획을 실행하지 않도록 합니다. 우선 다음의 두 가지 방법 중에서 하나를 선택합니다.

- 사용할 금액를 정하고 그 범위에서 전술을 선택한다.
- 무엇을 하고 싶은지 구상한 다음 그에 사용할 예산을 세운다.

여기서는 후자의 방법을 선택해, 총액 5,400달러의 자금으로 6명의 리퍼럴 제공자와 12개월 캠페인을 계획해 보겠습니다. 실제로는 실적에 근거해서 예산 총액을 정해야 하지만, 처음에는 지식이나 경험에 근거한 합리적인 추측으로 시작합시다.

- 어느 정도의 자금을 사용할 수 있을까?
- 네트워크 내의 멤버들은 얼마나 사용할까?
- 스케줄에 예정된 활동을 완료하는 데 얼마나 필요할까? 비슷한 활동 (세미나, 다른 업종과 교류, 사업상의 점심식사 등)에 지난해에는 얼마나 사

용했는가?

첫 리퍼럴 마케팅 계획에는 처음에 걸맞은 자금을 들이는 것이 좋습니다. 리퍼럴을 기본으로 한 비즈니스를 늘리는 일에 자금을 들이면 이전보다 훨씬 많은 효과를 기대할 수 있습니다.

이제는 리퍼럴 마케팅 계획기간 전체에 걸쳐 비용을 배분하기만 하면(2단계) 됩니다. 그러나 3~6단계를 모두 실행할 경우 예산 책정이 적절한지 더욱 확실히 알게 됩니다. 적절하지 않았다면 금액을 수정해 적절한 예산이 될 때까지 단계를 반복합니다.

2단계: 기간마다 이용 가능한 자금을 배분한다

매달 이용 가능한 자금(5,400달러)을 나눕니다. 시간을 배분할 때와 마찬가지로 특별히 바쁠 시기를 고려해 자금을 배분합니다.

월	1	2	3	4	5	6	7	8	9	10	11	12
$	490	490	490	490	450	410	410	410	490	490	410	370

더욱 자세하게 예산을 세우고 싶다면 다음의 4단계를 실행합니다. 그렇지 않으면 26장으로 바로 넘어 가십시오.

3단계: 리퍼럴 제공자마다 자금을 나눈다

5,400달러를 6명의 리퍼럴 제공자를 위해 확보했다면 이번에는 각각의

리퍼럴 제공자에게 필요한 자금을 정합니다. 균등하게 자금을 배분해도 상관없지만, 리퍼럴 제공자마다 사용하는 시간이 다르기 때문에 자금의 배분도 균등하지는 않을 것입니다.

리퍼럴 제공자	NO. 1	NO. 2	NO. 3	NO. 4	NO. 5	NO. 6	합계
자금	$1,100	$1,000	$1,100	$800	$900	$800	$5,400

4단계: 리퍼럴 제공자마다 접촉 횟수를 정한다

이 단계를 어디서 본 기억이 있다고요? 그렇습니다. 이것은 시간예산을 세울 때의 4단계와 같습니다. 이때 정한 숫자를 다시 사용하면 됩니다.

5단계: 접촉할 때마다 사용할 자금을 정한다

각 접촉에는 얼마를 사용할까요? 여기서는 NO.2 리퍼럴 제공자에게 1,000달러를 배분했다고 가정합니다. NO.2 리퍼럴 제공자와는 17회 만날 예정입니다. 1시간의 접촉을 9번, 2시간의 접촉을 8번 계획했습니다. 17회 접촉에 1,000달러를 어떻게 나누면 좋을까요? 다음은 그 예입니다.

접촉 시간	1번당 비용	접촉 횟수	금액
1시간	40달러	9	360달러
2시간	80달러	8	640달러
합계		17	1,000달러

다음으로 어느 접촉이 1시간이고 어느 접촉이 2시간일지 정합니다. 예를 들면 처음 접촉에는 2시간을 들여 당신의 계획에 대해 리퍼럴 제공자와 이야기하고 싶다고 합시다. 그렇다면 이 리퍼럴 제공자와 첫 접촉에는 80달러의 지출을 하게 됩니다.

6단계: 지출항목별로 자금을 나눈다

리퍼럴 마케팅 계획을 실행할 때는 여러 종류의 지출과 함께 계획합니다. 리퍼럴 마케팅 계획에는 대부분 다음과 같은 지출항목이 선정될 것입니다. 상황에 맞춰 항목을 추가 또는 삭제할 수 있습니다.

지출의 분류
- 기부/선물/후원비
- 복사비/인쇄비/제작비
- 접대비
- 시설 사용료
- 식비
- 회비
- 우표값
- 구매비
- 자기계발비
- 서비스 요금(전문가, 컨설턴트 비용)
- 비품 · 소모품

- 전화・팩스 등의 비용
- 교통비(여행비, 숙박비, 주차요금, 택시비 등)
- 그 외

향후 미션

1. 지금까지의 실천사항을 재검토해 봅시다.
2. 실천사항을 리퍼럴 마케팅 계획에 적어 넣습니다.
3. 각 리퍼럴 제공자를 위해 확보(5단계)한 자금을 지출 항목별로 배분합니다.

26장
리퍼럴로 생길 매출을 예측하라

이제 당신은 비즈니스와 네트워크의 구조나 구성, 네트워크 활용법, 리퍼럴 마케팅에 필요한 시간이나 비용이 어떻게 되는지 등에 대해 명확하게 이해하게 되었을 것입니다. 이 장에서는 가까운 미래에 어떠한 일이 일어날지 예측하여 목표 설정하기를 살펴보겠습니다. 현실적인 목표를 설정하기 위해서는 먼저 다음 질문에 대답할 필요가 있습니다.

- 리퍼럴 마케팅에 의해 비즈니스가 어떻게 변화하리라고 예상하는가?
- 몇 개의 리퍼럴을 받기를 기대하는가?
- 받은 리퍼럴에서 어느 정도 금액의 매출을 기대하는가?

- 그 금액을 달성하기 위해서는 몇 명의 리퍼럴 제공자가 필요한가?

아마도 이들 질문에 대한 답을 대략 추측할 수 있을 것입니다. 하지만 더욱 정확한 대답을 위해 경험을 기본으로 한 체계적인 방법으로 목표를 설정할 수 있습니다. 먼저, 최근 일정 기간(보통은 1년)의 리퍼럴과 그 외의 소스로부터 발생한 매출 등을 확인해 봅니다(이것이 '참고기간'입니다). 다음으로는 리퍼럴 마케팅을 통해 기대할 만한 매출을 정합니다(이것이 '예측기간 제 1기입니다). 예측은 다음의 네 가지 요소에 근거하여 추출합니다.

- 받고 싶은 리퍼럴의 수
- 받고 싶은 리퍼럴의 금전적 가치
- 비즈니스로 이어지는 리퍼럴의 비율
- 원하는 만큼의 리퍼럴과 금액을 달성하는 데 필요한 리퍼럴 제공자의 수

참고기간을 분석하라

제일 먼저 할 일은 최근의 영업기간을 위의 4가지 요소로 분석하는 일입니다. 이것을 당신의 '참고기간'으로 사용합니다. 참고기간은 1년을 기준으로 합니다. 비즈니스를 시작한 지 1년 미만이어서 분석에 필요한 12개월간의 데이터가 없을 경우에는 3개월, 6개월, 9개월 등 1년보다 짧은 기간이어도 상관없습니다.

참고기간을 정의하라

먼저 참고기간의 개시일과 종료일을 정합니다. 종료일은 가장 최근 월 말일이나 회사의 영업실적 평가기간 또는 사업연도의 말일로 정합니다. 종료일이 8월 31일이고, 분석기간이 12개월일 경우, 전년도 9월 1일이 참고기간의 개시일이 됩니다. 마찬가지로 금년도 9월 1일은 예측기간의 개시일이 됩니다.

참고기간의 정보를 기록하라

참고기간을 정했다면 그 기간에 실행한 활동을 근거로 다음 표의 10가지 질문에 답해 나갑니다. 체계적인 리퍼럴 마케팅을 한 번도 해 본 적이 없는 경우, 모든 질문에 대답하기란 쉽지 않을 수 있습니다. 하지만 일단 한 번이라도 예측기간(제1기)을 경험한다면 대답할 수 있게 될 것입니다.

참고기간을 근거로 한 답이 예측을 산정하는 기준치가 됩니다. 1년 후(혹은 설정한 기간 후), 리퍼럴 마케팅의 실행과 그에 따른 성과를 예측했던 것과 비교해 봅시다.

참고기간에 관한 질문

- 개시일: 2019/9/1
- 종료일: 2020/8/31

잠재고객에 관한 질문

1. 마케팅 활동 전반에 의해 만들어진 잠재고객의 수는?	50
2. 그 잠재고객 중 리퍼럴에 의해 만들어진 잠재고객의 수는?	30
전체에서 차지하는 리퍼럴의 비율(%)은	60%

고객에 관한 질문

3. 마케팅 활동 전반에 의해 만들어진 신규 고객의 수는?	15
4. 위의 답변 중, 리퍼럴에 의해 만들어진 신규 고객의 수는?	10
전체에서 차지하는 리퍼럴의 비율(%)은	67%

매출에 관한 질문

5. 참고기간의 매출 합계는?	15만 달러
6. 위의 답변 중 리퍼럴에 의해 만들어진 매출액은?	9만 달러
전체에서 리퍼럴이 차지하는 비율(%)은	60%

리퍼럴 제공자에 관한 질문

7. 질문 2의 답에서 확인한 잠재고객을 제공한 리퍼럴 제공자의 수는?	20
8. 각 리퍼럴 제공자가 제공한 잠재고객의 평균 인원은?	2.5
9. 질문 4에서 답한 신규 고객을 제공한 리퍼럴 제공자의 수는?	6
10. 각 리퍼럴 제공자가 제공한 신규 고객의 평균 인원은?	2.5

매출 예측

상품/서비스	단가	판매수	판매액(A)	리퍼럴에 의해 얻게 되는 매출(B)	리퍼럴에 의한 매출이 차지하는 비율(C)
임원 코칭	$200/시간	500	$100,000	$70,000	70%
재무관리 아웃소싱 서비스	$5,000/월	10	$50,000	$35,000	70%
헤드헌팅	$2,000	10	$20,000	$20,000	100%
전문경영 세미나	$3,000	10	$30,000	$25,000	83%

캠페인 기간 중 매출총액: A. $200,000 B.$150.000

매출총액 중 리퍼럴에 의한 매출이 차지하는 비율: C.75%

예측기간 제 1기

이번에는 예측기간 제 1기에서 달성하고자 하는 목표에 대해 적어 보도록 하겠습니다. 참고기간을 바탕으로 예측합니다. 참고기간의 종료일이 2019년 8월 31일이라면 예측기간은 2019년 9월 1일부터 2020년 8월 31일까지입니다.

다음의 질문을 사용하여 예측하도록 합니다만, 질문 내용을 조금은 바꿀 필요가 있습니다. 참고기간의 답을 바탕으로 알맞은 답변을 예상해 보십시오. 예를 들면, 참고기간에 30명의 잠재고객을 소개받았다면(표의 질문 2) 45명의 새로운 잠재고객을 기대할 수 있습니다(이하 첫 번째 예측기간의 질문2). 이 경우 잠재고객이 50% 증가했다고 말할 수 있습니다(15/30=0.50).

이 워크시트를 통해 알 수 있는 매출총액의 예측은 당신의 리퍼럴 마케팅 계획의 일부가 됩니다. 여기에서는 매출목표의 합계를 20만 달러(예측기간의 질문5)로 보고, 그 중 75%에 해당하는 15만 달러가 리퍼럴을 통해 나올 것으로 전망했습니다(예측기간의 질문6).

'예측기간의 질문7'에 답할 때는 각 리퍼럴 제공자가 정해진 기간 내에 만들어 낼 리퍼럴의 수는 참고기간의 그것과 동일하다고 가정합니다. 예를 들어, 각각의 리퍼럴 제공자가 잠재고객을 평균 5건 보냈을 때, 500명의 잠재고객을 리퍼럴로 획득하기 위해서는 100명의 리퍼럴 제공자(500÷5)가 필요합니다. 7,000명의 잠재고객을 획득하고 싶다면, 1,400명(7000÷5)의 리퍼럴 제공자가 필요합니다.

예측기간(제 1기)

개시일 : 2019/9/1 　　　　　　　　　　　　종료일 : 2020/8/31

잠재고객에 관한 예측

1. 마케팅 활동 전반에 의해 만들어질 잠재고객 수는?	60명
예측 1 잠재고객의 증가(참고기간과 비교)	+20%

2. 위의 답변 중 리퍼럴에 의해 만들어질 잠재고객 수는? 45명

전체에서 리퍼럴이 차지하는 비율(%)은 75%

예측 2 리퍼럴이 차지하는 비율의 증가(참고기간과 비교) +50%

고객에 관한 예측

3. 마케팅 활동 전반에 의해 만들어질 신규 고객 수는? 20명

예측 3 신규 고객의 증가(참고기간과 비교) +33%

4. 위의 답변 중 리퍼럴에 의해 만들어질 신규 고객 수는? 15명

전체에서 리퍼럴이 차지하는 비율(%) 75%

예측 4 리퍼럴이 차지하는 비율의 증가(참고기간과 비교) +50%

매출에 관한 예측

5. 예측기간(제 1기)의 매출합계는? 20만 달러

예측 5 매출액의 증가(참고기간과 비교) +33%

6. 위의 답변 중 리퍼럴에 의해 만들어질 매출액은? 15만 달러

전체에서 리퍼럴이 차지하는 비율(%) 75%

예측 6 리퍼럴에 의한 매출액 증가(참고기간과 비교) +6만 달러

리퍼럴이 차지하는 비율의 증가(참고기간과 비교) +15%

리퍼럴 제공자에 관한 예측

7. 질문 2에서 답한 잠재고객을 만들어 내는 데 필요한 리퍼럴 제공자의 수는?

30명

예측 7 필요한 리퍼럴 제공자의 증가(참고기간과 비교) +50%

8. 각 리퍼럴 제공자가 만들어낼 잠재고객의 평균인원은?(참고기간의 평균)

2.5명

9. 질문4에서 답한 신규 고객을 만들어 내는 데 필요한 리퍼럴 제공자의 수는?
   (참고기간의 질문10 참고)   6명
10. 각 리퍼럴 제공자가 만들어 낼 평균 신규 고객은?(참고기간의 평균)   2.5명

예측기간(제 1기)을 마쳤다면

예측기간(제 1기)을 마쳤다면 예측과 실제 결과를 비교해 보고 리퍼럴 마케팅 계획을 수정하여 다음 기의 예측을 준비합니다. 당초의 예측과 어떻게 달라졌는지 상세히 검토하면 이후 더욱 정확히 예측할 수 있게 됩니다.

제 2기 예측 때는 제 1기를 참고기간으로 하여 1기 때와 같은 요령으로 질문에 답해 나갑니다(이후에도 동일하게 적용).

이상은 바라는 결과(각 기간이 끝나기 전에 달성할 목표)를 확실히 하기 위한 첫 단계이며, 리퍼럴 마케팅에 초점과 방향성을 부여해 줍니다. 또한 성과를 평가할 때의 기준이 되기도 합니다.

향후 미션

이전 장에서 세운 리퍼럴 마케팅 계획에 예상매출액을 기입합시다.

27장

결과를 추적하고 평가하라

　개인사업자든 조직이든 마케팅의 결과 측정은 반드시 해야 할 일입니다. 당신의 마케팅 계획도 예외는 아닙니다. 인맥을 현명하고 효율적으로 활용하기 위해서는 먼저 자신의 마케팅이 제대로 작동하는지, 얼마나 성공적인지, 개선의 여지는 있는지, 투자한 시간이나 비용이 이익으로 이어지는지 등을 파악해야 합니다.

왜 굳이 추적해야 하는가?

　매출이 어디서 나오는지 추적하는 것은 리퍼럴 마케팅 계획을 실행하는 데서 필수적인 과정입니다. 비즈니스에서 리퍼럴을 추적하는 사업자는 대부분 '얼마만큼의 비즈니스를 리퍼럴로 획득했는지' 답할 수 있습니다. 하지만 누구에게 받은 리퍼럴인지, 어떻게 받게 된 리퍼럴인지 물어보면 대답이 모호합니다. 필자는 이것을 '물 밑에 감춰진 빙산의 나머지 부분'이라고 표현합니다(다음 페이지의 표 참조). 눈앞의 고객이나 손익계산서에 기재된 수입은 눈에 보이는 매출에 속합니다. 눈에 보이지 않는 매출은 물밑 작업, 예를 들어 리퍼럴 제공이나 강사로서 일할 수 있는 기회 혹은 그 밖의 다른 사람에게 무언가를 '주는 활동' 등이 있습니다.

리퍼럴 과정을 추적하는 키 포인트는 '무엇을 측정할 것인지'에 달려 있습니다. 리퍼럴 마케팅 계획과 관련하여 다음 3가지 항목을 측정해 봅시다.

1. 네트워킹 활동
2. 받은 리퍼럴
3. 계약이 성립된 비즈니스

리퍼럴 과정을 추적하지 않는 경우 네트워킹 활동을 시작한 시점부터 리퍼럴을 수령하기까지의 시간, 그리고 최종적으로 비즈니스 계약에 이르는 데까지 걸리는 시간을 고려할 때 다음과 같은 문제가 발생한다는 것을 알 수 있습니다. 즉, 리퍼럴 추적 시스템을 만들어 놓지 않으면 어떠한 네트워킹 활동이 최종적으로 비즈니스 계약의 성공으로 이어지는지 정확히 파악할 수 없습니다.

빙산의 일각

- 매출
- 거래의 성립
- 리퍼럴의 수
- 비즈니스의 질
- 일대일 만남
- 돕기
- 사람과 사람을 연결
- 감사하기
- 프로모션하기
- 초대하기
- 봉사활동
- 스폰서
- 협력
- 리퍼럴 제공

리퍼럴 추적이 왜 중요한지 알았다면, 이제 첫 번째 측정 항목인 '네트워킹 활동'의 예를 살펴보고 어떠한 방식으로 그 성과를 측정하여 전체적인 리퍼럴 과정의 평가에 반영할 것인지 생각해 봅시다. 네트워킹 활동의 모범적인 예로는 상대방이 흥미를 보이는 것에 관한 기사 보내기, 감사편지 보내기, 점심 미팅 하기 등이 있습니다. 이러한 활동의 효율성을 평가하기 위해 '네트워킹 스코어 카드'를 사용할 수 있습니다. 네트워킹 스코어 카드는 주 단위로 효과를 측정하는 도구입니다.

네트워킹 스코어 카드에 기입할 때는 다음의 사항을 명심해야 합니다. 네트워킹 활동에 참가했다고 해서 반드시 바로 결과가 나오는 것은 아니라는 점입니다. 많은 경우 네트워킹 활동에 몇 주 혹은 몇 달의 시간이 필요합니다. 리퍼럴이나 성공적인 계약이 나오는 데까지는 시간차가 있게 마련입니다. 때문에 반드시 과정을 추적해야 합니다.

힌트 #1

네트워킹 스코어 카드의 점수가 일정 기준에 도달했다면 스스로에게 상을 주십시오. 측정해야 하는 두 번째 항목은 제공받은 리퍼럴입니다. 이것은 잠재고객이나 리퍼럴 제공자 사후관리 등 안건별로 관리하는 데 도움이 됩니다.

측정해야 하는 세 번째 항목은 계약에 성공한 비즈니스, 즉 '네트워킹 활동과 리퍼럴에 의한 결과'에 관한 것입니다. 이렇게 함으로써 단순히 결과를 측정하는 것뿐만 아니라 누가 당신에게 비즈니스를 제공해 주었는지, 그 비즈니스를 만들어 내는 데 어떠한 활동이 가장 효과적이었는지 알

네트워킹 스코어 카드

활동리스트	점수	4/21	4/22	4/23	4/24	4/25	4/26	4/27
카드 · 선물 보내기								
인사장(연하장)을 보냈다	2							
선물을 보냈다	5							
상대가 관심 있어 하는 기사를 보냈다	5							
상대가 의뢰한 기사를 기고했다	20							
전화								
인맥 중 한 사람에게 안부전화를 했다	3							
리퍼럴 제공자와 미팅								
일대일 만남 (아는(V) 단계에 있는 사람)	5							
일대일 만남 (신뢰(C) 단계에 있는 사람)	10							
일대일 만남 (수익(P) 단계에 있는 사람)	15							
네트워킹 활동								
네트워크 행사에 초대한 사람 수 (인원수×점수) (스팸메일은 제외)	1							
그 중 실제로 참가한 사람 수(인원수×점수)	5							

활동리스트	점수	4/21	4/22	4/23	4/24	4/25	4/26	4/27
동기유발을 높이는 18가지 방법 중 어느 하나를 실천	3							
프로모션을 위한 15가지 방법 중 어느 하나를 실천	3							
강연의 기회								
자신의 인맥에 있는 사람에게 강연 기회를 제공했다	15							
리퍼럴 제공에 관한 활동								
리퍼럴 파트너를 위해 성공적으로 비즈니스를 계약시켰다	10							
잠재고객의 구체적 요구나 관심에 대해 듣고, 리퍼럴 파트너가 제공하는 상품/서비스에 대해 잠재고객에게 적절히 설명해줄 수 있었다	9							
잠재고객의 구체적 요구나 관심에 대해 듣고, 3자면담(자신, 리퍼럴 파트너, 잠재고객)을 하였다	8							
잠재고객의 구체적 요구나 관심에 대해 듣고, 전화나 이메일을 통해 리퍼럴 파트너와 잠재고객의 약속을 잡았다	7							

활동리스트	점수	4/21	4/22	4/23	4/24	4/25	4/26	4/27
잠재고객의 구체적 요구나 관심에 대해 듣고, 리퍼럴 파트너로부터 잠재고객에게 연락해도 된다는 허락을 받았다	6							
리퍼럴 파트너를 서면이나 전화로 잠재고객에게 소개해 주었다	5							
리퍼럴 파트너를 추천하는(경험에 근거하여) 편지를 잠재고객에게 보냈다	4							
리퍼럴 파트너가 자신의 이름을 사용하도록 허락해 주었다	3							
리퍼럴 파트너의 자료, 명함, 회사정보를 잠재고객에게 제공하였다	2							
리퍼럴 파트너의 이름과 연락처만 잠재고객에게 전달하였다	1							
행사협력								
네트워크 행사에 초대한 인원(인원수×점수)	1							
그 중 실제로 참가한 인원(인원수×점수)	5							
합계								

수 있습니다. 이처럼 계약에 성공한 비즈니스를 추적함으로써 자신이 투자한 시간과 노력 중 어느 부분이 결과로 이어졌는지 알 수 있게 될 것입니다.

힌트 #2

제공받은 리퍼럴을 추적함으로써 얻을 수 있는 가장 큰 이점은 리퍼럴 제공자를 인정하고 자신이 리퍼럴 과정에서 그저 '받기만 하는 사람'으로 머물러 있게 하지 않는다는 점입니다. 다만, 다음 사항을 주의하여야 합니다. 많은 사람들이 결과가 나오기 시작하고 매출이 올라가면 네트워킹 활동을 줄이는 경향이 있습니다. 이것은 큰 실수입니다. 지금 당장에는 비즈니스를 받을지 모르지만 안심해서는 절대 안 됩니다. 네트워킹 활동이 비즈니스의 성공적인 계약으로 이어지기까지의 시간차를 잊어서는 안 됩니다.

앞에서 말씀 드린 기본적이고 간단한 방법을 시간을 들여 적용해 가면 성공적인 리퍼럴 과정을 만들어 낼 수 있습니다.

이 시스템을 사용하여 성공한 사례를 들어 보겠습니다. 빅토리아 트래프턴은 애리조나주에서 활동하는 전문 비즈니스 트레이너입니다. 그녀는 네트워킹 스코어 카드를 이용하여 매주 자신의 활동에 점수를 매기기 시작했습니다. 첫 주는 82점이라는 비교적 낮은 점수로 시작했습니다. 이후 몇 주 동안 의식적으로 활동계획을 세워 추적하면서 점수를 주당 100점, 200점으로 올릴 수 있었습니다. 또한 제공받은 리퍼럴을 기록하게 되었고, 이러한 리퍼럴에 의해 얻게 된 비즈니스까지 측정하게 되었습니다.

힌트 #3

일관성 있는 추적을 함으로써 정확한 네트워킹의 투자수익률(ROI), 리퍼럴의 가치, 어떤 사람과의 신뢰관계가 가장 많은 리퍼럴로 이어졌는지 등을 알 수 있게 됩니다. 적절한 활동 혹은 사람에게 시간을 투자하기 위해서는 시간계획을 세울 필요가 있습니다. 이것은 네트워킹 기술에서 가장 중요한 부분이기도 합니다.

리퍼럴 추적에 관한 빅토리아의 성공을 증명하기 위해 그녀의 월 평균치를 확인해 보겠습니다. 그녀는 트레이닝 비즈니스를 시작하면서 리퍼럴 과정 추적 시스템을 활용한 지 채 6개월밖에 되지 않았습니다. 그녀의 네트워킹 활동을 보면 매주 200점을 기록하였고, 월 평균 27건의 리퍼럴을 제공하였습니다. 또한 9건의 리퍼럴을 얻었고, 그에 더하여 세 번의 강의 기회를 얻을 수 있었습니다. 빅토리아는 리퍼럴 덕분에 한 달에 1만1,000 달러 상당의 비즈니스를 획득할 수 있었던 것입니다!

이렇게 리퍼럴 과정을 추적하는 것은 매우 훌륭한 방법이지만, 이것이 유일한 추적방법은 아닙니다. 우리는 다음과 같은 질문을 자주 받습니다.

"좋아요. 알겠어요. 리퍼럴 과정을 추적하면 되는 거죠? 그렇다면, 무엇으로 추적하나요?"

이 질문에 대한 우리의 대답은 이것입니다:

당신이 실제로 사용할 방법이라면 무엇이든 상관없습니다. 앞에서 말한 '네트워킹 스코어 카드'를 이용하여 실제 리퍼럴 과정을 추적하는 사람도 있습니다. 혹은 스스로 엑셀 시트를 만들거나, 한층 더 세련된 추적 시스템을 활용하는 사람도 있습니다.

이러한 도구를 일정기간 사용해 보십시오. 자신에게 맞지 않는 듯하면 목적에 맞게 바꾸어 적용해 보십시오. 당신의 리퍼럴 마케팅 활동을 추적하고 평가하는 방법은 매우 다양합니다. 기록이나 설문조사, 체크리스트, 그리고 이 책에서 소개한 프로필, 그 밖에 컴퓨터 프로그램 등을 사용할 수도 있습니다.

내가 어디로 향하고 있는지를 파악하라

중요한 것은 결과를 추적하는 것과 함께 자신의 리퍼럴 마케팅이 얼마나 잘 작동하는지 수시로 파악하는 것입니다. 처음에는 이러한 도구를 사용하다 보면 귀중한 시간을 빼앗기는 것이 아닐까 하는 생각이 들 수도 있습니다. 이렇게 생각하는 것도 무리는 아닙니다. 비즈니스를 유지하기 위해 필요한 서류작업을 좋아하는 사람은 아무도 없습니다. 정보보고처럼 결국 방치해버릴 것 같은 일이나 잊힐 것 같은 일일 경우에는 특히 더 그렇습니다. 하지만 그러한 정보를 추적하는 습관을 들이고, 거기서 파악되는 변화에 주의를 기울여 적절히 대응한다면 이러한 도구를 사용하는 것이 점점 더 쉬워질 것입니다. 나아가 이로 인해 향상된 비즈니스의 생산성이 당신이 쓴 시간을 상쇄하고도 남을 것입니다.

추적과 평가를 위한 철저한 시스템이 있다면 계획대로 일이 진행되는지, 비용 대비 효과는 어떠한지 등을 알 수 있습니다. 매니저, 투자가, 은행, 직원에게 당신이 훌륭한 마케팅 전문가라는 사실을 내보일 수도 있을 것입니다. 굳게 견디고 쉽게 흔들리지 않으면서 동시에 유연한 상상력을 풍부하게 발휘하면 리퍼럴에 의한 비즈니스를 성공시키며 다른 사업가의 선망의 대상이 될 것입니다.

향후 미션

1. 지난주에 다른 사람을 위해 한 활동을 추적해 봅시다.

2. 다음 주 '네트워킹 스코어 카드' 점수의 목표를 세워봅시다.

3. 시간을 'VCP 프로세스' 가운데 '신뢰(C) 단계'와 '수익(P) 단계'에 있는 사람들에게 우선 사용하십시오. 제 13장과 제 20장에서 확인한 '상생직군(컨택트 스피어)'이나 '파워팀' '리퍼럴 파트너'에게 집중적으로 시간을 투입하면 훨씬 더 전략적으로 시간을 사용한다고 할 수 있습니다.

28장

리퍼럴 제공자에게 인센티브를 제공하라

상상력을 활용하라

리퍼럴을 통해 비즈니스를 성공시키려면 리퍼럴 제공자에게 독자적인 인센티브를 제공하는 것 또한 유효한 방법입니다. 이것은 리퍼럴 마케팅 시스템을 유효하게 활용하기 위한 중요 요소 중 하나이며, 가장 어려운 부분이기도 합니다.

종래의 리퍼럴 제공자에 대한 인센티브는 소개 수수료라는 형태로 지급됐습니다. 누구나 좋아할 만한 방법이지만, 모든 경우에 유효한 방법이라고 할 수는 없습니다. 금전적 보상이 아닌 독자적인 인센티브의 예로써 필자의 체험을 소개하도록 하겠습니다.

꽤 오래 전의 일입니다만 저는 정기적으로 다니는 지압원을 찾아갔습니다. 그 몇 주 전, 최근 사고를 당한 친구에게 이 지압원을 소개한 적이 있었습니다. 지압원 대기실로 들어서자 "지난달 이 병원을 지인에게 소개해 주신 분들께 감사의 인사를 드립니다"라고 적힌 게시판이 눈에 확 띄었습니다.

특별히 다를 것 없는 평범한 게시판이었고, 지금까지 변함없이 대기실에 걸려 있던 게시판이었지만, 한 가지 다른 점이 있었습니다. 거기에 제 이름이 적혀 있었다는 것이었습니다. 정말 기분 좋았지만, 이때 이후로 그것에 대해 특별히 깊이 생각하지는 않았습니다. 몇 개월 후, 다시 그곳을 방문 했을 때 게시판에서 제 이름을 찾을 수는 없었습니다. 그때 반사적으로 머릿속에 떠오른 생각은 '게시판에 다시 이름을 올리기 위해 또 다른 누군가를 소개할 수 있을까?' 하는 것이었습니다. 결국 저는 또 한 사람을 소개했습니다.

이러한 방법이 모든 사람에게 유효하게 작용하지 않을 수도 있습니다. 하지만 제게는 확실한 효과가 있었으므로 다른 사람에게도 효과가 있으리라 예상할 수 있지 않을까요? 중요한 것은 가능한 한 많은 사람에게 사용할 수 있도록 인센티브의 선택지를 다양하게 준비하는 것입니다.

인센티브는 왜 중요한가?

여기에서 다루는 인센티브라는 것은 다른 사람이 당신을 누군가에게 소개하도록 장려하는 행위를 지칭합니다. 필자가 지압원에서 경험한 것처럼 인센티브는 여러 의원에서 사용합니다. 이 방법이 유효한 이유는 두 가지입니다.

1. 병원의 게시판이 지속적으로 리퍼럴을 원한다고 상기시켜 주는 역할을 하기 때문입니다.
2. 사람은 자신이 한 노력에 대해 인정받는 것을 좋아하기 때문입니다.

리퍼럴이 신규 환자로 이어진 경우 리퍼럴 제공자에게 1회의 무료 진찰 서비스를 제공하는 곳도 있습니다. 그 밖의 업종에서는 작은 선물이나 와인, 꽃, 자신의 점포나 근처의 다른 가게에서 사용할 수 있는 상품권을 주기도 합니다. 제공하는 상품/서비스의 종류 또는 리퍼럴 제공자와 관계에 따라 다음과 같은 인센티브를 도입할 수도 있습니다.

- 견적서, 샘플 분석 무료 제공
- 추가 상품이나 서비스 무료 제공
- 상품/서비스 할인
- 상품/서비스 이용시간 연장
- 전화지원기간 연장
- 멤버십 연장 또는 무기한 멤버십
- 한정 혹은 특별 멤버십 부여
- 단체할인
- 보증기간 연장
- 관련 상품/서비스 할인

어느 실험적인 기업가가 인센티브 프로그램을 고안하였습니다. 기존 고객이 신규 고객을 소개 할 경우 다음 번 주문에 사용할 수 있는 500달러짜리 쿠폰을 제공하는 프로그램이었습니다. 신규 고객 1명을 얻게 되면 수천 달러의 비즈니스가 생겨나므로 500달러에 신규 고객을 얻는다는 것은 매우 저렴한 방법이기 때문입니다.

리퍼럴 인센티브로 가격을 할인해 주거나 경품을 제공할 때는, 아무것도 없는 상태에서 당신 스스로 한 명의 신규 고객을 얻기까지 얼마나 많은 비용이 필요한지 생각해 보십시오. 신규 고객 획득을 위한 비용은 인쇄물, 광고, 영업전화, 전화를 하는 데 드는 시간, 미팅, 누군가와 만날 약속 등 매우 다양합니다. 리퍼럴 제공자에게 인센티브를 제공하는 편이 신규 고객 획득에 드는 비용을 줄일 수 있다는 것을 이해하셨으리라 생각합니다.

인센티브를 활용하면 기존 고객이 더 많은 상품을 구입하도록 하거나 조금 더 자주 서비스를 이용할 수 있도록 만들기도 합니다. 이러한 경우에도 일반적인 경우에 비해 훨씬 적은 마케팅 비용이 발생합니다.

인센티브 삼각형

'인센티브 삼각형'이라고 불리는 방법을 사용하는 사람도 있습니다. 이것은 고객에게 이익을 주기 위해 다른 사람의 서비스를 지렛대(레버리지)로 활용하는 방법입니다. 이것은 매우 간단한 개념으로 비즈니스에서 다양하게 응용할 수 있습니다. 예를 들어 작은 상점을 운영한다면 꽃집, 인쇄업

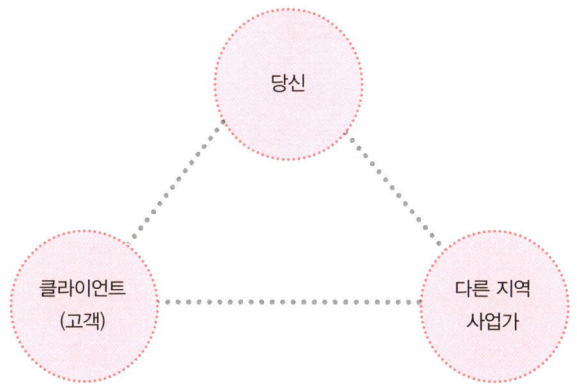

자, 전업사 등 주변의 다른 가게와 미리 제휴해 당신의 소개로 방문한 고객에게는 다음 번 방문 때 10%를 할인해 주도록 합니다. 또 신규 고객을 소개해준 기존 고객에게는 평소 제공하는 인센티브와 제휴업체에서 사용할 수 있는 할인권을 함께 제공합니다.

이런 형태의 '조인트 벤처'는 참가한 세 관계자 모두에게 이익이 됩니다. '인센티브 삼각형'이라는 이름은 여기서 나왔습니다. 신규 고객을 소개해준 기존 고객에게 인센티브 추가 제공이 가능하다는 점에서 당신에게 플러스가 됩니다. 당신이 손님에게 제휴업체를 추천하고 소개하므로 제휴업체에도 플러스가 됩니다. 당신의 손님은 평소 당신이 제공하는 인센티브에 더하여 제휴업체에서 상품/서비스를 할인 받을 수 있다는 이점이 있습니다. 그러나 이러한 식의 인센티브는 유용하게 이용할 수 있는 업종이 있는 반면, 모든 업종에 적합한 프로그램은 아니라는 것을 주의하십시오.

효과적인 인센티브 시스템을 찾아라

어떠한 인센티브 시스템을 사용하든 인센티브를 제공하면 리퍼럴을 제공받을 가능성이 올라가게 마련입니다. 중요한 것은 당신의 비즈니스에서 가장 효과적인 인센티브 시스템이 무엇이냐 하는 것입니다.

적절한 인센티브 시스템을 찾기 위해서는 주위의 도움과 지혜를 활용하십시오. 효과적인 방법 중 하나를 소개하겠습니다. 고객 · 환자 · 동료 · 파트너 · 친구를 대표하는 10명 정도를 점심이나 저녁식사에 초대합니다. 어떤 인센티브를 사용해야 리퍼럴에 의한 비즈니스를 더욱 잘 성장시킬 수 있는지 함께 의논하는 것이 이 모임의 목적입니다. 모임 중에는 가능한 한 많이 메모하거나 녹음을 하십시오. 두 시간 정도는 당신을 위해 사용해도 좋다고 하는 사람을 초대하십시오. 식사는 반드시 당신이 제공해야 합니다.

이 단체 모임에 대비하여 사전에 준비를 하고 의제를 생각해 두어야 합니다. 그리고 인센티브 비용이나 기간, 적절함 등의 기준도 정해 놓으십시오. 메모 · 질문지 · 샘플자료 · 칠판 등을 준비하고, 이야기를 부드럽게 시작하기 위한 아이디어도 준비합니다. 특정 상품에 관해 이야기할 때는 실제 견본을 준비하여 참고할 수 있도록 합니다.

모임의 서두에 구체적인 과제를 확실히 설명해야 합니다. 타깃으로 삼은 특정층이 매력적으로 느낄 만한 인센티브여야 한다는 점을 이해시킵니다. 풍부하고 다양한 아이디어를 원한다는 점과 그 자리에서 최종 결정을 하지는 않을 것이라는 점도 설명합니다.

브레인스토밍

'브레인스토밍'은 알렉스 오스본이 광고업계에서 사용하기 위해 개발한 방법으로, 창조적 발상을 이끌어 내는 기술입니다. 식사 후 효과적인 인센티브에 관한 아이디어를 추출하기 위해 브레인스토밍을 실시합니다. 당신 자신이 진행하거나 미리 지정한 사람이 진행해도 상관없습니다. 창조적 발상을 최대한 이끌어 내기 위해 오스본이 제안한 다음의 4가지 원칙을 이해하고 따르도록 합시다.

1. 비판하지 말 것

아이디어의 흐름이 끊이지 않게 하려면 사람들이 제안한 아이디어를 비판하는 것은 다음으로 미뤄야 합니다. 제가 맨 처음 브레인스토밍을 했을 때 경험입니다만, 아이디어가 나올 때마다 평가하려다 전체적인 과정이 지연된 적이 있습니다.

2. 자유분방한 발상을 환영할 것

아이디어는 엉뚱할수록 좋습니다. 아이디어를 얻기는 쉽지만 만들어 내기는 어렵기 때문입니다. 또한 엉뚱한 발상은 창조적 해결 방안으로 이어질 확률이 높습니다. 어떤 아이디어도 처음에는 아무런 관심을 받지 못하는 경우가 매우 많습니다. 보잘것없어 보이는 아이디어라도 조금 더 연구하면 매력적이고 가능한 아이디어로 재탄생시킬 수 있습니다.

3. 많으면 많을수록 좋다

아이디어가 많으면 많을수록 뛰어난 아이디어가 나올 가능성이 높아집니다. 메모지가 2페이지, 3페이지로 넘어간다고 해서 실망하지 마십시오. 최소한 12개의 아이디어를 발표할 수 있도록 유도하십시오. 모든 사람이 각자 가지고 있던 아이디어를 다 발표하게 한 후 여유를 가지고 충분히 검토합니다.

4. 조합과 개선을 잊지 않도록

참가자 한 명 한 명이 아이디어를 내는 것도 물론 중요하지만, 어떻게 하면 다른 사람의 아이디어를 더욱 뛰어난 아이디어로 다듬어 갈 수 있을지에 대해 생각해 보는 것도 매우 중요합니다. 또한 여러 아이디어를 조합하여 또 다른 하나의 아이디어로 만들어 낼 필요도 있습니다. 원래의 아이디어만으로는 실현 불가능한 아이디어라도 멋지게 조합하면 유효한 아이디어가 될 수 있기 때문입니다.

사람들이 가지고 있던 아이디어를 모두 냈다면 하나씩 목록을 재검토해 실제로 의논 가능할 정도로 개수로 줄여 나갑니다. 모든 아이디어를 검토할 때까지 어떻게 실현시켜야 할지에 대해서는 생각하지 않도록 합니다. 목록을 어느 정도 좁혔다면, 추려진 아이디어에 대해 의논하는 시간을 갖고, 다른 아이디어보다 뛰어나다고 생각되는 아이디어에 대해 의견을 나누도록 합니다. 그리고 마지막으로 실천할 아이디어를 선택합니다.

지금까지 살펴본 이 프로세스는 '포커스그룹 테크닉'이라고도 알려져 있습니다. 몇 년에 걸쳐 시장조사에 사용된 테크닉으로, 데이터 수집이나 시장 관련 과제에 관하여 철저한 조사를 하는 데 매우 유효합니다.

그룹 내에서 의견을 활발히 나눌 수 있게 되었다면 모임을 마치면서 다시 한 번 모임을 갖는 것은 어떤지 제안해 보십시오. 이렇게 함으로써 보통 두세 번 만나고 해산할 포커스그룹을 당신만을 위한 모임으로 발전시킬 수도 있습니다. 분기별 혹은 반 년에 한 번이라도 당신의 필요에 의해 모여, 당신이 안고 있는 과제에 대해 의논한다는 점에 큰 가치가 있습니다.

창조적인 인센티브

훌륭한 인센티브 시스템을 만들기 위해서는 창조적 발상이 중요합니다. 사람은 보통 서로 도우려는 성품을 가지고 있고, 자신의 노력이 보상받았다고 느끼는 경우에는 더욱 그렇습니다. 소개받은 사람과 이야기가 잘 진행되었다면 소개해준 사람에게 반드시 연락을 취합시다. 연락은 깊이 생각해본 후 하도록 합니다.

많은 사업가가 창조적 인센티브를 이용하여 리퍼럴 제공자에게 감사의 표시를 합니다. 여성 컨설턴트가 남성에게 꽃다발을 보내거나, 악기점 주인이 콘서트 티켓을 보내거나, 재무설계사가 동전지갑이나 '머니클립'을 보내는 식입니다.

세인트루이스에 사는 어느 회계사는 소개받은 사람이 신규 고객이 된 경우, 소개해준 사람도 함께 저녁식사에 초대합니다. 장소는 반드시 소개해준 사람의 집에서 1시간 이상 떨어진 곳에 있는 고급 레스토랑으로 정합니다. 이러한 방법을 사용함으로써 리퍼럴 제공자에게 자신을 확실히 각인시킬 수 있기 때문입니다. 왜냐하면 1시간 이상 걸리는 곳으로 약속을 잡았기 때문에 두 사람이 저녁식사에 가기 위해서는 계획을 세울 것이기 때문입니다. 약속 일자가 가까워지면 두 사람은 저녁식사에 관해, 나아가 회계사에 관해 이야기를 나눌 것입니다. 그 후, 이 두 사람이 회계사를 필요로 하는 누군가와 만난다면 이 회계사를 소개할 것이라고 생각하지 않으십니까? 이 이야기가 시사하는 점을 보여주는 필자의 경험을 들려 드리겠습니다.

북캘리포니아에서 저는 한 부동산업자를 만났습니다. 그는 과거 6년간 리퍼럴이 매출로 이어질 경우 소개해준 사람에게 중개수수료 명목으로 100달러를 준다고 말했습니다. 지금까지 성공한 리퍼럴은 단 12건 밖에 되지 않기에 무언가 다른 방법을 찾고 있다고 설명했습니다.

와인으로 유명한 지방에 큰 토지를 소유하고 있으며 그곳에서 살고 있던 그는 자신만의 포도밭을 만들어 포도를 키우기 시작했습니다. 그러면서 재미있는 아이디어가 떠올랐고, 실제로 그 아이디어를 시험해 보기로 하였습니다. 자신이 키운 포도를 가공하여 독자적인 빈티지 와인을 제조하기 시작한 것입니다. 첫 수확 후, 그래픽 디자이너에게 라벨 디자인을 의뢰하여 멋진 라벨을 만들어 와인 병에 붙였습니다. 친구들에게는 "이 와인은 판매용이 아니야"라고 말한 뒤, 좋은 리퍼럴을 제공해준 사람에게 선물로 주었습니다.

그 결과 그는 3년 동안 수십 상자의 와인을 선물하게 되었습니다. 중개수수료 명목으로 인센티브를 제공했을 때는 6년 동안 12건밖에 리퍼럴을 받지 못했습니다. 그러나 병당 비용이 10달러 이하인 이 특별한 빈티지 와인은 100달러나 하는 중개수수료보다 훨씬 더 많은 매출로 이어졌습니다.

이 책의 초판 인쇄를 시작한 지 약 2주 후, 그 부동산업자로부터 전화가 걸려왔습니다.

"벌써 인쇄를 시작하셨겠지요?"

제가 그렇다고 대답하자, 그는 "저런, 아쉽네요. 아주 좋은 소식이 있거든요"라고 말하는 것이었습니다.

"지난주 금요일 모르는 여성으로부터 전화가 와서 갑자기 2건의 리퍼럴을 받게 되었어요. 저는 그 정보를 받아 적으며 그녀가 어떻게 저에 대해 알게 되었는지 물어보았습니다. 그녀에 따르면 친구네 집에서 저녁식사를 하는데 와인이 나왔다고 합니다. 와인을 한 모금 맛본 그녀는 와인이 마음에 들어 친구에게 어디서 샀는지 물어봤답니다. 그러자 친구는 살 수 있는 것이 아니고 어느 부동산업자에게 리퍼럴을 제공하고 받은 것이라고 말하더랍니다. 그녀는 자신도 제게 소개해줄 리퍼럴이 2건 있다며 와인을 2병 받을 수 있는지 친구에게 물어보았다고 합니다. 물론, 저는 기쁜 마음으로 그녀에게 와인을 보내주었습니다. 그녀에게 받은 두 건의 리퍼럴 모두 매출로 연결되었으며, 각 리퍼럴에 들어간 비용은 단 10달러였습니다."

와인 1병과 같은 간단한 선물이 리퍼럴을 제공하는 데 큰 인센티브가 된다는 것에는 언제나 놀라움을 금치 못합니다. 하지만 이것은 단순한 이유에 지나지는 않습니다. 이 와인은 특별한 와인이기 때문입니다. 비매품 와인일지라도 비즈니스 리퍼럴처럼 가치 있는 것과 바꿀 수 있다면 제조 비용의 10배의 가치가 있다고 말할 수 있을 것입니다.

주변 사람에 대한 인센티브

리퍼럴을 제공해줄 것 같은 직원·동료·친구·친척이 있습니까? 같이 일하는 사람이 준 리퍼럴에도 인센티브를 제공해야 한다는 것을 우리는 쉽게 잊어버립니다. 어떤 그룹의 사람들이냐에 따라 다른 종류의 인센티브를 제공할 필요가 있습니다. 직원에 대한 인센티브는 고객이나 네트워킹 동료에 대한 인센티브와는 전혀 다른 것, 예를 들어 보너스나 휴가 등이 될 수 있을 것입니다.

리퍼럴을 통해 비즈니스를 크게 성장시키고자 하는 대부분의 사람이 가장 어려워하는 것이 적절한 인센티브를 찾는 일입니다. 당신도 이것 때문에 고민 중이라면 좋은 방법이 있습니다. 마음으로 당신의 성공을 바라는 사람의 의견이나 피드백을 들으십시오.

리퍼럴을 제공해준 사람을 칭찬하는 일이 얼마나 중요한지 과소평가하지 마십시오. 리퍼럴 마케팅에서 심사숙고 끝에 만들어 낸 인센티브 시스템은 매우 큰 의미를 갖습니다.

> **향후 미션**

1. 매출로 이어지든 아니든 제공받은 모든 리퍼럴에 감사를 표할 수 있는 시스템을 만듭니다.

2. 리퍼럴을 제공한 상대방의 개성에 맞춰 감사할 수 있는 방법을 찾습니다. 리퍼럴 제공자의 게인즈 프로필을 참고하십시오. 직접 물어보는 것도 좋은 방법일 것입니다.

3. 포커스그룹의 브레인스토밍 진행을 맡아보다 효과적인 인센티브 시스템에 관한 아이디어를 만들어 내 봅시다. 어떠한 아이디어도 비판해서는 안 되며, 자유분방한 의견을 받아들여야 합니다. 많은 아이디어를 받고, 제안된 아이디어를 활용합시다.

4. '인센티브 삼각형' 전략을 위해 도움을 받을 수 있는 사업을 정해보십시오.

29장
사업의 꿈을 이뤄주는 리퍼럴을 받는 법

먼저 리퍼럴을 부탁하라

리퍼럴을 찾는 사업가들과 이야기하다 보면 항상 놀랍게 느껴지는 사실이 있습니다. 그들이 친구나 직장동료, 네트워킹 멤버, 고객, 환자 등에게는 제대로 리퍼럴을 부탁해본 적이 없다는 것입니다. 처음에는 부탁해본 적이 있다고 말하지만 자세히 이야기를 들어보면 겨우 몇 명의 지인에게 부탁한 경우가 대부분입니다. 게다가 긍정적인 답변을 듣지 못했을 경우에는 그냥 포기해 버리고 맙니다.

리퍼럴을 부탁하는 데 효과적인 방법이 있습니다. 제 9장에서 소개한 맥 시어가 자신의 저서 〈리퍼럴(Referrals)〉에서 설명한 방법입니다. 이 책에서 저자는 리퍼럴을 부탁할 때 유효한 문구를 소개하였습니다. "비즈니스를 키우고 싶은데 도와주실 수 있을까요? 혹시 지인 중에 ~~한 분이 있으신가요?" 라는 문구입니다. 맥 시어는 다음과 같이 설명합니다.

> 이 문구는 바꾸지 말고 그대로 사용해 주십시오. 여러 번 사용해본 결과 성공이 검증된 문구이기 때문입니다. 다른 문구도 사용해 보았지만 그다지 좋은 결과를 얻지 못했습니다. 효과 없는 문구 사용으로 시간을 낭비하지 마십시오. 이 새로운 문구에 익숙해진다면 지인에게 리퍼럴을 부탁하는 것이 한결 쉬워질 것입니다. "지인 중에 ~~한 분이 있으신가요?"라고만 말하면 되는 것입니다.

이 방법은 열린 질문을 함으로써 질문받은 사람이 누군가를 소개할 수 있는 방법에 대해 고민하도록 합니다. 대부분의 사람이 리퍼럴을 요청하고도 긍정적인 대답을 얻지 못하는 이유는 "제 서비스가 필요한 사람을 알고 계신가요?" 처럼 "네" 아니면 "아니요"라는 대답을 강요하는 닫힌 질문을 하기 대문입니다.

공교롭게도 마침 이 장의 초안을 쓸 무렵, 필자는 한 여성으로부터 편지를 받았습니다. 과거 몇 년간 필자는 그녀로부터 아이의 교육용 장난감을 구입했습니다. 편지를 받아보고 그녀가 맥 시어의 세미나에 참가했었다는 것을 금방 알 수 있었습니다. 편지의 내용은 다음과 같았습니다.

마이즈너 박사님

　항상 이용해 주셔서 감사합니다. 요즘 비즈니스를 키워보고 싶다고 생각하고 있습니다만, 도와주시지 않으시겠습니까? 박사님의 지인 중에서 저의 이상적인 고객이 되어줄 만한 분은 어느 분이신가요? 제가 제공하는 고품질의 서비스 및 애프터서비스가 도움이 될 만한 기업가나 개인을, 아는 분이나 친구분들 중에서 명단으로 작성해 주신다면 정말 감사하겠습니다. 동봉한 '고객 프로필'을 살펴보시고 기입해 주시길 부탁드립니다. 이번 주 중 한번 전화드리겠습니다. 수신 주소가 적힌 봉투를 함께 보내 드리오니 고객 프로필을 반송해 주시기 바랍니다. 우표는 붙이지 않으셔도 괜찮습니다. 협력해 주셔서 감사합니다.

　아는 분 중에 신생아를 키우는 분은 어느 분이신가요?

　최근에 자녀·손주·조카가 태어난 분은 어느 분이신가요?

　자녀 발달에 도움이 되는 장난감이 필요한 분은 어느 분이신가요?

　아동지원단체에 기부하는 조직에 속한 분은 어느 분이신가요?

　선생님은 어느 분이신가요?

　아이들의 교육을 통해, 미래 사회에 직접적인 영향을 끼칠 수 있는 직업을 찾는 분은 어느 분이신가요?

교육완구 컨설턴트 S.L

그녀가 찾는 조건에 맞는 사람들의 명단을 줌으로써 편지의 수신자(필자)는 암묵적으로 그녀에게 그 잠재고객들에게 연락할 때 자신의 이름을 사용하는 것을 허락했습니다. 이 방법보다 더 나은 유일한 방법은 필자가 그 사람들에게 직접 추천해 주는 것 정도일 것입니다.

그냥 부탁만 하면 되는 걸까?

이제 리퍼럴을 요청하는 행위가 불러오는 결과를 이해했으리라고 생각합니다. 하지만 좀 더 진도를 나가기 전에 이 책에서 이미 소개한 'VCP 프로세스'에 대해 다시 한번 설명하겠습니다. 필자의 체험담을 소개합니다.

> 얼마 전 BNI에서 열린 전국 규모의 이벤트에 참가했습니다. 그곳에서는 훌륭한 네트워킹이 이루어지고 있었습니다. BNI에는 '기버스 게인(주는 자는 얻는다)'이라는 조직문화가 있기에 참가자들은 서로가 서로를 도와주며 유대관계를 만들어 나가고 있었습니다. 그러나 잘 알지 못하는 사람에게 접근하여, 그 사람의 소중한 사람들을 소개받으려는 사업가를 목격하기도 했습니다. 이러한 대화를 듣게 되면 참 불편합니다.
>
> 생각해 보니 '예전에도 이런 장면을 봤는데…' 하는 '데자뷰'의 느낌이었습니다. 저는 이전에 '리퍼럴 기습'을 받은 적이 있습니다. '아는(V)

단계'에도 들어서지 못한 사람들로부터 저의 영향력을 이용하여 저의 소중한 지인 중 한 분을 소개해 달라는 것이었습니다. 그 중에는 제 인맥의 모두에게 자신의 회사를 선전해 달라고 부탁한 사람도 있었습니다!

바로 이 회의 도중에 한 여성 참가자가 기조강연을 한 강사에게 자기소개를 하고 있었습니다. 대화를 시작한 지 얼마되지 않아 그 여성은 강사가 알고 있는 세계적인 유명인을 그녀의 비즈니스 확대를 위해 소개받을 수 없는지 부탁하였습니다. 이것은 굉장히 대담한 부탁이 아닐 수 없습니다.

어째서 이러한 부탁이 부적절했던 것일까요? 그 이유는 리퍼럴 프로세스, 즉 VCP에 의한 두 사람의 관계로 설명할 수 있습니다.

'아는 단계'에서는 당신과 상대방이 서로 누구인지 아는 정도의 사이입니다. 이번 경우 강사와 여성은 '알기 전(Pre-V) 단계'에 있다고 말할 수 있습니다. 이 여성은 어쩌면 강사와의 관계가 '신뢰 단계'에 있다고 착각했는지도 모릅니다. 3일간의 행사기간에 강사가 참가자들을 향해 정보를 잘 전달하는 것을 보고 그를 아는 것 같은 착각을 했을 가능성도 있습니다. 그러나 신뢰는 오랜 시간을 들여야 비로소 도달할 수 있는 단계입니다. 몇 주나 며칠, 몇 시간만에 도달할 수 있는 단계가 아니라는 것입니다. 몇 개월, 많은 경우 몇 년의 시간을 들여야 진정한 신뢰관계를 쌓을 수 있습니다.

> 물론 리퍼럴을 얻기 위해서는 부탁하는 것 또한 필요합니다. 그러나 어떻게 요청해야 하는지, 언제 요청하는 것이 자연스러운지를 판단하는 것이 훨씬 더 중요합니다. 적절한 시기라는 것은 언제를 말하는 것일까요? 리퍼럴을 요청하기에 적절한 때는 리퍼럴 관계에서 양쪽 모두 '신뢰(C) 단계'에 이르렀을 때를 말합니다.
>
> 네트워킹이라는 명목하에, 닥치는 대로 리퍼럴을 부탁하여 친구나 가족을 멀어지게 해서는 안 됩니다. 인간관계라는 계좌에서 돈을 찾기 전에 충분히 예금을 해 두었는지 확인하십시오. 다시 말해 리퍼럴을 부탁하기 전에, 그 관계를 쌓기 위해 지금까지 어떠한 일을 해왔는지 돌아보십시오.
>
> — 마이크 마세도니오

추천의 가치

긍정적인 메시지를 효과적으로 전달하기 위해서는 상대방이 당신에 대해 긍정적으로 말할 수 있는 관계를 쌓는 것이 무엇보다 중요합니다. 만약 누군가가 당신의 상품/서비스에 대해 많은 사람 앞에서 좋게 이야기해 준다면 당신이 직접 이야기할 때보다 훨씬 효과적일 것입니다. 이것이 바로 '추천의 말' 혹은 '추천장'입니다.

마케팅 계획에서 서로 적극적으로 리퍼럴을 제공하는 것이 중요한 것과 마찬가지로, 서로 추천장을 제공하는 것 또한 중요합니다. 많은 사람이 칭찬하는 훌륭한 사업가들도 그런 칭찬의 말을 제대로 활용하지 못합니다. 추천장은 때로는 리퍼럴보다 효과적입니다. 잘 생각해 보십시오. 신뢰할 수 있는 사람으로부터 제대로 된 추천장을 받을 수만 있다면, 반복해서 이용할 수도 있을 것입니다. 비즈니스 네트워크 인맥사이트인 '링크드인(LinkedIn)'에 추천장을 올려 달라고 부탁하거나, 웹사이트나 팸플릿 등의 마케팅 자료로 사용할 수도 있습니다. 리퍼럴 제공자에게도 추천장을 전달하십시오. 누군가에게 당신의 비즈니스를 소개할 때 추천장을 사용하게 될지도 모릅니다.

우리는 프레젠테이션을 할 때 종종 '추천장'이나 '추천의 말'을 자주 사용합니다. 설명하는 내용을 실제로 다른 사람이 어떻게 활용하여 어떠한 결과를 만들어내는지 전달하기 위해서입니다. 추천장을 바르게 사용하면 무엇보다 강력한 영업도구가 됩니다. 예를 들어 잠재고객인 재무설계사와 이야기하고 있다고 가정해 봅시다. 그들은 지금 트레이닝에 투자하는 것이 이익이 될지 어떨지 판단하려 합니다. 이러한 상황에서는 트레이닝에 투자하여 좋은 결과를 낸 또 다른 재무설계사에게 받은 추천장이 도움이 될 것입니다.

추천장을 주고받을 때는 적극적이고 신중해야 효과적입니다. 당신의 상품/서비스를 이용한 지인이 있다면 다음과 같이 질문해 보십시오.

1. 당신의 상품/서비스를 사용하기 전에는 어떤 상황이었는지?
2. 당신의 상품/서비스를 사용하는 것은 어떠한 경험이었는지?

3. 당신과 함께 일하면서 좋았던 점은 무엇인지?

무조건 추천장을 부탁하는 대신 위에 적은 양식에 따라 질문한다면 부탁받은 사람도 훨씬 쉽게 대답할 수 있을 것입니다. 질문에서 얻은 답변을 문장으로 정리했다면, 추천인에게 읽어봐 달라고 부탁하여 자신의 경험에 대해 정확히 표현했는지 확인받습니다. 그 후 사용해도 되는지 허락을 받으십시오. 추천장에는 추천인의 이름·기업명·웹사이트·연락처·로고·사진 등을 사용함으로써 추천인의 비즈니스를 PR하는 역할도 하도록 합니다.

'리퍼럴 인스티튜트'의 중동지부 책임자인 필 배드포드에게 써준 추천장을 참고해 주십시오.

필 배드포드 씨

조금 더 빨리 추천장을 보내드렸어야 하는데 늦었네요. 그러나 저는 정말 좋은 서비스나 결과를 제 눈으로 확인한 경우에만 추천장을 쓴답니다. 그러므로 이것은 제 진심이 담긴 추천장입니다.

현재 저는 '리퍼럴 인스티튜트'의 공식 네트워크 프로그램에서 트레이닝을 받기 시작한 지 10주차에 들어갔으며, 지금까지의 결과에 매우 만족합니다. 제가 트레이닝을 받으며 얻게 된 이점을 3가지로 분류해 설명하겠습니다.

1. 금전적인 면 - 프로그램을 시작하며 지불했던 금액의 2배에 달

하는 비즈니스를 단 4주만에 소개받을 수 있었습니다.

2. 개인적인 면 - 저는 46세이며, 제 자신을 우수한 네트워크 구축자라고 믿고 살아왔습니다. 때문에 이 프로그램을 통해 얼마나 이익을 얻을 수 있을지 조금은 반신반의했습니다. 게다가 시작하기 전에는 12주간의 모든 프로그램에 참가할 시간이 없을 것이라고 확신했습니다. 그러나 제 생각이 틀렸다는 것을 깨달았습니다. 쉽고 자신있게 사용할 수 있는 리퍼럴 기술을 익힌 지금은 미래의 비즈니스의 95%는 리퍼럴에 의해 발생할 것이라고 굳게 믿습니다.

3. 리퍼럴 파트너 - 공식 네트워크 구축자 프로그램의 다른 멤버를 통해 저의 리퍼럴 파트너에게 액면가 70만 UAE 디르함(약 2억 3,230만원) 이상의 리퍼럴을 제공하였습니다. 우수한 네트워크 구축자들이 모여 있는 만큼 이 숫자는 점점 늘어날 것으로 확신합니다.

리퍼럴 마케팅으로 성공하고 싶다면 이 프로그램을 수강할 것을 강력히 추천합니다. 다만, 배우고 익힌 모든 것을 실천할 의지가 있어야 합니다.

배드포드 씨, 저는 이 프로그램의 성공을 진심으로 기원합니다. 저도 배운 것을 잘 유지하기 위해 매년 참가하겠습니다.

피터 코윈

리얼타임 러닝, 두바이

리퍼럴 제공자에게 추천장을 제공하는 것은 신뢰관계를 키우기 위한 유익한 수단입니다. '리퍼럴 인스티튜트'의 부사장인 던 라이언즈(Dawn Lyons)와 에디 에스포지트(Eddie Esposito)는 두 사람 모두 이메일 서명란에 추천장을 게재하여 소중히 여기는 지인을 PR합니다. 라이언즈가 이메일 서명란에서 사용하는 추천장을 예로 소개하겠습니다.

이메일 서명 샘플

던 라이언즈
우리는, 리퍼럴 그룹으로서 이 사람을 추천합니다.

잭 매셀
컴퓨터 네트워크 전문가
우든스푼(WOODEN SPOON)테크놀로지사

　메셀은 이 업계에서만 20년 이상의 경험을 쌓은 전문가입니다. 컴퓨터 네트워크의 유지 및 서포트 비용삭감 분야에서 많은 기업을 지원해 왔습니다. 샌타로자에서 20대 이상의 컴퓨터를 사용하는 네트워크를 소유하신 기업주를 아는 분이 계시다면, 메셀 씨에게 네트워크 관리의 지원 및 예산의 효율화에 관한 컨설팅을 받아보실 수 있습니다.

　메셀은 현재 전 세계 '리퍼럴 인스티튜트'의 웹사이트를 관리하고 있습니다. 저희는 메셀이 이끄는 팀과 함께 일하는 것을 매우 기쁘게 생각합니다.

제가 BNI 지부를 방문했을 때, 저는 추천장의 중요성을 아는 멤버가 어떻게 추천장을 제공하는지 관찰해 보았습니다. 그저 단순히 '제인이 얼마나 훌륭한지'에 대해 자리에서 일어나 이야기하거나, 자신의 경험을 구두로 설명하는 것이 아니었습니다. 제대로 시간을 할애하여 조심스럽게 초안으로 작성한 추천장을 자신의 회사 양식지에 다시 옮겨 적고, 그것을 여러 사람 앞에서 읽는 것뿐만 아니라 제인에게 건네주는 것이었습니다. 그뿐만이 아닙니다. 추천장을 파일로 만들어 방문자가 접수대에서 볼 수 있도록 하였습니다. 멋지지 않습니까? 이로 인해 제인과 참가자 모두가 감동을 받았습니다.

몇 년도 더 전에 BNI 멤버였던 지압사가 지부 멤버로부터 비즈니스를 제공받으려면 어떻게 해야 좋을지 물어온 적이 있습니다. 저는 지부 멤버 중에서 그때까지 그의 서비스를 이용한 적이 있는 사람이 있는지 물어보았습니다. 그는 "없습니다"라고 대답하였습니다. 저는 지부 멤버 중에서 지금까지 지압이라는 것을 받아본 적이 있는 사람이 있는지 물어보았습니다. 그는 "아마 아무도 받아본 적이 없을 거예요"라고 대답하였습니다.

저는 한 명이라도 좋으니 멤버의 누군가에게 당신의 서비스를 이용하도록 하는 것이 중요하다고 이야기해 주었습니다. 지압 등의 헬스케어 서비스는 매우 개인적입니다. "멤버 한정 할인권을 제공한다면 적어도 한 명은 당신의 서비스를 이용하지 않을까요"라고 제안했습니다.

그는 다음 모임에서 전액 보험(미국에서 개인이 가입하는 건강보험) 적용 가능한 지압 서비스를 제공하겠다고 발표하였습니다. 즉, 규모가 큰 의료보험에 가입한 사람이라면 실비 없이 서비스를 이용할 수 있게 된 것입니다. 그러나 이 서비스를 이용한 사람은 단 한 명뿐이었습니다. 이 사실에 지압사는 크게 실망하였습니다.

그 다음 모임에서 있었던 일입니다. 이 서비스를 이용한 멤버가 자리에서 일어나 다음과 같이 발표하였습니다. "이번 주에 저는 지압을 받았습니다. 제가 말할 수 있는 한 가지는, 저는 바보였다는 것입니다! 어째서 지금까지 지압원에 다니지 않았던 것일까 후회합니다. 그의 시술은 최고였습니다. 그의 제안을 활용하지 않는 것은 정말 안타까운 일입니다. 저는 늘 허리에 문제가 있었습니다. 별 일 아니라고 생각했지만, 말끔히 통증이 사라진 지금은 그 통증이 얼마나 거슬렸는지 다시 생각하게 되었습니다. 정말 기분 최고입니다!"

발표자가 자리에 앉자, 다른 멤버가 "적어도 시술받고 걷지 못하게 되지는 않았으니, 어디 한번 받아 볼까!"라고 농담을 던졌습니다. 농담을 한 멤버는, 다음 번 모임에서 고객을 소개하는 리퍼럴을 지압사에게 제공하였습니다. 지압사는 2주 동안 4명의 신규 고객을 획득할 수 있었습니다. 모든 것은 한 사람의 멤버가 자리에서 일어나 발표해 주었던 것에서부터 시작한 것입니다. "저는 그의 서비스를 이용하였습니다. 그리고 여러분께도 추천해 드립니다. 왜냐하면….”

이 "왜냐하면"이 굉장히 중요합니다. 추천장은 왜 그 상품/서비스가 좋은지, 그리고 어떻게 도움이 되었는지 세세한 것까지 자세히 설명함으로써 처음으로 효과를 발휘하게 됩니다. 추천장은 읽어주는 사람의 체험을 듣는 사람과 공유할 수 있는 효과를 발휘하기 때문에, 소개받은 상품/서비스에 대해 경계심 없이 들을 수 있는 것입니다.

— 아이번 마이즈너

당신의 상품/서비스를 이용한 적이 있는 사람에게, 그 경험이 어떠했는지 다른 사람에게 이야기 해달라고 부탁하십시오. 가능하면 편지 형식의 추천장을 받고 싶다고 부탁하십시오. 그들이 소개해준 사람과 이야기할 때 그 편지를 사용할 수 있을 것입니다.

마찬가지로 거래처에 추천장을 제공하는 일도 상당히 중요합니다. 켄 브랜처드와 로버트 로버는, 그들의 저서 〈업무에 1분 매니저 배치하기(원제: Putting the One-Minute manager to Work)〉에서 퍼포먼스에 관한 피드백이야말로 효과적인 신뢰관계에서 매우 중요하다고 강조했습니다. 피드백을 제공함으로써 일을 지속할 수 있는 힘을 얻게 됩니다. 추천장을 제공할 기회가 생겼을 경우 자신이 사용해본 적이 있는 상품/서비스가 어떻게 도움이 되었는지 구체적으로 설명해 주십시오. 모임에서 당신이 사용해본 적

있는 상품을 열거해 보았자 아무런 도움도 되지 않습니다.

여러 형태의 네트워킹 그룹(특별히 리퍼럴을 목적으로 하는 네트워크)에 참가하고 있다면 추천장이 네트워킹에 필수라는 것을 알 수 있을 것입니다. 추천장을 받는 것만큼 제공하는 것 또한 중요합니다. 리퍼럴을 통해 비즈니스를 성장시키고자 할 때, 추천장을 통해 리퍼럴의 신뢰나 신용을 얻을 수도 있습니다. 물론 그에 상응하는 리퍼럴을 받고 싶다면 추천장을 제공하는 것 외에도 고려할 것이 많이 있습니다.

서포트 자료와 테크닉

리퍼럴을 받는 데 도움이 되는 방법을 소개하겠습니다. 여기에서 소개하는 방법 중에는 모든 사람에게 유효하다고 할 수는 없는 방법도 있을 것입니다. 비즈니스나 전문분야와 어울릴 방법을 선택하는 것이 중요합니다.

샘플

당신이 취급하는 상품/서비스에 대한 자료를 배포할 기회가 있다면, 이용하십시오. 제품·샘플·팸플릿 등 각종 자료를 지참하십시오. 대부분의 네트워킹 그룹에는 팸플릿을 펼쳐 놓을 수 있는 테이블이 준비되어 있으므로 지참한 자료를 사람들에게 보여줄 수 있습니다. 상품의 샘플을 보고, 듣고, 느끼고, 만지고 냄새를 맡는 등의 체험을 제공한다면 상품/서비스를 사용하게 만들 확률이 커집니다. 멤버 한정 특별가나 특별한 서비스를 준비합시다. 특히 소속된 그룹의 멤버가 사용해 준다면 리퍼럴을 제공받을 가능성은 훨씬 커집니다. 지압사의 경우처럼 말입니다.

프레젠테이션용 자료

네트워킹 그룹에서 적극적으로 활동하는 사람이라면 프레젠테이션용 자료를 준비하는 것이 효과적일 것입니다. 고품질의 바인더를 준비하여 상품/서비스의 샘플 · 팸플릿 · 사진 등을 깔끔하게 정리해 둡시다. 모임에 이 바인더를 가지고 가서 모두가 볼 수 있도록 합시다.

무료 강연이나 시범

많은 전문직 사업가가 봉사단체나 네트워킹 그룹에서 무료강연을 합니다. 비즈니스의 노출 빈도를 높여 PR에 좋은 기회라고 생각하기 때문입니다. 당신의 상품/서비스가 이 활동에 적합하다면 네트워크 멤버에게 무료 강연을 해 주겠다고 알린 후 이 서비스에 대한 리퍼럴을 받고 싶다고 말합니다. 혹은 그들이 속한 단체의 기획 책임자에게 대신 제안해 달라고 부탁합시다.

철저한 준비를 통해 훌륭한 강연을 한다면 수많은 강연 요청이나 새로운 비즈니스 기회가 쏟아질 것입니다. 무료강연은 대부분의 전문직 종사자가 사용할 수 있습니다만, 특히 컨설턴트 · 세라피스트 · 재무설계사 · 회계사 · 변호사에게 더욱 효과적입니다.

상

　현명한 사업가는 상을 준비합니다. 상품/서비스를 한 번 사용해본 고객은 다시 사용할 가능성이 높습니다. 속해 있는 네트워킹 그룹에서 정기적으로 상을 제공하십시오. 강력하게 추천합니다. 상을 줄 때는 당신이 제공했다는 사실도 함께 알리십시오. 반드시 명함을 첨부해야 합니다. 상이 마음에 들었을 경우 연락을 줄 수 있기 때문입니다.

정기적인 연락

　가능하다면 항상 참석하는 모임 외에 다른 사람과도 만나십시오. 카드나 편지를 쓴다든지, 상대가 흥미있어 할 만한 기사를 보낸다든지, 전화로 안부를 확인하십시오. 혹은 지역 사업자 모임에 관한 정보를 알려주거나, 함께 점심식사를 하거나, 함께 테니스·골프를 치는 것도 좋습니다. 감사의 인사를 통해 관계를 발전시키는 것 또한 중요합니다. 누군가에게 리퍼럴이나 중요한 정보를 제공받았다면 반드시 감사의 인사장이나 선물을 보내십시오. 그렇게 함으로써 신뢰관계를 강화할 수 있고, 상대방이 당신을 기억할 수 있게 하는 기회로 만들 수 있습니다.

사후관리

　리퍼럴을 얻기 위한 방법은 아는 사람에게 도움을 주는 것, 그리고 그것에 대한 보답으로 당신도 도움을 받는 것입니다. 리퍼럴 마케팅 프로그램으로 성공하기 위해서는 당신에게도 효과적이고 동시에 다른 멤버에게도 도움이 되는 시스템을 만들 필요가 있습니다.

어떠한 네트워킹이라 할지라도 만난 사람들이나 리퍼럴을 제공해준 사람들에 대해 사후관리를 하지 않으면 아무런 도움이 되지 않습니다. 인맥을 만들기 위해 열심히 노력했지만, 착실히 사후관리를 하지 않아 신뢰관계를 잃는 사람이 매우 많습니다. 이것은 네트워킹을 하면서 리퍼럴을 통해 비즈니스를 성장시킬 가능성을 완전히 잃어버리는 것과 같습니다. 사후관리를 위한 편지나 메일을 보내는 것은 이후의 관계를 쌓아 나가기 위한 중요한 한 걸음입니다. 다른 모든 조건이 같을 경우, 자주 연락을 취했을 때 훨씬 많은 비즈니스를 탄생시키기 때문입니다. 최근에는 네트워킹을 위해 디자인된 사후관리 카드나 감사 인사장, 포스트카드를 전문으로 제조, 판매하는 곳이 많기 때문에 사후관리를 할 수 없었다는 변명은 통하지 않습니다. 정기적으로 '관계를 다시 살리기 위한 전화'를 합시다. 이러한 전화를 함으로써 상대방은 당신이 누구이고, 어디서 만났으며, 어떠한 일을 하는지 기억하게 됩니다. 또한 오랜 기간 알고 지낸 사람에게 정기적으로 연락을 취하는 일에도 도움이 됩니다. 전화나 편지로 사후관리를 하지 않으면 많은 비즈니스 기회를 잃게 됩니다.

예상치 못했던 곳으로부터 온 리퍼럴

질 높은 리퍼럴은 때때로 예상치 못했던 곳에서 오기도 합니다. 많은 사람들이 CEO나 대표들과만 네트워킹을 하려 합니다. 이런 사람들은 기업의 간부가 속해 있지 않은 대부분의 네트워킹 그룹에는 가입하고 싶지 않다고 말합니다. 그러나 CEO나 기업의 간부들로만 구성된 그룹을 발견하더라도 큰 기대는 하지 않는 것이 좋을 것입니다. 이러한 그룹은 아마도 비즈니스를 성공시키는 데 그렇게까지 도움이 되지는 않을 것이기 때문입니다. 상대방은 당신이 원하는 만큼 당신을 원하지 않을지도 모릅니다. 기업의 간부들은 상품/서비스를 팔아 보려는 사업가에게는 모습을 드러내지 않고, 물밑에서 조용히 활동하는 경우가 많습니다.

그러나 리퍼럴을 통해 비즈니스를 성장시키는 경우, 이러한 것은 문제가 되지 않습니다. 당신이 알게 된 100명의 사람에게는 각각 100명의 아는 사람이 있고, 그 사람들에게는 또 다른 100명의 아는 사람이 있습니다. 그렇기에, 네트워크를 통해 비즈니스를 성장시킬 수 있는 것입니다. 자신의 네트워크 밖에 있는 거대한 네트워크와 연결될 가능성도 있고, 이처럼 확장된 네트워크에는 수많은 사람이 속해 있을 것이기 때문입니다.

커튼을 취급하는 한 사업주가 어떤 리퍼럴에 대해 이야기 해주었습니다. 이 사업주는 친구로부터 나이든 여성 한 명을 소개받았다고 합니다. 친구는 이 커튼업자가 이 나이 든 여성을 도와줄 수 있지 않을까 싶어 소개했다고 합니다. 이 여성은 70대 후반이었고, 여러 커튼 회사에서 상담을 받았습니다만, 요구를 들어준 곳은 한 곳도 없었습니다. 그 요구란 뒷문에 달린 작은 창문에 블라인드를 설치하러 와 주었으면 한다는 것이었습니다. 그녀는 집 뒤편으로 지나다니는 사람들이 집안을 들여다보지는 않을까 두려워했습니다. 그러나 이 여성의 집까지 찾아가 작은 블라인드를 설치해 보았자 득이 될 것이 없었기에 모든 커튼업자가 거절했다고 합니다. 친구의 소개를 받은 커튼업자는 그 여성이 걱정한다는 것을 알고 도와주기로 결심했습니다.

한 달 뒤, 이 커튼 사업주가 쇼룸에서 작업하고 있을 때 건물 앞에 고급 리무진 한 대가 멈춰 섰습니다. 그는 호기심에, 운전기사가 고급 양복을 차려입은 신사를 위해 문을 열어주는 장면을 보고 있었습니다.

그 신사는 커튼 업자의 쇼룸으로 들어오더니 경영자가 누구인지 물어보았습니다. 커튼업자는 자신을 소개하고 용건을 물어보았습니다. 그 신사는 작은 블라인드를 설치한 여성 고객을 기억하느냐고 물었습니다. 커튼업자는 확실히 기억한다고 대답하였습니다. 그러자 신사는 득이 될 것이 없는 일임에도 그 일을 맡아준 것에 감사한다고 말했습니다.

그 신사는 나이 든 여성의 아들이었습니다. 그 여성은 커튼업자가 얼마나 훌륭한지, 아무도 도와주려고 하지 않을 때 얼마나 친절하게 대해 주었는지를 아들에게 이야기했다고 합니다. 그 여성은 아들에게 그 커튼업자에게 많은 일을 맡기도록 부탁했다고 합니다. 아들은 바닷가에 있는 557.42㎡의 신규 주택을 구입했다며, 그 집의 모든 창문에 커튼을 달고자 하니 꼭 와 달라고 부탁했다고 합니다. 뒷문의 작은 창문에 블라인드를 달고 싶어했던 여성으로부터 파생한 이 일은 그 커튼업자에게 가장 큰 이익을 안겨주었다고 합니다.

공교롭게도 '중요한 리퍼럴'은 CEO로부터가 아닌, CEO를 아는 그 누군가로부터 생겨나는 경우가 많습니다. 라스베이거스의 어느 건축가는 네트워킹 그룹에서 만난 창문 청소원에 관한 이야기를 들려주었습니다. 그 건축가는 매주 창문 청소원과 만났지만 9개월이 지나서야 처음으로 리퍼럴을 받을 수 있었다고 합니다. 그 리퍼럴은 30만 달러 이상의 매출로 이어졌다고 합니다.

    좋은 리퍼럴이 어디서 올지는 예상할 수 없습니다. 이 장의 필자 아이번 마이즈너의 이야기처럼, 작은 체구의 나이 든 여성에게서 나올 수도 있고, 택시 운전기사 혹은 청소원에게서 나올 수도 있습니다. 다른 사업가의 인맥, 또는 당신을 위해 만들어 내는 인맥으로부터 리퍼럴이 생길 가능성을 소홀히 여기지 마십시오.

질 낮은 리퍼럴을 받았을 경우

    '질이 낮은' 리퍼럴을 받았을 경우, 과연 어떻게 하면 좋을까요? 먼저 "감사합니다"라고 인사합시다. 적어도 누군가가 당신을 위해 움직여준 것이기 때문입니다. 그러고 나서 '질 낮은' 리퍼럴이란 어떤 것인가 생각해봅시다. 사업가들과 대화하다 보면, 그들이 무슨 이유로 질이 낮은 리퍼럴이라고 여기는지 알고 놀란 적이 많습니다. 매출로 이어지지 않는 소개는 질이 낮은 리퍼럴일까요? 예를 들어 당신의 서비스가 필요한 잠재고객이 당신에 대해 더 알고 싶어했는데 당신의 서비스가 예산 초과라는 것을 알게 되면 어떠할까요? 이 책 제 2장에서 리퍼럴에 대해 정의해 보았습니다. 리퍼럴이란 특정 상품/서비스를 필요로 하는 사람에게, 그것을 제공할 수 있는 사업가를 개인적으로 추천하거나 소개하는 것을 말합니다. 모든 리퍼럴이 반드시 매출로 이어진다고 기대하는 것은 비현실적이며, 매출로 이어지지 않았다고 해서 그것이 질이 낮은 리퍼럴이라고 할 수는 없습니다.

'질 낮은' 리퍼럴이라고 판단하는 기준은 무엇일까?

1. 당신이 제공하지 않거나 당신의 전문분야가 아닌 상품/서비스에 관한 리퍼럴일까요? 확실히 당신의 비즈니스와는 맞지 않는 리퍼럴이라고 할 수는 있습니다. 그러나 곰곰이 생각해 본다면, 그 서비스를 제공할 수 있는 누군가에게 리퍼럴을 제공할 기회가 아닐까요? 자신에게는 맞지 않는 잠재고객과, 서비스를 제공할 수 있는 누군가가 관계를 맺도록 도움을 준다는 멋진 기회를 얻은 것일 수도 있습니다.

2. 함께 일하고 싶지 않은 사람에게 리퍼럴을 받은 경우에는 어떻게 해야 할까요? 어떠한 사람과 일하고 싶은지, 혹은 하기 싫은지를 명확히 정의할 수 있을까요? 사업가는 종종 '누구라도 좋으니 ~한 사람'을 찾는다고 말합니다. 그러나 진짜 누구라도 좋을까요? 돈을 지불할 수 없는 사람이라도 괜찮을까요? 불만이 많은 사람은 어떠할까요? '질 낮은' 리퍼럴이란, 나쁜 태도를 가지고 있으며, 자신의 비즈니스에 관심이 없는 사람을 말합니다. 즉, 비즈니스를 해서는 안 될 사람, 혹시 시작했더라도 오래 지속할 수 없을 것 같은 사업가입니다.

3. 어떤 수준으로 행동을 개시할 것인지 정하셨습니까? 연락처를 받자마자 바로 행동으로 옮기시렵니까? 아니면 당신의 서비스를 필요로 하고, 당신이 연락하는 것에 동의한 사람에게만 행동을 취할 것입니까?

질 높은 리퍼럴과 질 낮은 리퍼럴의 기준이 무엇이든, 리퍼럴 제공자에게 당신의 기준을 명확히 전달하는 것은 반드시 해야 할 일입니다. 질 낮은 리퍼럴을 받았다면, 그것은 리퍼럴 제공자에게 당신의 기준을 알리는 기회가 될 것입니다. 질 낮은 리퍼럴이라고 해서 무시해 버리는 것은, 이익을 얻을 기회를 무시하는 것과 같습니다. 그것을 좋은 소개로 만들기 위해서는 어떻게 행동해야 좋을지, 리퍼럴 제공자와 만나 이야기해 보는 것은 어떨까요? 그다지 좋은 소개가 아닐 경우, 리퍼럴의 주인공을 직접 소개받거나 추천장을 받는 것으로 대신할 수도 있습니다. 그렇게 하기 어렵다면, 지금은 그 리퍼럴에 어떠한 대응도 할 수 없다는 뜻을 확실하게 전달하십시오.

질 낮은 리퍼럴을 피하기 위한 최선의 방법은, 질 낮은 리퍼럴을 받았을 때 그 자리에서 바로 당신의 의사를 전달하는 것입니다. 충분한 주의를 기울여 전달해야 하지만, 그렇다고 해서 아예 전달하지 않으면 안 됩니다. 질 낮은 리퍼럴을 받고도 아무런 의사표시를 하지 않는다면, 계속 질 낮은 리퍼럴을 받게 될 것이기 때문입니다. 그것은 정확히 의사를 전달하지 않은 당신의 책임입니다.

"리퍼럴의 질이 낮다는 말을 어떻게 합니까?"라고 말하는 사람을 자주 만납니다. 그러한 사람들에게는 "이렇게 중요한 일인데, 말하기가 그렇게 어려우십니까?"라고 대답합니다. 직접적으로 표현하십시오. 사과하지 않으셔도 괜찮습니다. 당신에게 질 낮은 리퍼럴을 제공했다는 사실을, 리퍼럴 제공자도 알 필요가 있기 때문입니다.

긍정적인 태도로, 리퍼럴이 나빴던 것이지 리퍼럴을 제공하려는 자세가 나빴던 것은 아니라는 점을 명확히 전달해야 합니다. 다른 사람의 좋은 점을 믿어준다면, 많은 경우 좋은 결과로 나타나기 때문입니다. 다른 사람의 좋은 점을 믿지 않으면 좋은 결과로 이어지지도 않습니다.

질 낮은 리퍼럴을 받지 않는 가장 좋은 방법은 사람에 따라 혹은 전문분야에 따라 크게 다릅니다. 예를 들어 컨설턴트·카운슬러·세라피스트 등의 일부 전문직은, 네트워킹 그룹에서 강연하는 것이 좋은 기회가 될 것입니다. 인쇄업자나 각종 청부업자, 꽃집 등 그 밖의 전문직에게는 강연이 반드시 좋은 기회가 된다고는 말할 수 없습니다. 당신이 어떠한 리퍼럴을 원하는지, 모두가 알 것이라고 착각하지 마십시오. 당신이 생각하는 질 높은 리퍼럴이란 무엇인지에 대한 정의는, 가능한 한 구체적으로 정해두십시오.

향후 미션

1. 당신의 일을 칭찬해 준 가까운 고객 2명에게 칭찬의 말을 받아 추천장에 사용해도 되는지 허락을 받으십시오. 당신이 추천장의 초안을 작성하면 그들의 부담을 덜어줄 수 있을 것입니다. 추천장은 허락과 양해를 구한 후 사용합니다. 추천자의 이름·기업정보·로고·얼굴 사진 등을 게재함으로써 추천자에게도 PR이 되도록 합니다.

2. 상생직군(컨택트 스피어) 가운데 특히 관계가 좋은 멤버 2명에게 추천장을 제공해 보십시오. 그들에게 추천장을 보낸 후, 변경하고 싶은 부분이 있다면 기꺼이 변경해 주겠다는 의향을 전달합니다.

3. 리퍼럴을 부탁할 만한 사람들의 명단을 만들어 봅니다. 이때 'VCP 프로세스'에서 리퍼럴을 부탁해도 좋을 만한 단계인지 항상 염두에 두어야 합니다.

4. 받기를 바라는 리퍼럴을 자세히 적어보십시오.

⑦ 에필로그

30장

성공을 향한 최후의 비밀

리퍼럴 마케팅에 온 힘을 쏟고, 지금까지 배운 것을 세심하게 실행했음에도 그만큼의 성과를 얻지 못해 좌절감을 느낀다면 이 장은 당신을 위한 장입니다.

세 가지 핵심 능력

리퍼럴을 통해 비즈니스를 성공시키는 과정에는 3가지 핵심 능력이 존재합니다.

1. 리퍼럴 마케팅에 관한 올바른 지식을 얻어야 합니다.

2. 새롭게 배운 지식을 확실히 익히고 지속적으로 실천해 나가야 합니다.
3. 소속된 리퍼럴 네트워크 내의 멤버가 전문가로부터 훈련받도록 해야 합니다.

하나씩 확인해 가면서 그 이유를 설명하겠습니다.

1. 리퍼럴 마케팅에 관한 올바른 지식 얻기

이것은 성공을 위한 필수 사항입니다. 대부분의 사람은 대학에서 리퍼럴 마케팅 코스를 수강하거나 비즈니스를 설립할 때 리퍼럴 훈련을 받은 적이 없습니다. 하지만 그들 모두가 더 많은 리퍼럴을 원합니다! 자신에게 질문해 보십시오. 리퍼럴 마케팅에 관한 훈련을 위해 얼마나 투자하였습니까? 효과적으로 목표를 달성하기 위해 필요한 교육을 받으시나요?

"아니요"라고 대답하셨다면 리퍼럴 마케팅에 관한 조사를 해보십시오. 필자는 리퍼럴로 비즈니스를 키우는 방법을 소개하는 책을 여러 권 집필했습니다. 이런 책에서 리퍼럴로 이어지는 인맥을 구축하기 위한 최적의 비즈니스 네트워킹 방법을 배울 수 있습니다.

2. 새롭게 배운 지식을 확실히 익혀, 지속적으로 실천해 나가기

훈련 프로그램에 참가한 많은 사람은 그들이 배운 것에 흥분하며 지금까지 배웠던 것 중 최고의 훈련 프로그램이라고 말하며 실제로 비즈니스하는 방법을 조금씩 바꾸어 나가고 있습니다. 하지만 배운 지식을 계속적으로 사용하지 않는다면 어떻게 될까요? 새로운 습관으로 자리 잡기 전에 이전의 습관으로 되돌아가 버리고 말 것입니다. 이전의 습관으로는 목표를 달성할 수 없습니다.

그렇다면 계속적으로 실천해 나가기 위해서는 어떻게 하면 좋을까요? 배운 지식을 계속적으로 사용하는 사람들이 모인 커뮤니티에 들어가면 됩니다. 그렇게 한다면 배운 정보를 지속적으로 사용할 가능성이 훨씬 커지므로 더 많은 성공을 거머쥘 수 있을 것입니다.

3. 소속된 리퍼럴 네트워크 멤버가 전문가로부터 훈련을 받도록 하기

경험이 많지 않은 네트워크 구축자는 간과하기 쉽지만, 소속된 리퍼럴 네트워크 멤버를 훈련한다는 것은 매우 중요한 일입니다. 아무리 네트워킹에 뛰어나다고 해도 다른 멤버가 네트워킹에 미숙하다면 좋은 결과를 기대하기는 어렵기 때문입니다.

이것은 많은 리퍼럴 마케팅 조직에서 부족한 부분이기도 합니다. 생각해 보십시오. 당신이 이 책을 읽고, 리퍼럴 마케팅에 관한 새로운 지식을 얻어 활용하고자 한다고 가정해봅시다.

그럼에도 당신이 여전히 리퍼럴을 제공하는 존재에게 의존해야 한다는 사실에는 변함이 없습니다. 당신이 지식을 얻고 배운 정보를 습관적으로 활용해도 당신에게 리퍼럴을 제공하는 사람들은 당신과 같은 수준의 지식을 갖고 있지 않습니다!

사람은 자신의 기술 안에서만 리퍼럴을 제공할 수 있습니다. 때문에 리퍼럴 제공자의 지식을 당신 수준으로 끌어올릴 필요가 있습니다.

리퍼럴 마케팅 계획을 작성하기에 앞서, 이 3가지 핵심을 반드시 기억하십시오. 다음의 질문을 스스로에게 던져보고 정직하게 답해보십시오.

1. 당신에게 핵심 포인트가 되는 리퍼럴 제공자는 리퍼럴 마케팅에 관한 지식과 기술을 가지고 있습니까?
2. 리퍼럴 제공자는 당신이 누구인지, 어떤 일을 하는지, 타깃으로 삼은 잠재고객층은 누구인지 등 당신에 관한 기본적인 정보를 가지고 있습니까?
3. 리퍼럴 마케팅은 팀으로 하는 프로그램입니다. 다른 멤버도 리퍼럴을 만들어 내기 위한 지식과 기술을 가지고 있다면 도움이 될 것이라고 생각하지 않으십니까?

리퍼럴 파트너가 제대로 된 리퍼럴 마케팅 계획을 가지고 있고, 당신이 그 계획의 일부분으로 함께한다면 리퍼럴 네트워크는 경이적인 효과를 만들어 냅니다. 그들은 당신에게 누구를 어떠한 방법으로 소개하면 좋을지, 왜 당신을 소개해야 하는지 잘 이해할 것이기 때문입니다. 그것 또한 그들이 세운 계획의 일부분입니다.

스포츠를 예로 들어본다면, 전원이 같은 종목의 스포츠를 하는지 확인할 필요가 있습니다. 같은 규칙에 따라 경기를 시작하면서 처음으로 강력히 뭉쳐진 팀이 생겨나는 것입니다. '리퍼럴 인스티튜트'의 부의장인 던 라이언즈는 다음의 말을 반복해서 강조합니다.

"리퍼럴 마케팅은 혼자서는 할 수 없다."

결론

당신이 이 책을 다 읽었다는 사실은, 당신이 얼마나 리퍼럴 마케팅과 관련한 지식 습득에 헌신하는지 보여주는 증거입니다. 당신이 리퍼럴 마케팅에 관한 새로운 지식을 계속 배우고 습관처럼 지속적인 리퍼럴 마케팅 계획을 실행해 나가기를 기원합니다. 지금처럼 끊임없이 노력한다면 앞의 2가지 핵심 능력은 익힐 수 있을 것입니다. 리퍼럴 마케팅에 관해 배우고, 배운 정보를 철저히 익혀 실행에 옮겨야 합니다.

잊지 말아야 하는 것은, '세 번째 핵심 능력'이 당신이 성공을 달성하는 데 필수적이라는 점입니다. 즉, 당신과 같은 수준의 훈련을 받아 당신과 같은 기술을 가진 리퍼럴 팀에 소속되는 것입니다. 당신이 최고 수준의 기술을 완전히 익혔다고 하더라도, 함께하는 리퍼럴 팀의 수준이 그에 걸맞지 않다면 원하는 만큼의 결과를 얻기 어려울 것입니다.

이 책이 당신의 리퍼럴 마케팅 계획 작성에 도움이 되었다면 정말 기쁠 것입니다. 이 책에서 배운 것을 철저히 익혀 실천하십시오. 마지막으로 당신과 최선을 다해 리퍼럴 마케팅 지식을 익힌 사업가들이 함께 높은 수준의 리퍼럴 팀을 형성해 나가시기를 기원합니다.

맺은말

오지랖으로 돈 벌 준비가 된 당신에게

이 책을 통해 이제 여러분은 오지랖으로 돈을 버는 방법, 즉 리퍼럴 마케팅에 대해 알게 되었습니다. 리퍼럴 마케팅을 실제 하고 있는 사업가들의 생생한 스토리를 듣고 싶다면 유튜브, 팟빵, 아이튠즈에서 "BNI 코리아 팟캐스트"를 검색하여 들어 보시기 바랍니다.

이 책을 읽은 많은 분들이 리퍼럴 마케팅을 본격적으로 해보고 싶을 것입니다. 그런 분들은 리퍼럴 마케팅 전문 단체인 BNI 코리아에 문의하시기 바랍니다. 여러분도 동의하시다시피 책을 읽어 지식을 습득한 것만으로 사업이 변하지는 않습니다. 그 지식을 작은 행동으로라도 실천에 옮길 때 변화가 시작됩니다.

리퍼럴 마케팅은 오지라퍼의 팀을 구축하고 운영하는 팀 활동입니다. 반드시 서로 도와주는 오지라퍼 팀을 구축하시기 바랍니다. 혼자서 시작하면 팀 구축이 잘 안될 수 있습니다. POS 단말기 사업을 하시는 한 사업가는 BNI에서 방문하셨다 큰 충격을 받으셨습니다. 자신이 혼자서 그런 팀을 구축하려고 몇 년을 고생하다 실패하였는데 이미 수십 명의 사업가로 구성된 리퍼럴 마케팅 팀이 활발히 활동하고 있었기 때문이죠.

BNI는 1985년 미국에서 경영학박사인 아이번 마이즈너 박사가 설립하였으며, 30년이 넘는 기간 동안 진화해 온 세계 최고의 리퍼럴 마케팅 시스템을 제공합니다. 2019년 9월 현재 26만여명의 사업가들이 전세계 70개 이상의 나라에서 BNI 멤버로 활동하고 있습니다. 한국에서는 세계적인 협업전문가인 존윤 뉴욕주 변호사가 아이번 마이즈너 박사의 코칭을 받으며 2012년에 본격적인 활동을 시작하였습니다. 2019년 9월 현재 서울, 대전, 대구에서 1,200여명의 사업가들이 40개에 가까운 그룹에서 활발히 운영 중이며 인천과 부산에서도 새로운 그룹이 만들어 지고 있습니다. 만일 자신의 도시에 아직 BNI가 없다면 스스로 만들 수 있도록 훈련을 제공합니다.

다른 사업가들에게 나의 사업을 알리고 훈련시킬 기회가 주어집니다. 또한 초보자라도 리퍼럴 마케팅을 잘 할 수 있도록 세계적인 수준의 트레이닝을 놀랄만큼 저렴한 가격으로 제공합니다. "기버스 게인 Givers Gain" 즉 주는 자가 얻는다는 철학에 동의하는 사업가들이 멤버로 활동하며 "세상의 비즈니스 방법을 바꾸고" 있습니다.

자동차, 보험, 부동산 중개 등의 영업직, 변호사, 한의사, 세무사 등의 전문직, 고객과 거래처 확보가 제일 중요한 책임인 중소기업 대표로서 자신의 업에서의 실력과 상대를 배려하고 도와주는 인품이 있는 분은 리퍼럴 마케팅으로 사업을 한 차원 높게 성장시킬 수 있습니다. 신뢰를 바탕으로 리퍼럴을 주고받는 BNI의 특성상 참가비만 낸다고 멤버로 가입할 수 있는 것은 아니며 가입을 위해서는 인터뷰 절차가 있습니다.

주는 사람이 더 잘되는 천국 같은 세상을 실현하고 싶어하는 여러분의 참여를 기다립니다.

BNI

BNI 코리아 본사 02) 6261-8838
www.bnikorea.com
https://www.facebook.com/bnikorea/
BNI 코리아 공식 유튜브 채널: 유튜브에서 "BNI 코리아" 검색

나는 오지랖으로 돈을 번다

1판 1쇄 발행 | 2019년 9월 9일
1판 2쇄 인쇄 | 2019년 10월 11일
1판 2쇄 발행 | 2019년 10월 15일

지은이 | 아이번 마이즈너, 마이크 마세도니오, 존윤
옮긴이 | 민지홍
발행인 | 존윤
디자인 | 여혜영
인쇄 | 케이엔씨

펴낸곳 | 코칭타운 Coachingtown
주소 | 서울시 성동구 뚝섬로1길 25, 301호
등록 | 2008년 11월 3일
전화 | 02-6261-8838
팩스 | 02-6271-8838
이메일 | info@bnikorea.com

ISBN | 979-11-953186-3-6

※ 이 책은 코칭타운이 저작권자와의 계약에 따라 발행한 것이므로
   본사의 허락 없이는 어떠한 형태나 수단으로 이 책의 내용을 이용할 수 없습니다.
※ 잘못된 책은 구입하신 서점에서 바꿔 드립니다.
※ 책값은 뒷표지에 있습니다.